다시
발견하는
한국사

다시 발견하는 한국사

초판 1쇄 발행 2008년 6월 25일
초판 5쇄 발행 2017년 8월 1일

지은이 이한
일러스트 조진옥
펴낸이 고영은 박미숙

편집이사 인영아 ｜ 뜨인돌기획팀 이준희 박경수 김정우 이가현
뜨인돌어린이기획팀 조연진 임솜이 ｜ 디자인실 김세라 이기희
마케팅팀 오상욱 여인영 ｜ 경영지원팀 김은주 김동희

교정교열 이상해 ｜ 본문디자인 curious sofa

펴낸곳 뜨인돌출판(주) ｜ 출판등록 1994.10.11.(제406-251002011000185호)
주소 10881 경기도 파주시 회동길 337-9
홈페이지 www.ddstone.com
대표전화 02-337-5252 팩스 031-947-5868

ISBN 978-89-5807-231-7 03900
(CIP제어번호 : CIP2010001188)

우 리 **역 사**에서 정말 궁금했던
59가지 질문에 대한 **명쾌한 대답**

다시
발견하는
한국사

아한 지음 | 조진옥 그림

단군신화부터 고려시대까지

뜨인돌

강요하는 역사가 아닌, 생각하고 탐구하고
새롭게 발견하는 역사

드라마, 뮤지컬, 만화, 일반 서적 등 우리가 역사를 접할 수 있는 기회는 상당히 많다. 그래서 그런지 특별히 역사에 관심이 없는 사람도 수박 겉핥기로 들은 지식을 밑천 삼아 아는 척을 하거나 최소한 자신이 궁금한 것을 물어볼 정도는 된다. 이것은 나처럼 역사를 공부하는 사람에게 가끔 당혹스러움을 안겨 주기도 한다. 자기소개를 하고 나면 곧이어 질문이 쏟아지기 때문이다. 그들은 대개 조각조각 꿰어 맞춘 지식을 들이대며 "이게 정말이에요?"라고 캐묻는다.

사람들의 질문을 받으면서 느꼈던 것 중 하나는 역사의 뒷골목 풍경이나 일반에게 제대로 알려지지 않은 숨은 이야기, 혹은 호기심을 자극하는 소재에 대해 궁금증을 안고 있는 사람이 의외로 많다는 점이다. 물론 나 역시 역사를 캐면 캘수록 목마름이 더해 간다. 그것은 한국사를 다시 발견하고 싶은 욕심으로 진행되었고, 결국 책까지 펴내게 되었다.

탄산음료나 아이스크림은 일시적 갈증은 채워줄지언정 속 깊은 목마름은 건드리지 못한다. 그래서 가능하면 자연의 정기를 담은 옹달샘처럼 시원함과 상쾌함을 전해 주고 싶어 역사를 재발견하는 묘미를 살리고자 애를 썼다.

역사는 변함없이 멈춰 있는 게 아니다. 미처 알려지지 않았던 부분이 나중에 밝혀지기도 하고 학교나 책에서 배웠던 것과 다른 사실을 찾아낼 수도 있다. 역사는 곧 인간의 이야기이기 때문이다. 그래서 역사를 음미할 때는 여기를 잘라먹는 것이 달콤할 수도 있지만 저기를 씹어보면 또 다른 맛과 향기가 나기도 한다. 지금까지 정설로 받아들여졌던 내용이 새로운 평가를 받기도 하고, 미처 알려지지 않았던 사실이 발견되기도 하는 것이다.

한때 폭군의 대명사였던 광해군이 중립외교를 시행했다는 점에서 새롭게 조명을 받거나, 소박하다는(혹은 촌스럽다는) 평가를 받았던 백제 유물이 아름다운 금동향로로 우리의 뒤통수를 치는 것처럼 말이다.

역사는 단답식 문제가 아니다. 정답이 여러 개일 수도 있고 시대와 사정에 따라 답이 달라지기도 한다. 따라서 "이것이야말로 진리이자 정답이다"라고 말할 수 있으면 시원하겠지만 그러기가 쉽지 않다. 더욱이 역사를 공부하는 사람도 모든 분야를 두루 꿰뚫고 있다고 볼 수는 없다. 설사 어느 한 분야에 대해 잘 알고 있을지라도 그것이 '옳은 답'이라고 확신할 수는 없기 때문이다.

뭐가 그리 복잡하고 까다롭냐고 불평하는 사람이 있을지도 모르지만 세상에 답이 하나뿐이라는 것 자체가 재미없는 일이 아닐까? 그런 의미에서 내가 이 책을 통해 하려는 말은 '그게 잘못되었다'가 아니라 '그것이 전부는 아니다'일 것 같다.

이 책은 사람들의 의문에 대답하는 동시에 새로운 질문을 던지는 것을 목표로 했다. '이것이 답이다'라는 단정은 짓지 않으려 했다. 언젠가 알지 못하던 사실이 새로 밝혀지는 게 두려워서가 아니다. 내가 내린 답이 다른 누군가에게 정답이 될 수 없고, 또한 되어서도 안 된다고 생각했기 때문이다.

이 책을 읽다 보면 어떤 곳은 독자들이 고개를 끄덕이게 하거나 무릎을 치게 만들 수도 있지만, '과연 그랬을까?'라고 생각하게 만드는 부분도 있을 것이다. 어느 쪽이든 역사를 다시 한 번 생각해 보는 실마리와 계기로 삼았으면 한다. 강요하는 역사가 아닌, 생각하고 탐구하고 새롭게 발견해 가는 역사야말로 앞으로 영원히 사람들과 함께하는 방법이라고 생각한다. 숲 속에 나 있는 여러 갈래 길에서 독자들 자신만의 역사 여행을 즐길 수 있기를 진심으로 바란다. 독자들이 이 책을 징검다리의 한 단계처럼 밟고 다음 단계로 뛰어올라가 '한국사를 다시 발견하는' 계기가 되면 좋겠다.

이 글을 완성하기까지 많은 사람을 만나 대화를 나눴다. 처음에는 소재를 선정하기 위한 작업이 생각처럼 쉽지 않았지만, 조금 시간이 지나자 대화를 통해 얻는 즐거움이 쏠쏠했다. 역사를 좋아하면서도 역사를 잘 모르는 사람들은 과연 무엇을 궁금해 할까? 어떤 것을 알고 있고 또한 어떻게 알고 있는가? 때로는 독사의 실문이나 말 한마디에 그냥 지나쳤던 부분을 다시금 깨닫기도 했고, 그러면서 사람들이 알고 싶어 하는 역사가 무엇인지 어렴풋이 느끼기도 했다.

아쉬움이 있다면 그렇게 모아들인 많은 의문에 일일이 대답할 수 없었다는 점이다. 수많은 의문 중에서 글로 쓸 수 있는 소재를 골라 보기 좋게 다듬는 일은 처음 생각했던 것만큼 쉬운 일이 아니었다. 그럼에도 이 작업을 지치지 않고 열정적으로 진행할 수 있었던 것은 나 역시 독자들처럼 역사가 궁금하고 더 많은 것을 알고 싶어 끊임없이 질문을 던지는 입장에 있었기 때문인지도 모른다.

끝으로 훌륭한 일러스트를 그려주신 조진옥 작가님께 특별히 감사를 표한다.

― 이한

"역사라는 게 이렇게 재미있는 거였어?"

한국 최초의 우주인, 제17대 대한민국 대통령, FTA…. 현재 우리가 함께 호흡하는 이런저런 상황과 사건의 공통점은 무엇일까? 그것은 바로 머지않은 장래에 역사책 속으로 들어갈 우리의 역사라는 사실이다. 역사 하면 흔히 과거의 먼 이야기를 떠올리지만 사실은 우리가 지금 이 순간 발을 딛고 있는 현실도 역사이다. 단지 그것을 인식하지 못하고 있을 뿐이다.

우리는 지금 과거의 역사 위에 현재의 역사를 세우기 위해 열심히 괭이질을 하고 있으며, 그 다양성과 오묘함 속에서 중심을 잡아나가려 애를 쓰고 있는 중이다. 그럼에도 많은 사람이 역사에 대해 그다지 큰 관심을 기울이지 않고 있다. 자신이 역사의 주인공임을 깨닫지 못하기 때문이다. 부끄러운 고백이지만 나 역시 그랬다.

이 책은 과거를 돌아보고 우리의 현재를 깨닫기 위한 디딤돌로 쓰이기 위해 심사숙고 끝에 부화된 '역사의 알'이다. 그렇다고 옛 문헌처럼 옛날에 일어났던 일을 사실 그대로 적어 놓는 역할에 만족하고 있진 않다. 역사는 단 한 번도 그 생명력을 잃은 적이 없고, 우리 역시 그 기나긴 생명의 연장선에 서 있지 않은가? 그러한 생각에서 있는 그대로의 사실에만 치중하는 것이 아니라 역사의 주인공으로서 우리가 참여하고 생각하고 쪼고 다듬을 기회를 제공한다.

기쁘게도 그림 작업을 맡게 된 덕분에 나는 이 책의 첫 번째 독자가 되었고, 가뭄으로 바닥을 드러낸 웅덩이에서 지독한 갈증에 허덕이던 물고기가 장맛비라도 만난 듯 원고에 빠져들었다. 그러면서 나는 점점 미지의 세계를 허우적거리던 우둔함에 결정적 한 방을 먹고 감탄사를 연발했다.

'헉, 내가 알고 있던 거랑 다르잖아!'

'어라, 역사라는 게 이렇게 재밌는 거였어?'

네모반듯하고 딱딱한 낡은 나무상자 같다고 생각했던 역사는 사실 누구든 손가락으로 건드릴 때마다 모양이 조금씩 바뀌는 말랑말랑한 푸딩 같은 이야기덩어리였다.

싸여신 그대로 늘려주는 역사는 재미가 없다. 그저 받아들이기만 하는 수용자의 입장일 뿐 그 주체가 되지 못하기 때문이다. 그러나 이 책은 독자가 그런 태도로 역사를 대하길 원치 않는다. 오히려 역사를 떠먹고 싶어 침을 질질 흘리면서도 껍데기만 열심히 핥을 수밖에 없던 안타까운 상황에서 벗어나 그 속살을 마음껏 집어삼킬 기회를 제공한다. 나아가 자신이 역사의 주인공이 되어 자르고 깎고 보듬어 자기 것으로 만들도록 해준다.

물론 많은 이야기 속에서 헤매느라 어지러울 수도 있다. 나도 조금은 그랬으니까. 고개를 갸우뚱하며 내 짧은 지식이 답답해지기도 하고, 좀더 세세한 내막을 알고 싶어 다른 자료를 찾기도 하고, 책과 인터넷에서 여러 목소리를 내고 있는 사람들의 해석에 놀라기도 하고, 똑 부러진 결론을 내려주지 않는 저자가 살짝 얄미워지기까지 했다. 어쩌면 그래서 역사에 대한 목마름에 오랜만에 찬물 한 바가지 제대로 들이부었는지도 모른다.

저자가 "당신은 어떻게 생각하세요?"라는 화두를 던지듯 이런저런 역사 이야기를 풀어놓으며 독자를 긴장시키는 몫을 맡았다면, 나는 글을 읽으며 가빠진 호흡을 가다듬을 수 있게 잠시 쉬어가는 휴식처를 마련하는 역할을 부여받았다고 생각한다. 그림 속 감초로 등장하는 안무식, 나파래용, 부르터스, 마니엉뚱해네트가 그런 쉼표의 역할을 해주었기를 바란다. 다소 엉뚱하지만 유쾌한 이 네 친구는 우연히 발견한 지도타임머신을 타고 역사의 현장으로 몸소 들어간다. 그리고 각자의 느낀 바를 표현한다. 그들의 반응이나 말에 공감이 간다면 고개를 끄덕여주고, 재미있다면 웃어주고, 맘에 들지 않는다면 다른 그림을 그려보는 것은 어떨까? 어차피 역사를 어떻게 해석하느냐 하는 것은 각자의 몫이 아니던가?

이 책을 읽고 아리송하지만 재미있는 역사의 세계에 풍덩 빠져보길 바란다. 그래서 역사에 대한 살아있는 지식을 쌓고, 흥미진진한 이야기와 그 안에 숨은 진실을 새롭게 발견하는 즐거움을 누리길 바란다. 내가 그랬던 것처럼 말이다.

– 조진옥

| 차례 |

1 신화로 역사가 열리다 상고시대

2 누가 진짜 강한지는 끝까지 가봐야 안다 삼국시대

3

무늬는 통일 실상은 분단 남북국시대

4

호족이 세운 나라를 천민이 지키다 고려시대

1

신화로 역사가 열리다
상고시대

고대인은 왜 청동거울을 목에 걸고 다녔을까?

단기 원년 BC 2333년이 중국 신화를 바탕으로 산출된 것이라는데, 과연 사실일까?

기중기도 포클레인도 없던 시대에 300톤짜리 돌을 어떻게 옮겼을까?

기자가 동쪽으로 간 까닭은?

고구려, 백제, 신라보다 낙랑이 세계적으로 더 많이 알려진 까닭은?

부여에서는 심한 가뭄이 들면 왕의 목을 잘랐다는데, 정말 그랬을까?

숙신

예족

맥

산융
(동호)

고조선

북방식 고인돌

남방식 고인돌

진 (삼한)

세형 동검

청동거울

농기구

송국리형 토기

비파형 동검

상고시대

처음에 물가와 바닷가, 동굴 등에 살 곳을 마련하고 굴러다니는 돌을 주워 쓰던 사람들은 어느 순간 돌을 쓰기 편한 모양으로 깨뜨리기 시작했고, 다음 으로 반들반들하게 갈아 다듬었으며, 마침내 구리와 주석을 함께 녹인 청동 이라는 금속으로 도구를 만들어냈다. 더불어 사람들의 삶은 바뀌게 되었다.

사람들은 점점 무리를 지어 살게 되었다. 그러면서 차츰 청동기로 만든 칼·거울을 가진 지배자와 이것을 갖지 못한 평범한 백성으로 구성된 단체 와 부족이 생겨났다. 이것이 좀더 발달하면서 등장한 것이 '나라'이다. 한 국 역사상 최초의 나라 고조선은 교통의 요지이자 평야지대였던 대동강변 에 들어섰다. 철기 기술을 받아들여 세계무대로 뻗어가던 고조선은 기원전 108년 중국 한나라 대군에게 멸망당했다. 이 사건은 당시의 평화롭던 한 반도에 엄청난 충격을 안겨 주었다.

이후 고구려와 백제, 신라는 물론 부여, 옥저, 동예, 마한, 진한, 변한 등 의 작은 나라가 고조선의 공백을 채우며 한반도 남쪽 지역에서 문명의 기반 을 넓혀갔다. 이로써 새로운 시대, 즉 삼국시대를 여는 기초가 마련되었다.

고대인은 왜 청동거울을
목에 걸고 다녔을까?

문자가 생기기 이전 시대의 유물 중에서 청동거울은 유난히 많이 발견되는데, 다뉴세문경多紐細紋鏡, 국보 141호이 그 대표적인 예이다. 다뉴세문경은 거울의 뒷면에 거울을 끈으로 묶을 때 사용하는 고리紐가 두 개 있고, 그 주변에 원·삼각형 등 기하학적 잔무늬가 들어가 있어 그런 이름이 붙여졌다.

중국에서는 상나라나 그 이전부터 거울을 만들었다는 것이 정설이다. 그 후 거울은 중국 동북부를 거쳐 연해주, 한반도 그리고 일본으로까지 전해졌다. 한반도에서 발굴된 거울을 보면 우리나라 거울의 역사가 우리가 상상하던 것보다 훨씬 오래되었다는 사실을 알 수 있다.

재미있는 점은 고려와 조선시대에 들어오면서 상당히 많은 양의 거울이 만들어졌다는 것이다. 이유가 무엇일까? 단지 아름다움에 대한 관심이 그만큼 커진 탓일까?

거울이 화장 도구가 아닌 '주술 도구'로 쓰였다고?

유리로 된 거울에 익숙한 우리는 박물관에 놓인 청동거울을 볼 때 대체 어떻게 얼굴을 비춰보았을까 궁금해진다. 우리에게 보이는 쪽은 대개 거울의 뒷면으로 그 반대쪽은 반질반질하게 닦여져 있다. 유리거울만큼은 아니더라도 얼굴을 비춰볼 정도는 된다.

종류가 다양한 청동거울은 대체로 동그란 형태지만 간혹 꽃 모양이나 네모난 모양도 있다. 때로는 오목거울이나 양면거울이 발견되기도 한다. 거울의 뒷면은 한층 더 다양하며 기하학적 문양이나 상상의 동물, 말, 신선 등이 그려져 있다. 이러한 거울은 왜, 어떤 용도로 만들어진 것일까?

거울의 가장 큰 용도는 뭐니 뭐니 해도 얼굴을 비춰보는 것이다. 청동거울은 주로 여인이 몸단장을 할 때 쓰였던 것으로 보인다. 이를 증명하듯 고려시대 거울 중 하나에는 겹쳐둔 빗자국이 선명히 남아 있는 것도 있다. 좀더 고대로 올라가면 거울은 얼굴을 비추는 것 이상의 용도로 쓰이고 있었음을 추정케 한다.

무령왕릉에서 발견된 거울, 일본 천황가의 삼신기 중에 포함된 거울 그리고 우리나라 무당이 칼과 방울, 거울이라는 무구巫具를 지녔다

는 것에서 우리는 흥미로운 사실을 발견할 수 있다. 그것은 거울이 화장을 위한 도구이기 이전에 권력의 상징물이나 주술적인 힘을 지닌 도구로 쓰였다는 점이다.

철기시대, 아니 어쩌면 그 이후까지도 거울은 귀중한 보물이자 주술의 도구로 쓰인 것 같다. 다뉴세문경이 보여주듯 거울 뒷면에 새겨진 동심원이나 별 무늬는 태양, 즉 원시인에게 가장 위대한 신앙의 대상이던 해를 상징하는 것으로 추정된다. 사실 청동거울을 잘 갈아놓으면 반짝반짝 빛을 반사하고 이는 해가 빛나는 것처럼 보인다. 이에 따라 거울 자체가 '빛'을 상징하는 무언가로 받아들여졌을 수도 있다.

고대에는 특권층만 거울을 소유할 수 있었다는데…

거울의 또 다른 기능은 어떤 존재의 모습을 비춰주는 것이다. 동양에서든 서양에서든 거울은 사악하고 요망한 것의 진실을 밝혀내 악을 쫓는 힘을 지닌 것으로 믿어졌다. 이를 증명하듯 『서유기西遊記』에는 요괴의 참모습을 밝혀내는 거울이 나온다.

따라서 거울은 아무나 가질 수 있는 것이 아니라 특별한 역할을 수행하는 사람만 가질 수 있었다. 초기 철기시대 이후에 만들어진 무덤 유적에서 발견한 청동거울은 대개 죽은 사람의 가슴에 놓여 있었다. 당시 금속은 귀한 것이었고 거울처럼 만들기 어려운 기물은 더욱 값이 나갔다. 그 귀중한 것을 무덤까지 가져올 수 있었다는 점에서 무덤의 주인공은 지도자나 군장이었을 것으로 보인다.

우리나라 고대 역사를 다룬 책을 보면 부족국가시대 군장의 추정도推定圖에서 거울을 발견할 수 있다. 한데 흥미롭게도 그림이 대부분 손에는 청동검을 들고 가슴 한가운데에는 목걸이처럼 거울을 걸고 있는 모습이다. 물론 이것은 고고학적 발굴 결과에 의존한 복원도이다.

하지만 중국 후한대에 쓰인 갈홍葛洪의 『*포박자』에 보면, 옛날에 도를 닦는 도사는 모두 거울을 등에 지고 다녀 요괴들이 감히 다가가지 못했다고 한다. 그 거울을 '조요경照妖鏡'이라 한다. 이는 마귀의 본성을 비춰 참된 형상을 드러내 보이는 신통한 거울이라는 뜻이다.

그런데 왜 도사들은 거울을 등에 지고 다녔을까? 후한시대는 우리나라의 고대와 시간이나 공간상으로 멀리 떨어져 있으며, 여기에 나타난 도사란 당시의 무당이자 통치자였던 이들의 먼 후손을 말한다. 그들이 아무런 이유 없이 거울을 등에 지지는 않았을 것으로 보인다. 상식적으로도 거울을 목에 걸고 다니면 거울의 꼭지가 부딪혀 불편했을 것이다.

거울을 포함한 많은 고대의 유물들이 정확히 어떤 용도로 사용되었는지 알 수 없는 경우가 종종 있다. 따라서 이에 대해 다양한 주장이 제기되곤 한다. 예를 들어 아름답고 화려한 신라의 금관은 너무 얇아 실생활에서 쓰고 다니기에 부적합하다는 주장이 설득력을 얻고 있다. 더구나 근래 복원된 모습과 실제가 많이 다를 것이라는 주장도 나오고 있다.

무덤은 분명 과거의 사실을 보여주는 타임캡슐이다. 그렇다고 모든 것이 한 치의 오차도 없이 그대로 전해지는 것은 아니다. 때로 현대인이 잘못 해석하는 경우도 얼마든지 있을 수 있다. 청동거울 역시 비록 군장의 가슴 위에 놓인 채 발굴되었지만 사실은 등에 지고 다녔을 수도 있다.

포박자(抱朴子) __ 중국의 신선방약(神仙方藥)과 불로장수의 비법을 서술한 도교서적. 동진(東晉)의 갈홍(葛洪: 283~343년)이 지었으며, 현행본은 『내편(內篇)』 20편, 『외편(外篇)』 50편으로 이루어져 있다.

단기 원년 BC 2333년이 중국 신화를 바탕으로 산출된 것이라는데, 과연 사실일까?

우리가 지금 사용하는 달력의 연도 표기는 서기西紀이다. 이는 서양 문명의 기준이 된 예수 그리스도의 탄생을 원년으로 해서 세기 시작한 것이다. 지금은 서기가 보편적으로 쓰이고 있지만 수십 년 전까지만 해도 우리는 단기檀紀를 썼다. 이는 단군이 처음 단군조선을 세운 시기를 기준으로 삼은 달력으로, 서기의 숫자에 2,333을 더하면 단기가 된다. 그러니까 서기 2008년은 단기 4341년이 되는 것이다.

그렇다면 왜 하필 2,333일까? 이 사실을 이해하려면 먼저 일연—然이 쓴 『삼국유사三國遺事』에서 단군신화를 살펴볼 필요가 있다. 우리나라 사람이라면 누구나 알고 있듯 환인의 아들 환웅이 이 땅에 내려오고 웅녀와 인연을 맺어 단군왕검檀君王儉을 낳았다. 그리고 단군이 나라를 세워 평양성을 도읍으로 정했던 때가 당요^{唐堯}, 즉 요 임금이 당^唐나라를 세운 지 50년째인 경인^{庚寅}년이었다. 이후 단군은 1,500년간 나라를 다스렸다. 나중에 주나라의 무왕^{武王}이 상나라를 멸망시키고 왕위에 오른 기묘년에 기자^{箕子}를 조선에 봉하면서 단군조선이 끝난다. 이때 단군의 나이가 1,908세였다.

흥미롭게도 일연은 단군이 즉위한 연도를 적으면서 원래 요 임금의 즉위는 무진^{戊辰}년이며, 50년째가 되는 해는 정사^{丁巳}년이지 경인년이 아니라는 보충설명을 달아놓았다. 즉, 무진년 이후로 50년 뒤는 정사년인데 이것을 경인년이라고 적었으니 그 당시에 이미 알려진 단군조선의 건국 시기에 다양한 설이 있었다는 얘기다.

한편 『세종실록』과 조선 후기에 쓰인 안정복^{安鼎福}의 『*동사강목』에서는 단군이 은퇴해서 산으로 들어간 시기가 상나라 무정^{武丁} 8년이라고 직고 있다. 이것이 우리가 단군의 건국 시기에 대해 알 수 있는 숫자의 전부이다.

서기에 2,333을 더하면 단기가 되는 이유

그렇다면 어떻게 해서 2,333이라는 숫자가 나온 것일까? 역사를 조금이라도 공부했거나 집안 어르신의 제사에 참여해 본 독자라면 육십갑자^{六十甲子}를 알 것이다. 이는 10간과 12지를 배열해 연^年과 날짜의 이름을 정하는데 60을 단위로 한다. 이것을 거꾸로 계산해 산출한 것이 2,333이다. 하지만 이미 기록 자체가 애매한 상황에서 고조선이 세워진 정확한 시기를 계산해 내는 것은 솔직히 어려운 일이다.

또한 단군의 건국 날짜는 후세에서 임의로 정한 것으로 개천절이 제정된 것은 대종교로부터 시작되었다. 1909년, 대종사 나철羅喆은 음력 10월 3일을 개천절로 정하고 매년 행사를 개최했는데 당시일제 강점기 대한민국 임시정부는 개천절을 명절로 삼았다. 왜 10월 3일일까? 본래 음력 10월 즈음은 추수하는 때라서 상달上月이라 불렸고, 3이라는 숫자는 천天, 지地, 인人을 뜻하는 완전수이다. 이후 대한민국 정부가 정식으로 출범했을 때 음력은 불편하다고 해서 개천절을 양력 10월 3일로 바꾸었다. 결국 숫자 자체보다 기념일을 세우는 데 의미를 두었던 셈이다. 사실 개천절 제정은 우리나라가 주권을 잃고 일본에 강점되었을 때 사람들의 마음을 한데 모으기 위해 단군을 중요시했던 결과이기도 하다.

문제는 고조선의 건국 연도를 따지면서 그 기준을 중국의 시간에 두고 있다는 점이다. 당시 고조선이 독자적인 달력을 만들지 못했기에 어쩔 수 없는 일이었지만 기준으로 삼기에는 너무 애매하다. 먼저 요 임금이 언제 살고 죽었는지가 분명하지 않다. 중국에서 가장 오래된 나라는 하夏나라, 상商; BC 1600~BC 1046년. 주(周)를 비롯한 다른 나라에서는 '은(殷)'이라는 이름으로 불렀으므로 은이라는 이름으로 더 잘 알려져 있다.나라, 주나라이다. 그런데 하나라에 앞서 요가 당나라를 세웠고 순이 우虞나라를 세웠다고 한다. 순에게서 왕위를 물려받은 것이 하나라의 우禹이니 요는 역사라기보다 신화의 인물에 가깝다. 그리고 단군조선이 막을 내릴 즈음에 있던 주나라는 역사적 실재가 고고학적으로 입증되긴 했어도 마찬가지로 건국 연도는 명확하지 않다.

　이러한 중국의 신화시대를 역사로 만들겠다는 중국의 움직임이 바로 '하상주단대공정夏商周斷代工程' 이다. 중국은 1996년부터 200명의 역사학자, 고고학자, 천문학자를 동원해 5년간 연구한 끝에 하나라의 시작을 기원전 2070년으로 잡아 중국 고대의 기년紀年을 산출했다. 중국 정부의 과감한 지원과 연구 노력은 가상하지만 그 연구 결과를 그대로 받아들이기는 어렵다. 그것은 신화를 역사로 할 수 없기 때문이 아니라 그들의 연구 목적이 다분히 정치적이기 때문이다.

　어쨌든 단기 원년이 기원전 2333년이라는 것은 중국 신화를 기준으로 산출된 것이다. 우리가 이것을 인정하면 중국의 신화시대 연도 및 내용마저 역사로 인정한다는 문제가 발생한다. 또한 중국 신화는 신화이지만 우리의 신화는 역사라고 주장하게 되는 이중잣대의 문제도 있다(이런 문제는 『일본서기』 등 일본 역사서와 한국의 역사를 비교할 때도 문제가 된다). 더욱이 2,333이라는 숫자는 수백 년 전에 한번 정해진 이래 이제까지 아무런 비판이나 재검증 없이 적용되어 온 만큼 숫자 자체를 새롭게 연구하고 검증해 볼 필요는 있다.

고조선은 과연 어떤 나라였을까?

정작 우리가 관심을 기울여야 하는 것은 고조선과 관련된 숫자가 아니라 과연 고조선이 어떤 나라였는가 하는 게 아닐까? 고조선에는 단군만 있었던 것이 아니다. 나라가 존립하려면 신하와 백성이 있어야 하고 통치제도, 관리체계, 세금징수와 징병을 비롯해 국가 경영을 위한 모든 것이 갖춰져야 한다.

그런데 고조선은 자신들의 역사서를 남기지 못했다. 후한시대에 반고班固가 쓴 중국 역사서 『한서漢書』의 「지리지地理志」는 고조선에 법 8조문이 있었다는 사실과 함께 그중 3개를 기록하고 있다. 이 8조법은 기자가 제정한 법이라고도 한다. 그러나 이것만으로는 나라를 운영하기 어려웠을 것이므로 훨씬 복잡한 법규가 마련되어 있었을 가능성이 크다. 하지만 우리는 법뿐 아니라 고조선에 대해 많은 것을 알지 못한다. 이는 사료가 빈약한 탓도 있고 고조선과 관련된 많은 유적이 우리나라의 국경 바깥에 있기 때문이기도 하다.

이 땅에서 가장 오래된 나라는 언제 세워졌을까? 과거에 대한 의문은 아무리 시간이 흘러도 쉽게 수그러들지 않지만, 역사의 흔적은 시간의 무게를 이기지 못하고 차츰 사라져간다. 그러니 하루라도 빨리 역사의 의문풀이 작업을 시작하는 게 어떨까?

동사강목(東史綱目) __ 조선 후기 순암(順菴) 안정복(安鼎福)이 고조선으로부터 고려 말까지를 다룬 역사책. 필사본 20권 20책. 본편 17권, 부록 3권으로 되어 있다.

기중기도 포클레인도 없던 시대에
300톤짜리 돌을 어떻게 옮겼을까?

2000년 12월, 한국의 고인돌 유적군이 유네스코 세계문화유산으로 등록되었다. 세계문화유산 중에는 티베트의 포탈라 궁전Potala Palace이나 시리아의 페트라Petra 사원 등이 있고 우리나라의 팔만대장경, 종묘, 불국사도 여기에 포함된다. 그런데 그리 화려하지도 않고 딱히 굉장해 보이지도 않는 돌무더기가 세계문화유산으로 지정된 이유는 무엇일까?

고인돌이란 말 그대로 '고여 놓은 돌'이라는 의미이며 한자로 하면 지석묘支石墓가 된다. 이러한 고인돌은 북방식과 남방식으로 구분된다. 지역에 따라 약간 차이가 있지만 대체로 작은 받침돌을 놓고 그 위에 커다란 누름돌을 올려놓은 형상이다. 개중에는 무려 300톤에 가까운 돌로 만들어진 고인돌도 있고 400개의 고인돌이 한 군데에 밀집된 유적도 있다. 아직까지도 우리나라에 있는 고인돌의 숫자는 정확히 밝혀지지 않았으며 대략 4만 개나 그 이상으로 추정되고 있다.

고인돌이 만들어진 시기는 주로 신석기 후반부터 청동기까지이다. 이는 살아있는 사람들이 먼저 죽은 사람을 슬퍼하며 이를 기념하기 위해 만든 것이다. 이런 무덤은 당시의 사람들이 죽음과 내세에 대한 두려움, 슬픔 외에도 형이상학적인 종교와 사상을 가졌다는 사실을 보여준다.

고인돌은 크기와 규모가 매우 다양하다. 강화도에 있는 고인돌을 비롯해 수백 톤이 나가는 고인돌은 보는 것만으로도 상당히 박력이 넘친다. 그처럼 크고 무거운 돌을 옮기려면 많은 노동력이 필요했을 것이다. 더욱이 당시에는 도구가 발달하지 않아 고인돌을 만들려면 맨손과 지렛대, 흙을 이용해 큰 돌을 옮기는 수고를 해야만 했다. 이는 당시 사람들이 고생을 마다하지 않고 고인돌을 만들만큼 이를 중요하게 여겼음을 의미한다. 동시에 그것을 만들 수 있을 정도로 커다란 사회와 조직을 형성했다는 것을 의미하기도 한다. 현재 남아 있는 고인돌의 규모로 추산해 보면 적어도 2~3천 명이 있어야 돌을 옮길 수 있다는 계산이 나온다.

고인돌이 유네스코의 세계문화유산으로 지정된 이유

또한 고인돌은 당시 사람들이 '죽음'을 어떻게 받아들였는지를 알게 해준다. 나아가 묻는 방법을 통해 이들이 어떤 사람이었는지도 알 수 있다. 예를 들어 도자기나 도구 같은 것은 다른 곳으로 쉽게 옮길 수 있고 전혀 엉뚱한 곳에 가져다놓을 수도 있다. 하지만 무덤은 그렇지 않다. 매장 형식 및 제도는 한 집단 내에서 대대로 지켜지는 것으로 이를 통해 집단 내의 속성이나 변화를 추측해 볼 수 있다.

특히 돌은 단단하고 금속처럼 쉽게 부식되지 않아 오래 남는다. 그리고 옛날 사람들이 가장 쉽게 접할 수 있는 재료였다. 그러한 특징 때문인지 우리나라뿐 아니라 세계적으로도 고대, 원시시대 사람들은 돌을 쌓아 문명의 흔적을 남겼는데 이를 두고 거석문화巨石文化라고 한다. 대표적으로 영국의 *스톤헨지, 이스터섬의 **모아이 등이 있으며, 아시아의 대표적인 거석문화로 들 수 있는 것은 바로 고인돌이다. 그 중에서도 한국의 고인돌은 세계적으로 특별한 가치가 있다.

한국의 고인돌 유적군은 보존이 잘되어 있는데다 많은 고인돌이 한 장소에 밀집되어 있다. 또한 어디서 돌을 가져왔는지 그 흔적까지 남아 있어 고인돌 제작 방법과 그 변화에 대한 자세한 자료를 제공한다. 나아가 동북아시아의 다른 지석묘를 연구하는 데도 많은 도움을 주고 있다. 이처럼 한국의 고인돌 유적군은 인류 역사상 가치가 높기에 유네스코의 세계문화유산으로 지정된 것이다.

고인돌은 한반도에 전부 몇 기나 존재할까?

꼭 눈부시게 빛나거나 거대하고 화려한 것만이 역사는 아니다. 오히려 그렇지 않은 것에 귀중한 가치가 숨어 있는 경우도 많다. 돌을 쌓

아 만든 간단한 구조의 무덤이 지금의 우리에게 별다른 감흥을 주지 않을 수도 있다. 하지만 포클레인이나 전기, 여러 가지 문명의 이기가 없던 고대인에게 그처럼 커다란 무덤을 만드는 일은 지극히 어려운 일이었을 것이다. 그럼에도 그들은 크고 작은 수백 개의 무덤을 만들었다. 그것은 문자가 없던 고대인이 자신의 생각과 감정을 그림으로 표현했던 것과 마찬가지로 수천 년 전 삶의 흔적이다.

그처럼 고대인의 마음과 뜻이 담긴 고인돌이지만 안타깝게도 그에 대한 연구 성과는 그리 많지 않다. 아직까지 우리나라에 흩어져 있는 고인돌의 정확한 숫자조차 파악하지 못한 것이 그 대표적인 예이다. 물론 고인돌이 전국 각지에 흩어져 있는데다 무너지고 파묻혀 종잡을 수 없게 되어 버린 탓이 크다. 그러나 가장 큰 원인은 연구자가 없는 것은 물론 관심이 부족하기 때문이다. 이제라도 모든 유적과 문화재는 시간이 흐르면서 파괴되거나 마멸되고 만다는 것을 인식하고 보존을 위한 작업을 시작해야 한다.

고인돌이 현대인에게 특별한 가치를 지니는 이유는 무엇일까? 고대인의 흔적이 지금의 우리에게 그때의 사람들을 생각하도록 자극하기 때문이다. 우리는 과연 후손들에게 어떤 흔적을 남겨줄 수 있을까?

스톤헨지(Stonehenge) __ 영국 윌트셔 주(州) 솔즈베리평원에 있는 고대의 거석기념물(巨石記念物). 영국의 에브벨리, 프랑스의 엘라니크의 것과 더불어 장대한 규모의 스톤서클(環狀列石)의 유구(遺構)가 있는 것으로 유명하다.

모아이(Moai) __ 칠레 이스터 섬에 있는 사람 얼굴 모양의 석상이다. 크기 3.5미터, 무게 20톤 가량 되는 것이 많지만 큰 것은 20미터에 90톤까지 되는 것도 있다. 섬 전체에 걸쳐 600개 이상의 모아이 상이 흩어져 있다.

역사는 두부처럼 '자르는' 사람 마음이라고?

한국사를 이야기할 때 우리는 흔히 삼국시대, 고려시대, 조선시대로 구분한다. 사실 역사를 이렇게 나누는 것은 상당히 애매한 일이다. 예를 들어 고려가 망하고 새 왕조가 세워진 다음에도 한동안 고려라는 이름을 그대로 썼다. 그렇다면 태조 이성계가 다스린 '고려'는 고려인가 '조선'인가 하는 문제가 생긴다. 이것은 사람이나 사회도 마찬가지이다. 하루아침에 고려의 모든 것이 바뀌어 조선이 된 것은 아니지만 그래도 우리는 1392년을 조선시대의 시작으로 보고 있다. 태조 이성계의 등극이라는 역사적 사건을 기준으로 삼아 인위적으로 시대를 구분하고 있는 것이다.

역사의 3구분법과 5구분법

그렇다면 시대를 구분하는 이유는 무엇일까? 어떤 현상을 연구하려면 우선 그 대상을 체계화해서 기준을 만드는 작업이 꼭 필요하다. 그것은 역사도 마찬가지이다. 본래 역사는 물처럼 흐르고 한없이 방대하지만 그 변화를 분명히 알기 위해서는 어쩔 수 없이 잣대를 들이대 시대를 구분할 수밖에 없다.

이러한 시대 구분은 동양보다 서양에서 먼저 시행되었다. 그래서 우리 역사의 시대 구분을 위해 처음으로 도입된 방법은 서양의 3구분법과 5구분법이다. 3구분법은 고대, 중세, 근대로 나누는 것으로 서양에서 20세기 전반부터 사용한 방법이다. 5구분법은 고대 앞에 원시시대를 넣고 근대를 근세와 현대로 세분한 것이다. 그렇다면 이러한 구분법을 한국사에 어떻게 적용할 수 있을까?

시대 구분에는 여러 가지 논란이 따르게 마련이지만 동시에 그것은 역사를 좀더 자세하게 이해할 수 있는 하나의 기회를 제공해 준다. 예를 들면 현대는 근대에서 이어진 것인가, 아니면 근대를 극복하고 나타난 것인가 하는 논란이 생길 수 있다. 하지만 이런 고민을 통해 역사의 실체를 더 잘 알게 되거나 이해할 수 있다. 또한 역사 연구의 편리를 위해 시대를 구분하긴 해도 그 이상으로 '지금 우리가 역사를 어떻게 보고 있는가'를 드러내기도 한다.

한국사의 시대 구분은 어떻게 이루어져 왔는가?

이러한 중요성에도 불구하고 한국사의 시대 구분은 깊이 있는 연구를 통해 이루어진 것이 아니라 별다른 의도 없이 정해진 것으로 판단된다. 처음으로 우리 역사를 구분했던 것은 현채玄采의 교과서 『동국사략東國史略』1906년이다. 여기에서는 역사를 태고사단군~삼한시대, 상고사삼국~후삼국시대, 중고사고려시대, 근세사조선시대의 네 가지로 구분하고 있다. 그러나 이것은 각 시대의 연구나 깊은 이해 없이 뚝뚝 잘라 나눈 것으로 이보다 앞서 일본 학자가 기술했던 『조선사』의 기준을 그대로 빌려온 것에 지나지 않는다.

이후 최남선崔南善은 『조선역사』1931년를 통해 한국사를 상고시대고려 이전, 중고시대고려시대, 근세조선시대, 최근흥선대원군~일제 강점으로 조금 다르게 구분했다. 특히 이와 비슷한 시기에 마르크스의 유물사관이 도입되면서 한국 역사를 노예제가 결여된 봉건 사회로 이해하는 경향이 뚜렷이 나타나기도 했다.

그러다가 해방과 종전 이후, 역사학계는 신민족주의의 등장이라는 새로운 전기를 맞았다. 1948년, 손진태孫晉泰는 『조선민족사개론』에서 민족의 성쇠를 기준으로 한국 역사를 민족 형성 배태기선사시대, 민족 형성 시초기고조선~삼한시대, 민족 통일 추진기삼국시대, 민족 결정기통일신라시대, 민족 의식 왕성기고려시대, 민족 의식 침체기조선시대, 민족 운동 전개기일제 감정기로 나누고 있다. 또는 사회 형태와 발전을 기준으로 씨족공동사회선사시대, 부족국가시대고조선~삼한시대, 귀족국가시대삼국시대~조선시대로 나누기도 했다.

그런데 1960년대에 군사정권이 들어서면서 시대 구분론에 큰 변화가 찾아왔다. 당시 경제성장을 최우선 목표로 한 저돌적인 경제 정책들이 시행되고 식민사관을 극복하기 위한 노력이 본격화되면서 학계에서도 근대를 중시하게 되었다. 무엇보다 우리나라의 근대를 어느 시기로 볼 것인가 하는 문제가 활발히 논의되었던 것이다. 특히 자본주의의 맹아萌芽가 나타났다고 평가되는 영조 · 정조시대18세기 후반나 1876년의 개항, 혹은 1894년의 갑오개혁 등 근대의 시작을 놓고 다양한 견해가 등장해 치열한 논쟁이 계속되었다.

1960년대 중반 이후, 한국사는 토지제도 및 사회적 지배 세력의 변천에 입각해 정리되었다. 대표적인 예로 이기백李基白의 『한국사신론韓國史新論』1967년이 있다. 이 책은 기존의 여러 가지 시대 구분론을 정리하는 동시에 각각의 문제점을 비판하고 있다. 그 뒤로도 시대 구분 논쟁은 계속 이어졌고, 1980년대 중반 이후로는 현대의 한국에 관심이 집중되면서 한국 자본주의의 성격을 규정하는 문제로 전환되었다.

정리하자면, 한국사의 시대 구분은 보통 시간대에 따라 이루어지고 있으며 대체로 왕조의 변천이 기준이 된다. 고려를 중세, 조선을 근세로 보는 것이 그 대표적인 예이다. 다른 방법으로는 사회발전 단계를 기준으로 삼는 것이 있다. 이것은 노예제 사회, 봉건제 사회 등 서양의 역사 개념을 한국사에 적용한다는 문제점이 있다. 그밖에 민족 형성과 성장을 기준으로 하거나 주제별로 각 시대의 특징을 들어 분류하기도 한다.

과거의 '통일신라시대'가 '남북국시대'로 바뀐 이유

이제까지 살펴본 대로, 시대 구분은 모두 그 학설이 등장한 시대를 배경으로 하고 있다. 한마디로 역사 구분에도 시대상이 반영된다는 얘기이다. 예전의 교과서에는 삼국시대 다음이 통일신라시대였지만 지금은 그것이 남북국시대로 바뀌었다. 발해의 중요성이 점점 부각되면서 시대의 명칭이 바뀌게 된 것이다.

마찬가지로 1960년대 말의 시대 구분은 당시의 군사정권과 경제개발 일변도의 정책이 반영되었다. 1980년대에는 운동권의 약진과 더불어 학계의 초점이 한국 자본주의에 맞춰졌다.

결국 '이것이 정답이다'라고 단정 지을 만한 시대 구분은 존재하지 않는 셈이다. 그 기준은 시대에 따라 변하며 학자들은 각자 자신이 생각하는 기준에 맞춰 시대를 연구하고 논문을 쓰고 있다. 그러므로 어제의 답은 오늘과 다를 수 있고 오늘의 답은 내일 달라질 수 있다.

그렇다면 이렇게 오락가락하는 역사에서 어떻게 의미를 찾을 수 있겠느냐는 반문이 있을 수 있다. 역사란 결국 인간의 학문이며 그것을 연구하는 이도 인간이기에 변화무쌍할 수밖에 없다. 그리고 어제나 내일이 아닌, 지금을 살아가는 이가 내린 오늘의 답이 가장 가치 있는 것이다.

본격적인 삼국이 시작되기 전, 한반도
중·남부에 78개의 나라가 있었다는데…?

최초의 나라 고조선은 처음은 불분명해도 멸망한 순간만큼은 분명하다. 기원전 108년, 고조선은 한漢나라 무제武帝의 군대에게 멸망당하고 그 자리에는 한사군漢四郡이 설치되었다. 이후 한반도에는 고조선 유민들의 강력한 반발로 반란과 전쟁이 벌어지는 질곡의 세월이 이어졌다.

하지만 고조선의 멸망은 새로운 나라들의 시작이기도 했다. 부여, 동예, 옥저, 삼한 등 여러 나라가 세워지고 이들이 충돌 혹은 병합되면서 한반도 역사는 삼국시대로 접어들었던 것이다. 알고 있다시피 신라는 기원전 57년, 고구려는 기원전 37년, 백제는 기원전 18년에 건국되었다. 그러나 이들 나라의 건국과 동시에 삼국시대가 시작되었던 것은 아니다. 고조선의 멸망에서 완전히 삼국이 정립되기까지는 대략 300년에 가까운 공백이 있다. 이 시기를 두고 '원삼국시대'라고 한다.

이 용어는 1973년 김원룡金元龍의 저서 『한국고고학개설』에 처음 등장했다. 원삼국시대는 기원 원년에서부터 300년까지를 의미한다. 그의 주장에 따르면, 남한의 경우 원삼국시대는 김해 패총의 퇴적층 문화, 청동기 소멸, 철 생산 성행, 지석묘 소멸, 타날문경도김해 토기 출현 등의 특징을 보인다고 한다. 원삼국시대는 삼국시대의 근간이 되는 고구려, 백제, 신라의 모태가 되는 시기다. 하지만 문헌 조사나 고고학적 연구 결과를 포함하여 총체적으로 연구해 볼 필요가 있다.

일제의 식민사학이 만든 한국사의 공백을 메워라

고구려, 백제, 신라가 한반도를 셋으로 나누기 전, 즉 고조선이 멸망한 후에 많은 나라가 존재했다는 것은 중국의 여러 역사서에 기록으로 남아 있다. 『삼국지三國志』, 『후한서後漢書』, 『동이전東夷傳』, 『진서晉書』에 따르면 한반도 북쪽에는 부여, 서북쪽에는 낙랑군을 비롯한 한사군, 그리고 동북쪽에는 옥저와 동예가 있었다고 한다.

한편 남쪽에는 마한, 진한, 변한이 있었는데 이 중 54개의 작은 나라가 있던 마한의 경우 목지국이 가장 강력했다. 진한과 변한의 경우는 어땠을까? 이곳에는 각각 12개의 나라가 있었다. 이들은 지금의 경기, 충청, 전라도 일대마한와 경상도진한, 변한에 자리했다. 지금으로서는 그리 넓지 않은 지역에 78개나 되는 나라가 있었다는 것이 다소 의아할 수도 있다. 하지만 당시의 나라 규모가 작고 소박했다는 것을 감안하면 충분히 있을 수 있는 일이다.

옥저와 동예에는 왕 대신 군장이 있었으며 삼한에는 제정일치의 흔적이 남아 있다. 완전히 발전한 나라가 아니라는 소리이다. 하지만 이 시기는 고고학적으로 청동기 대신 철기가 보급되던 무렵으로 농업 생산성이 향상되면서 점점 강력한 지배 세력이 등장하기 시작했다. 그리고 높은 온도에서 구워낸 회색 경질토기가 만들어졌는데, 이것은 고조선에서 대량으로 제조되었던 민무늬토기와 큰 차이가 있다.

이렇듯 삼국이 성립되기 전, 크고 작은 수많은 나라가 전쟁을 벌이거나 손을 잡고 혹은 병합되면서 차츰 삼국시대로 이행되어 갔다.

그런데 최근에는 이 원삼국시대에 대해 많은 비판이 일고 있다. 고조선과 삼국시대 사이를 나라가 없는 시기로 만들어 버림으로써 한국 역사에 공백을 만든 것은 물론 백제와 신라 등의 건국 시기를 수백 년 늦춘 것은 일제 식민사학의 영향 때문이라는 것이다.

원삼국시대 이론은 세계적인 추세에 역행하는 낡은 이론이다?

한 나라의 시작을 언제로 잡을 것이냐 하는 문제는 심사숙고가 필요한 일이다. 예를 들어 『삼국사기』는 신라의 건국 시기가 고구려보다 수십 년 앞섰다고 기록하고 있다. 그러나 사실은 고구려의 발전이 훨씬 빨랐다. 이처럼 후발 국가가 다른 국가보다 늦게 시작했다는 것을 감추기 위해 건국 연도를 올려 잡는 일은 흔히 있다. 또한 부족단체의 성향을 버리지 못하고 박씨, 석씨, 김씨가 돌아가며 왕을 했던 초기 신라와 김씨가 왕족으로 정해지고 국가체제를 정비한 이후의 신라 중 어느 쪽이 더 나라다운지에 대해서도 구구한 해석이 따른다. 이러한 문제를 판단하려면 그 전과 후의 신라가 어떻게 변했는가는 물론 '고대국가'라는 개념을 확실히 정립해야 한다.

원삼국시대라는 용어가 등장하기 이전, 고조선 멸망 이후부터 삼국이 들어서는 사이의 시기는 삼한시대 · 부족국가시대 · 성읍국가시대로 불렸다. 고고학계에서는 김해시대 · 웅천시기熊川時期 · 철기시대Ⅱ라고 불렀다. 또한 근래에는 초기 삼국시대, 삼국시대 전기, 삼한시대, 혹은 열국시대라는 표현을 쓰자는 제안도 나오고 있다.

과연 고조선이 멸망하고 삼국이 들어서기까지의 공백기를 어떻게 보아야 할까? 어쩌면 '공백'이라는 것부터 삼국시대가 고구려, 백제, 신라로 구성되었다는 낡은 관념에 사로잡힌 현대인의 생각일 수도 있다. 이를테면, 당시 마한의 작은 나라 사람들은 자신이 백제나 신라 사람이라는 생각을 하지 않았을 것이다.

더욱이 오늘날에는 역사를 올려 잡는 것이 전 세계적으로 유행처럼 번지고 있다. 일본은 물론 중국도 하상주공정을 통해 염제와 황제를 역사 인물로 연구하고 그들의 시대를 숫자로 따지고 있다. 그렇다면 원삼국시대는 이런 세계적인 추세에 역행하는(?) 낡은 이론일지도 모른다. 그러나 여러 가지로 조사하고 고민해 볼 가치는 충분히 있다. 물론 지금은 흔적조차 찾기 힘들어졌지만 원삼국시대를 영위했던 나라들은 분명 그곳에 있었다.

기자가 동쪽으로 간 까닭은?

이제까지 고조선의 역사는 일반적으로 단군조선, 기자조선, 위만조선 으로 나뉘어왔다. 단군조선은 알고 있다시피 환웅과 웅녀 사이에 태어난 단군이 세운 나라이고, 그 다음이 기자가 통치했다는 기자조선 이다. 그렇다면 기자는 누구인가? 한마디로 말해 그는 중국의 탕왕湯王 이 세운 상나라의 유명한 충신이다.

상나라의 마지막 왕은 폭군의 대명사로 알려진 주왕紂王이다. 그는 달기라는 미녀를 지나치게 총애해 방탕한 생활에 빠져들었고 충신의 가슴을 갈라 죽이거나 가둬 나라를 망쳤다고 한다. 기자는 그러한 주왕의 삼촌이자 상나라 왕실의 사람으로 이름은 서여胥余이고 성은 자子 씨이다. 그는 조카 주왕이 비뚤어지고 충신들을 차례로 죽이자 두려운 나머지 미친 척했지만 결국 감옥에 갇히는 신세가 되고 말았다.

그때 무왕이 군대를 일으켜 탁록㵣鹿의 벌판에서 주왕의 70만 대군 (숫자가 지나치게 많아 잘못 적은 것이라는 의견이 지배적이다)을 물리쳤고 결국 상나라는 멸망했다. 주왕은 온몸에 보배를 두르고 스스로 불에 타 죽었으며 새로운 나라 주周를 세운 무왕은 갇혀 있던 기자를 풀어 주었다.

그러나 자신의 나라를 멸망시킨 주나라를 섬길 수 없었던 기자는 동쪽으로 떠났다. 무왕은 어쩔 수 없이 기자를 조선의 제후로 봉했다. 이후 기자는 8조 법금을 만들고 그의 자손이 40대에 이르도록 조선을 다스렸다고 한다.

상나라 마지막 왕인 주왕이 현군賢君이었다는데…?

여기서 궁금한 점은 동쪽으로 향한 기자가 과연 어디까지 갔을까 하는 것이다. 한반도와 기자의 연결은 중국의 역사서 『구당서舊唐書』에서 찾아볼 수 있다. 여기에는 고구려에서 기자신神을 모신다는 것과 고려 때 기자의 묘를 보수했다는 기록이 나온다. 조선시대에는 평양의 기자묘를 보수하거나 제사를 지냈다. 특히 오랑캐인 청나라가 들어선 이후로는 기자묘가 조선이 유교의 정통이라는 주장의 근거로 활용되기도 했다.

그런데 상나라의 마지막 수도(수도를 다섯 번 옮긴 것으로 알려져 있음) 였던 은허殷墟가 발굴되면서 기존의 역사와는 다른 사실이 차츰 밝혀졌다. 은허에서 발굴된 갑골문을 해석한 결과, 역사에 기록된 것만큼 상나라 사람들이 방탕하지도 않았고 달기라는 이름도 발견되지 않고 있다. 또한 상나라의 마지막 왕인 주왕(본래 이름으로 부르자면 제신(帝辛))은 오히려 열성적으로 나랏일을 돌본 왕이었다는 사실도 밝혀졌다. 그는 지금의 산뚱반도山東半島와 회수 근처에 있던 인방人方이라는 동이東夷 정벌에 힘을 쏟고 있었다.

따라서 무왕이 서방의 종족들을 모아 폭군을 정벌했다는 상주혁명은 사실 주왕이 동쪽 정벌에 나간 사이 뒤를 기습해서 이긴 것이라는 주장이 나오고 있다.

'동이'라는 말에 귀가 솔깃해지는 사람이 있을지도 모르겠다. 하지만 이는 본래 상나라의 입장에서 그들의 동쪽에 있던 종족을 일컫는 말에 지나지 않는다. 당시 상나라는 황허의 중류지방이 세력권이었고 황허, 양쯔강 하류에 살았던 이들도 동이라고 했기 때문에 이들이 반드시 한국인과 관계가 있다고 볼 수는 없다.

단군은 스스로 물러나 신선이 된 것이 아니라 기자세력에 의해 정벌되었다?

어쨌든 이러한 사실을 본다면 상주 전설은 물론 주왕에 의해 갇혔다가 동쪽으로 갔다는 기자의 이야기를 다시 한 번 생각해 봐야 한다. 주왕이 포악하다는 것과 충신 기자의 전설이 허구라는 사실이 밝혀졌으니 말이다. 나아가 기자조선이 단군조선을 이었다는 것도 재검토가 필요하다. 단군이 스스로 왕위에서 물러나 신선이 되었다는 고조선의 매끄러운 정권 교체는 사실 중국으로부터 밀려난 기자 세력이 정벌한 결과일 수도 있기 때문이다.

적어도 기자라는 인물로 대표되는 상나라의 유민 세력이 동쪽으로 갔던 것은 사실인 것 같다. 하지만 새롭게 알려진 역사적 사실을 첨가한다면 기자는 스스로 떠난 것이 아니라 주나라에게 쫓겨 간 것이다. 본래 상나라는 왕실과 관련된 씨족들로 구성되어 있었다. 따라서 기자가 동쪽으로 갔다는 것은 그가 거느리고 있거나 그를 따르던 이들이 동쪽으로 함께 떠났다는 것을 의미한다. 단군조선과 기자의 세력이 만났다면 충돌과 전쟁이 벌어졌을 수도 있다. 물론 이러한 추정을 증명해 줄 수 있는 증거는 아직 없는 상황이다.

동쪽으로 갔다는 기자는 이 땅에 도착했을까? 그렇다면 무엇을 남겼을까? 평양에 기자묘가 있는 것으로 알려져 있다. 하지만 기자묘는 그곳뿐 아니라 산둥반도를 비롯한 여러 곳에서 발견되고 있어 어느 것이 진짜인지 확인하기 어렵다. 애초에 기자가 이 땅에 왔는지조차 분명하지 않은 것이다.

기자를 둘러싼 숨은 진실과 역사적 의미

중국의 사서에 나타나는 기자의 전설은 처음부터 분명한 내용을 갖춘 게 아니라 시간이 지나면서 점점 이야기가 덧붙여지고 있다. 본래 『사기史記』에는 기자가 동쪽으로 갔다는 이야기만 남아 있다. 그런데 이것

이 『삼국지』로 가면서 점점 자세하고 구체적인 지명, 즉 조선이 나타나게 된다. 이를테면 기자가 동쪽에 갔다더라, 그런데 그곳이 조선이더라, 기자는 조선의 왕이 되었다더라 하는 식으로 진행된 것이다.

전설은 시간이 지날수록 내용이 덧붙여진다. 진시황이 불로초를 찾아 보냈다던 300명의 동남동녀童男童女가 제주도 혹은 일본까지 갔다는 전설은 아직도 널리 퍼져 있다. 기자의 전설도 마찬가지이다. 무엇보다 고구려 이후의 사람들은 기자가 이 땅에 와서 살았다는 것을 믿고 있었다. 기자는 주나라 무왕이 가르침을 얻었을 정도로 현명한 인물이다. 따라서 '우리나라에 그런 유명한 사람이 왔었다' 는 것을 자랑한 것이니 그들에게 자존심이 없었다고 비난할 수는 없는 노릇이다.

그리고 기자가 우리나라에 왔다면 또 어떤가? 기자를 선조로 하고 있는 청주한씨가 중국인이 아닌 것처럼, 이 땅의 조상들은 수천 년이 지나면서 끊임없이 피가 섞였고 씨족 역시 뒤섞여 왔다. 그리고 이런 문제는 토론만으로 해결될 수 있는 것이 아니다. 이것이 맞지 않을까 혹은 저것은 아닐까 하며 떠드는 것보다 땅을 파내 그 안에 남겨진 것들을 찾아내는 것이 훨씬 더 분명한 답을 얻는 방법이다.

갑골문을 썼던 기자가 동쪽의 어디로 갔든 자신의 기록을 남기지 않았을 리는 없다. 하지만 아직까지 우리는 정확한 고조선의 수도 왕성조차 찾지 못하고 있다. 더욱이 고조선의 영역은 대부분 휴전선 위로부터 중국의 영토에 걸쳐 있어 마음대로 조사하거나 연구할 수도 없는 형편이다.

따라서 고조선의 수수께끼를 풀어나가려면 중국이나 북한과 역사

협력을 해야 한다. 종이 위의 검은 잉크자국을 놓고 입씨름을 할 것이 아니라 땅 속의 유물들이 어떤 말을 하는지 귀 기울여 들어야 하는 것이다. 어쩌면 그것이 미처 글로 기록되지 못했던 고조선의 역사를 밝혀줄지도 모른다. 사실 그래줬으면 하는 마음 간절하다.

고구려, 백제, 신라보다 낙랑이
세계적으로 더 많이 알려진 까닭은?

고조선을 멸망시킨 한나라 무제는 그 자리에 한사군을 설치했다. 여기까지는 역사적인 사실이다. 그런데 그 한사군이 어디에 있었느냐를 두고 아직까지 의견이 분분하다. 학자에 따라 평안도에서부터 요서, 요동에 이르기까지 그 주장도 다양하고 논쟁은 한층 더 치열하다.

한사군이란 '한漢 나라의 네 개의 군'이라는 뜻이며 군은 우리나라의 도道와 같은 지방 행정구역이다. 고조선이 멸망한 뒤 한나라는 그자리에 낙랑군樂浪郡, 임둔군臨屯郡, 진번군眞番郡, 현도군玄菟郡의 네 군을 설치했다. 이들은 차츰 통합과 축출의 과정을 겪었고, 낙랑군이 그럭저럭 명맥을 이어나가다 후한시대 이후 대방군帶方郡이 새로 설치되었다. 이들 중 가장 오래 존속한 한사군은 낙랑으로, 고구려의 미천왕美川王이 멸망시키기까지[313년] 318년 동안 주변의 삼국을 비롯한 다른 나라들과 치열하게 대립했다.

한국사 최대의 뜨거운 감자, 낙랑의 진실

그런데 아이러니하게도 한국 고대사에서 '세계적'으로 가장 잘 알려진 것이 바로 낙랑이다. 일제시대 때 일본의 역사학자 세키노 타다시[關野貞]를 비롯한 일본 학자들이 평양 일대의 낙랑 유적을 발굴해 연구했고, 그 결과를 책과 논문으로 정리해 전 세계로 보급했기 때문이다. 그래서 외국에는 고구려, 백제, 신라보다 낙랑이 더 많이 알려져 있다.

사실 낙랑은 한국사의 뜨거운 감자이자 연구하기 어려운 분야이다. 낙랑의 정체성 자체가 참으로 미묘하기 때문이다. 우리나라의 역사인가, 아니면 중국의 역사인가? 고분에서 발견된 각종 천문도나 칠기를 비롯해 낙랑의 대표적인 유물로 알려진 국보 89호 금제교구金製鉸具는 중국 정부에서 하사한 것이라는 주장이 대두될 만큼(신강 위구르 자치구에서 유사한 것이 발견됨) 중국의 영향을 받았음을 보여주고 있다. 그렇다고 낙랑이 100퍼센트 중국에 속해 있었다고 보기도 어렵다. 한사군은 한나라가 세웠지만 그 땅에는 원래 고조선이 있었고, 그곳에서 살았던 사람들은 대부분 고조선의 유민이었기 때문이다. 『한서漢書』의「지리지地理志」에도 낙랑의 중심지가 조선현朝鮮縣이었다고 적고 있어 낙랑이 조선에 세워졌다는 것을 입증하고 있다. 결국 낙랑의 국적(?)을 결정짓는 것은 상당히 어려운 문제로 남아 있다.

이러한 복잡성을 반영하듯 낙랑의 역사는 그리 평화롭지 못했다. 구체적인 예로, 낙랑의 왕조王調라는 인물이 낙랑태수를 살해하고 반란을 일으킨 사건도 있었다. 비록 왕조는 중국 이름과 성을 갖고 있지만 중국의 역사서는 그를 토인土人, 즉 토착민으로 적고 있다. 중국인은 토착민과 그렇지 않은 사람, 곧 자신들을 구분한 것이다.

2천여 기의 벽돌무덤을 세울 만큼 거대한 문명이 존재했다?

그렇다면 과연 낙랑의 실체는 무엇이었을까? 낙랑의 본질이 어떠했는지를 밝혀내는 것은 한국 고대사의 중요한 문제이다. 그럼에도 지금까지 낙랑이 어디에 있었는지조차 분명하지 않고 각각의 전혀 다른 주장이 치열하게 공방전을 벌이고 있다. 한사군의 위치가 중요한 이유는 그것이 멸망한 고조선의 자리에 설치되었다는 점 때문이다. 이것은 한사군의 위치가 곧 고조선의 중심지였다는 하나의 단서가 되기도 한다.

고조선은 수백 년의 역사를 가지고 있었고 낙랑도 그에 못지않은 긴 세월을 버티며 존재했었다. 일단 나라가 세워지면 시간이 흐르면서 사회와 체계가 발전하고 중심지에는 응당 도시가 들어서게 된다. 그리고 한 나라의 수도에 합당한 지형 조건을 갖춘 곳은 한정되어 있다. 따라서 나라가 바뀌어도 그곳에 살았던 사람들의 흔적은 어느 한 곳에 집중되어 나타나게 마련이다.

그런데 일제시대에 진행된 평안도의 낙랑 유적 발굴 외에도 최근에 평양 일대에서 삼국시대 이전의 커다란 유적지와 무덤들이 발견되었다. 이것을 어떻게 해석해야 할까? 만약 낙랑이 평안도 일대에 없었다면 과연 2천여 기의 벽돌무덤塼築墳을 만들 만큼 커다란 문명은 대체 무엇이었을까?

이렇게 많은 무덤 중에서 무덤 주인의 내력이 기재된 묘지석이 있는 것은 단 두 기뿐이다. 그것은 모두 중국에서 태어난 사람들의 무덤이었다. 그러면 나머지 무덤들도 모두 중국인의 무덤일까? 그렇다고 단정 짓기엔 석연치 않은 구석이 많다. 발굴 결과 이들 무덤에서 중국식 유물과 더불어 세형동검 같은 고조선계 유물들도 함께 나왔기 때문이다. 결국 낙랑에는 고조선과 중국의 성향이 뒤섞여 있었던 것으로 보인다.

낙랑의 역사는 한국사인가, 중국사인가?

낙랑군이 처음으로 설치된 때는 한나라 초기였고 중국의 일부로써 태수가 임명되었다. 그러다가 고구려의 미천왕에게 멸망당하기까지 420여 년을 존속했다. 그동안 중국은 신新, 후한後漢을 거쳐 삼국시대까지 왕조가 여러 번 바뀌었다. 그러한 변화 속에서도 낙랑은 여전히 존재했다. 그러나 중국이 멀리 떨어진 낙랑을 직접 지배하기는 사실상 어려운 일이었다. 심지어 낙랑태수에 임명되어도 거리가 멀다는 이유로 가지 않는 사람까지 있을 정도였다. 그렇다면 낙랑을 다스린 사람은 과연 누구였을까? 당연히 그 땅에서 살아온 고조선의 유민들과, 중국에서 왔지만 그 땅에 정착한 사람들이다. 이에 따라 낙랑은 한나라의 일부이되 독립적인 성향을 가졌을 것으로 보인다.

고구려의 미천왕에게 멸망당했던 낙랑의 생명을 계속 이어나가게 한 것은 바로 중국이었다. 중국은 낙랑을 부활시켰는데, 이번에는 군을 설치한 것이 아니라 한반도의 나라들에 낙랑의 이름을 붙였다. 미천왕의 아들 고국원왕故國原王은 345년 연나라에게 인질과 조공을 바친 뒤 낙랑공으로 봉해졌다. 또한 신라도 낙랑이라 이름 붙여졌다. 중국이 생각하기에 한반도는 곧 낙랑이었던 것이다.

과연 낙랑의 실체는 무엇이었을까? 400년이 넘는 역사 속에서 낙랑은 어떤 변화를 겪었고 또 어떻게 발전했을까? 어디까지 중국의 영향을 받았고 그들 고유의 것은 무엇이었을까? 이런 의문을 속 시원히 풀어내지 못하는 현실이 안타깝다. 낙랑의 자료는 고조선에 비해 상대적으로 많은 편이지만 이를 연구하는 사람이 거의 없기 때문이다. 최근에는 점점 연구자가 늘어서 다행이지만 불과 몇 년 전만 해도 한국 내에서 낙랑을 연구하는 사람은 한 손에 꼽을 수 있을 정도였다. 근래에 연구가 계속되고 있으니 그 결과가 나오기를 기대해 본다.

부여에서는 심한 가뭄이 들면
왕의 목을 잘랐다는데, 정말 그랬을까?

고조선이 멸망한 기원전 108년에서부터 삼국시대가 정립되기 전, 고조선의 옛 영역과 한사군의 범위가 미치지 못하는 한반도 구석구석에는 많은 사람이 살고 있었다. 이미 고조선 시절부터 각 곳에는 부족 세력이 잔존하고 있었으며, 이들은 고조선 멸망 이후 국가로 발전해 나갔다. 그중의 하나가 바로 부여이다.

사실 부여는 우리나라보다 중국에 더 잘 알려진 나라이다. 부여뿐 아니라 고구려, 백제 등의 역사는 우리의 역사서보다 중국의 부록 역사서인 열전列傳에 더욱 자세히 수록되어 있다. 그런데 부여는 열전의 순서에서 고구려나 백제보다 앞서 있고 평가도 후한 편이다. 이에 따르면, 부여 사람들은 하얀 옷을 즐겨 입었고 예절을 알며 온순했다고 한다. 상대적으로 고구려 사람들은 사납고 야만스럽다고 적고 있는데, 이는 아마도 중국과 끊임없이 전쟁을 해온 탓일 것이다.

하얀 옷을 입고 무시무시한 일을 저지르는 온순한(?) 나라?

'하얀 옷을 즐기는 온순한 나라' 하면 언뜻 평화로운 이미지를 떠올리기 쉽지만 사실 부여는 굉장히 살벌한 나라였다. 가뭄이 들면 부여는 왕이 정치를 잘못한 탓이라고 해서 왕의 목을 베거나 쫓아냈다. 백성들이 도둑질을 하면 훔친 물건의 12배로 갚게 했다. 또한 여자가 질투를 하면 죽여서 그 시체를 남산에 버렸다. 이런 몇 가지 내용만으로 단정할 수는 없지만 부여는 남성의 권위가 매우 강력했고 사회의 규율이 엄격했던 것 같다.

신화학에 흥미가 있는 사람이라면 '가뭄이 들었을 때 그것을 왕의 잘못으로 돌려 목을 벤다'는 것에서 조지 프레이저 James George Frazer의 『*황금가지』를 떠올렸을지도 모른다. 이 책은 살해당하는 왕의 신화를 연구한 결과물로 유명하다.

프레이저의 연구대로 해석을 한다면 부여에 가뭄이 들었을 때 왕이 가진 생명력이 다했다고 보고 왕을 살해했을 수도 있다. 만약 그렇다면 부여는 정치보다 종교가 강했던 나라라고 할 수 있다. 또한 이는 다소 원초적인 성향이 있었음을 의미한다. 흥미롭게도 가축의 이름에서 따온 5대 부족의 이름 마가, 우가, 저가 등을 보면 왕을 중심으로 한 부족 동물농장 같은 인상마저 주고 있다.

당나라가 고구려를 '부여'로 불렀다는데…

그렇지만 처음으로 고구려가 세워졌을 때 부여는 상당한 강국이었다. 아니, 고구려쯤은 상대도 안 될 정도였다. 고구려는 '대륙의 지배자' 라는 강렬한 이미지를 풍긴다. 하지만 처음부터 그랬던 것은 아니었다. 오히려 부여는 몇 번씩이나 작은 나라 고구려를 병합하겠다는 야심을 드러냈다.

고구려는 한때 태자를 부여에 인질로 보내려 했을 만큼 저자세를 보이기도 했다. 또한 고구려의 대무신왕은 할아버지 동명성왕의 경쟁자였던 대소왕과 싸워 그를 살해했지만 군량미가 떨어져 궁지에 몰린 끝에 간신히 달아나기도 했다.

그런데 이토록 강력했던 부여가 언제, 어

떻게 몰락해 갔는지가 분명하지 않다. 그 과정을 알 수는 없지만 차츰 쇠약해진 부여는 고구려 미천왕에게 완전히 멸망당하고 말았다.313년

우리에게 부여는, 중국에 저자세로 일관했고 힘없이 존속하다가 이 땅에서 갑자기 사라져버린 나라의 이미지로 남아 있다. 어쩌면『삼국사기』의 기록 때문이거나 TV드라마 탓인지도 모르겠다. 중국의 사서는 고구려와 백제를 모두 부여의 별종으로 기록하고 있다. 중국인이 보기에 고구려와 백제가 부여와 많이 닮아서 그럴 수도 있을 것이다.

아니면 동쪽에 사는 사람들을 한데 뭉뚱그려 부여라고 생각했기 때문일 수도 있다.

고구려의 시조 동명성왕주몽은 본래 동부여 출신으로 그의 아버지 해모수는 북부여를 세운 사람이다. 우리는 주몽이 부여를 도망쳐 나와 졸본에 고구려를 세웠다고 알고 있다. 하지만 어떤 사서는 동명성왕이 졸본부여卒本夫餘로 달아났다고 기록하고 있다.

또한 고구려에서 갈라져 나온 백제는 왕의 성씨를 부여씨라고 했다. 심지어 나라 자체가 한때 남부여로 불리기도 했다. 그래서인지 백제의 수도 중 하나였던 사비는 지금도 부여로 불리고 있다. 흥미로운 것은 당나라도 때로 고구려를 부여라고 불렀다는 점이다. 마치 한국의 영어이름이 조선이 아니라 코리아Corea, 즉 고려인 것처럼 부여는 멸망한 이후에도 고구려, 백제에 강한 영향을 미쳤던 것이다.

부여사에 대한 적극적인 연구가 더욱 절실해지는 이유

그렇다면 부여야말로 우리 역사에서 중요하고 커다란 갈래가 아니었을까? 이러한 의문에도 불구하고 아직까지 부여에 대한 연구가 미진한 것은 왜일까? 잃어버린 역사 부여사에 대한 연구가 좀더 활발해짐으로써 우리 역사가 좀더 풍성해질 수 있지 않을까!

부여는 어떤 나라였을까? 이 질문에 분명하게 대답할 수 있는 사람은 거의 없다. 현재로서는 부여인 스스로 자신의 역사를 기록한 것이 남아 있지 않기 때문이다. 옛날의 사서 목록에는 부여사를 정리한 듯한 『북부여기北夫餘紀』가 나온다. 그러나 그 역사서는 지금 전해지지 않고 있다.

분명한 것은 부여가 없었다면 고구려도 없었고, 설사 있었다고 해도 아주 느리게 만들어졌을 것이다. 고구려와 백제라는 씨앗은 부여라는 텃밭이 있었기에 싹을 틔울 수 있었다. 나아가 부여는 고조선과 삼국시대를 잇는 잃어버린 고리이자 모태였다. 부여에서 멀리 떨어진 백제가 부여를 왕족의 성씨로 삼았다는 것은 부여가 선망의 대상이었기에 그랬던 것이 아닐까? 만약 그렇다면 당시에는 고구려보다 부여가 그 일대의 선진국이자 존경의 대상이었다는 얘기가 된다.

그렇게 번성했던 부여가 멸망한 이유는 무엇일까? 외부적으로는 고구려의 끊임없는 공격 때문이었겠지만 그보다 더 중요한 이유는 극심한 내분 때문이었을 것으로 보인다.

최근 부여에 대한 관심이 높아지면서 부여사 연구와 더불어 유적 발굴이 활발해졌고 실제로 금귀고리 같은 유물을 발견하기도 했다. 하지만 아직까지 부여의 역사적 실체를 밝혀내기에는 턱없이 부족한 상황이다. 우리는 간혹 달콤한 열매만 보고 가지를 보지 못하는 실수를 범하기도 하는데, 그동안 잃었던 가지가 바로 부여가 아닐까?

부여의 진정한 실체를 밝혀낸다면 우리나라 고대사 연구는 한층 풍요로워질 것이다.

황금가지(黃金—, The Golden Bough) __ 영국의 민속학자·인류학자인 J. G. 프레이저의 저서. 1890년 간행. 고대 아리아인의 수목 숭배 중에서도 주술 종교적인 의미에서 특히 중요시된 떡갈나무의 기생목(寄生木)에서 유래한 '황금가지'라는 말을 따서 책 제목으로 삼았다.

등장인물 소개

안무식

세계적인 고고학자 안유물 박사의 손자. 그냥 무식하지 않은 정도가 아니라 할아버지를 닮아 상당히 박학다식하고 논리적이며 똑똑한 캐릭터. 천성적으로 지적 호기심이 많아 궁금한 건 절대 그냥 지나치지 못하는 성격이다. 지도 타임머신 역사 탐험도 따지고 보면 그의 왕성한 호기심에서 발단이 된 셈인데, 할아버지 안유물 박사가 세미나 참석차 외출한 사이 그가 최근 발굴한 신비한 물건을 찾기 위해 단짝 친구들을 안유물 박물관으로 끌어들이면서 사건이 시작된다.

나파래용

안무식이 다니는 글로벌 스쿨의 같은 반 단짝친구. 스스로를 정복자 나폴레옹의 현신(現身)으로 착각하는 탓에 늘 나폴레옹처럼 파란색 반달모자를 쓰고 다닌다. 역사 속 영웅 나폴레옹처럼 매우 과감하고 저돌적인데다 의협심도 강해 항상 생각하기 전에 행동부터 하고 본다. 남들은 부끄러운 일을 당하거나 극도로 화가 나면 얼굴이 벌겋게 되지만 이상하게도 나파래용은 얼굴이 파래진다.

부르터스

안무식이 다니는 글로벌 스쿨의 또 다른 단짝친구. 매우 현실적인 성격으로 항상 걱정을 사서 한다. 투덜이 스머프처럼 자주 투덜대는 바람에 입이 새처럼 뾰족하게 나와 있다. 역사 탐험 중에도 무슨 불만이 그리 많은지 늘 입이 한 자는 나와 투덜대지만, 사실은 누구 못지않게 열정적으로 참여한다. 또한 겉보기와 달리 의외로 마음이 따뜻하고 속정도 깊어 친구들을 감동시키곤 한다.

마니 엉뚱해네트

프랑스 유학파로 안무식의 여자친구. 세상의 모든 것이 자신을 위해 존재한다고 믿는 허영심 많은 공주병 환자. 분홍색이라면 사족을 못 쓰는 분홍마니아라 늘 머리에서 발끝까지 분홍색으로 치장하고 다닌다. 신비한 지도타임머신을 발견하게 된 것도 따지고 보면 엉뚱해네트의 분홍 취향 덕분이었다고. 생뚱맞은 말을 많이 하지만 가끔 날카로운 질문을 던져 주위 사람을 놀라게 한다.

안유물 박사

평생 유물 발굴을 통한 역사 연구와 고고학 발전에 헌신한 국보급 고고학자. 세계 각지를 다니며 수많은 희귀한 유물을 발굴했고 '안유물 박물관'이라는 개인 박물관을 소장하고 있다. 그가 수집, 발굴한 진기한 유물은 셀 수 없이 많지만 그중에서도 가장 값진 것은 뭐니 뭐니 해도 역사 속으로 시간여행을 할 수 있는 지도타임머신. 워낙 귀중한 물건이라 박물관 가장 깊은 곳에 꽁꽁 감춰두고 아무에게도 보여주지 않았지만 세미나 참석차 잠깐 외출한 사이 손자 안무식이 친구들을 데리고 와 지도타임머신을 찾아내고 얼떨결에 한국사 속으로 시간여행을 떠나게 된다. 이때부터 그의 박물관은 손자 안무식과 괴짜친구들의 역사 탐험을 위한 비밀장소로 바뀌고, 안유물 박사는 든든한 후원자가 되는데….

역사 가상 극장

고인돌 건축 현장에 가다

저기 봐~.
고인돌을 만들고
있나 봐!

저쪽으로
가보자!

히히~

쪼옥

저기 아저씨~,
잠깐 인터뷰 좀
해주세요~

툭툭

허허~, 내가 그냥 아저씨가 아니라
고인돌 건설 책임자라고.
우리 족장님이 돌아가셔서 무덤을
만들고 있는 중이지.

끄덕 끄덕

이거
TV에
나오는 거지?

지금 기둥돌 위에 덮개 돌을 올리고 있는 중이지. 나중에 흙을 파내면 고인돌이 완성되는 거야.

아우~, 따분해~!

무덤에는 죽장님이 사시던 물건들도 함께 묻을 거야

어머~!

토옥

2008년 고인돌 유적지 발굴 중...

박사님~, 무덤에서 웬 분홍색 여자 구두가 나왔습니다!

헉!! 설마?

눈치 빠른 안유물 박사가 눈치껏 처리 했겠죠? ^^;

2

누가 진짜 강한지는
끝까지 가봐야 안다
삼국시대

애절한 사랑시 「황조가」를 지은 유리왕은 신하들을 생매장한 폭군이었다는데…?

가야의 선주민이 진시황도 두려움에 떨게 했던 흉노족이라고?

고구려 고국천왕의 왕비 우씨는 과연 우리나라 역사상 가장 음탕한 여자였는가?

수백 년 뒤 고구려의 패망이 장수왕 탓이라고?

걸출한 인재였던 온달을 기득권을 쥔 귀족과 역사가들이 바보로 만들었다는데…?

화랑 중에 동성연애자가 많았다는데, 과연 사실일까?

희대의 로맨스 주인공 서동이 사실은 원효대사였다고?

삼국시대의 유물·유적

광개토대왕비

고구려

금동봉황형 장식

토기

쌍영총-기마도

신라

금동대향로

기마인물상

백제

연가7년명불상

금관

가야

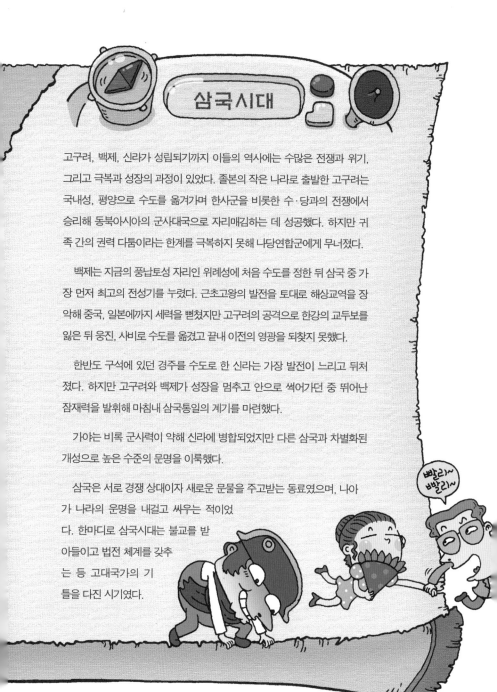

삼국시대

고구려, 백제, 신라가 성립되기까지 이들의 역사에는 수많은 전쟁과 위기, 그리고 극복과 성장의 과정이 있었다. 졸본의 작은 나라로 출발한 고구려는 국내성, 평양으로 수도를 옮겨가며 한사군을 비롯한 수·당과의 전쟁에서 승리해 동북아시아의 군사대국으로 자리매김하는 데 성공했다. 하지만 귀족 간의 권력 다툼이라는 한계를 극복하지 못해 나당연합군에게 무너졌다.

백제는 지금의 풍납토성 자리인 위례성에 처음 수도를 정한 뒤 삼국 중 가장 먼저 최고의 전성기를 누렸다. 근초고왕의 발전을 토대로 해상교역을 장악해 중국, 일본에까지 세력을 뻗쳤지만 고구려의 공격으로 한강의 교두보를 잃은 뒤 웅진, 사비로 수도를 옮겼고 끝내 이전의 영광을 되찾지 못했다.

한반도 구석에 있던 경주를 수도로 한 신라는 가장 발전이 느리고 뒤처졌다. 하지만 고구려와 백제가 성장을 멈추고 안으로 썩어가던 중 뛰어난 잠재력을 발휘해 마침내 삼국통일의 계기를 마련했다.

가야는 비록 군사력이 약해 신라에 병합되었지만 다른 삼국과 차별화된 개성으로 높은 수준의 문명을 이룩했다.

삼국은 서로 경쟁 상대이자 새로운 문물을 주고받는 동료였으며, 나아가 나라의 운명을 내걸고 싸우는 적이었다. 한마디로 삼국시대는 불교를 받아들이고 법전 체계를 갖추는 등 고대국가의 기틀을 다진 시기였다.

빨리~
빨리~

고구려의 첫 번째 왕은 과연 '동명성왕'이었을까?

고구려의 첫 번째 왕이 주몽, 즉 동명성왕이라는 것과 더불어 그의 설화는 이미 널리 알려져 있다. 특히 그의 출생 설화는 이렇게 전개된다.

　강물의 신 하백의 딸 유화가 북부여의 왕이자 천제天帝의 아들인 해모수를 만나 하룻밤 사랑을 나눈 뒤 버림받는다. 그 일로 유화는 아버지에게 쫓겨나 헤매다 동부여 금와왕의 보살핌을 받게 된다. 이후 유화는 햇빛을 받아 임신을 했는데 낳고 보니 커다란 알이었다. 이를 불길하게 여긴 금와왕이 알을 버리자 짐승들이 알을 보호했고, 마침내 알에서 태어난 아이가 위대한 인물이 되어 나라를 세웠다.

부여의 '동명'과 고구려의 '주몽'은 동일인이다?

그런데 이 설화는 우리나라 역사서뿐 아니라 중국의 사서에도 실려 있다. 『위략魏略』, 『양서梁書』 같은 중국의 사서는 5호16국시대 때 세워졌다 망한 나라들의 역사를 수록하고 있는데, 이 사서의 열전에 주몽 설화가 기록되어 있는 것이다.

하지만 중국 사서의 주몽 설화를 자세히 살펴보면 이야기와 세부사항이 우리가 알고 있는 것과 조금씩 다르다는 것을 알 수 있다. 북이北夷의 탁리국 혹은 고리국 왕의 시녀가 왕이 자리를 비운 사이 임신을 했다. 왕은 화를 내며 그녀를 죽이려고 했다. 하지만 시녀는 하늘에서 내려온 알의 기운을 받아 아이를 갖게 되었다고 말했다. 시녀가 아기를 낳자 왕은 아기를 돼지우리에 버렸다. 그런데 돼지들이 따뜻한 입김을 뿜어 아기를 돌보는 기이한 일이 일어났다. 결국 아기는 어머니에게 돌려보내져 '동명'이라 이름 붙여졌다. 그 동명이 어른이 된 뒤 나라를 세웠다는 것이다.

문제는 중국 사서에 그 이야기의 주인공, 즉 동명이 세운 나라가 부여였다고 기록되어 있다는 점이다. 그렇다면 동명 혹은 주몽과 금와왕의 인척관계는 어떻게 되는가?

우리가 알고 있는 일반적인 동명성왕 설화는 『삼국사기』의 「고구려본기」에 실려 있다. 여기에는 우리가 알고 있는 동명성왕 설화의 모든 조각이 완성되어 있다. 더불어 부여의 시조 설화가 가장 앞부분에 등장한다. 늦도록 아이를 얻지 못한 동부여의 왕 해부루가 산천에 기도하던 중 우연히 석상 아래에서 개구리를 닮은 아이를 발견했는데, 그 아이가 자라 금와왕이 되었다는 것이다.

비록 주몽이 부여 출신이기는 하지만 주몽이 주인공이어야 할 주몽 설화에서 친아버지도 아닌 금와왕의 출생이 먼저 기록된 것은 특이한 일이다. 이것은 고구려가 부여에서 갈라져 나왔다는 또 하나의 증거일 수도 있다. 그렇다면 중국 사서에 실린 부여의 동명은 주몽과 어떤 관계일까? 사실 부여의 금와왕 설화는 금와왕 개인의 것이지 건국 설화는 아니다. 따라서 그것이 동명성왕의 이야기와 겹치기 때문에 일부러 누락시켰을 수도 있다.

고구려가 부여의 건국 신화를 훔쳤다는데…?

그렇다면 혹시 고구려가 부여의 건국 설화를 빼앗아온 것은 아닐까? 중국 사서에 실린 동명 설화는 우리가 알고 있는 설화와 뼈대가 같지만 내용에서 약간 차이가 있다. 본래 이야기라는 것은 시간이 흐르면서 점점 살이 붙거나 부풀려지게 마련이다. 즉, 평범했던 소재가 특별해지고 막연했던 것이 구체적으로 되어가는 것이 자연스러운 현상이다.

부여의 동명과 고구려의 주몽 설화를 비교해 보면 이야기의 전개에서 확연한 차이를 발견할 수 있다. 원래 일개 왕의 시녀였던 사람은 하백의 딸이 되고, 알의 기운은 햇빛으로 바뀐 뒤, 좀더 구체적으로 천제의 아들이자 북부여의 시조인 해모수解慕漱가 주몽의 아버지 혹은 유화의 남편이 되고 있다. 또한 처음에는 그냥 아이로 태어났던 것이

나중에는 알에서 태어난 것으로 바뀌었다. 이로 미루어 본다면『삼국사기』보다 중국 사서에 나오는 부여의 동명 설화가 시간적으로 앞선 것임은 의심의 여지가 없다.

여기에서 또 한 가지 주목할 만한 사실은 고구려가 '졸본부여'라고도 불렸다는 점이다. 실제로 고구려의 전신이 부여였다면 부여의 건국 설화가 고구려로 옮겨온 것은 그리 이상할 것이 없다. 더욱이 여러 역사서의 내용으로 보면 동명 설화는 당시 동북아시아 일대에 널리 퍼져 있었다. 따라서 부여에서 갈라져 나온 고구려의 동명성왕이 나라를 세운 뒤 설화를 차용했을 가능성이 있다.

부여에서 시작된 전설을 고구려에서 정리하다?

그렇다고 동명성왕에 대한 여러 가지 전설이 모두 거짓이라는 얘기는 아니다. 고구려라는 나라가 실재했듯 동명 설화를 모두 꾸며낸 것이라고 볼 수는 없다. 그렇다면 어떻게 해서 부여의 동명이 고구려의 주몽이 된 것일까?

비록 전설의 근원이 부여일지라도 고구려인은 동명 설화가 자신들의 것이라고 믿었다.『삼국사기』「고구려본기」뿐 아니라 광개토대왕비에서도 동명성왕이 천제의 아들이자 하백의 외손이라는 사실을 분명히 기록하고 있는 것이다. 또한 광개토대왕 시기에 북부여의 수사守事를 지낸 모두루의 무덤에서 발견된 모두루묘지牟頭婁墓誌에서도 동명 설화를 기재하고 있다. 이는 고구려인이 스스로 기록한 주몽의 전설이라는 점에서 무척 귀중한 자료라고 할 수 있다.

고구려인은 예로부터 하늘에 지내는 제사이자 추석이었던 동맹東盟에서 태양신과 수신水神에게 제를 올리고 있었다. 이에 따라 동명 설화는 하늘과 농업신의 결합을 의미한다. 부여에서 가져온 설화 줄기에 고구려 왕실의 기원을 덧붙여 정리한 것이라는 의견도 있다. 어쨌든 『삼국사기』가 동명 설화를 기록하기 훨씬 이전부터 고구려인이 동명성왕을 자신들의 조상으로 생각했던 것만은 틀림없는 사실이다.

그렇다면 중국 사서에 기록된 부여의 시조 동명과 고구려의 시조 주몽 중에서 진짜 주몽이 누구냐는 물음은 필요 없을 것 같다. 전설은 부여에서 시작되었지만 그것이 완전히 동명의 전설로 정리된 것은 고구려였기 때문이다. 신비하게 태어난 아이가 자라 왕이 되었다는 전설이 조금씩 변하면서 역사가 되었고 그것이 고구려의 것이 된 셈이다. 동명성왕 주몽은 수백 년간 고구려인의 변함없는 선조이자 긍지였던 것이다.

애절한 사랑시 「황조가」를 지은 유리왕은
신하들을 생매장한 폭군이었다는데…?

멀펄 나는 저 꾀꼬리

암수 서로 정답구나.

외로워라 이내 몸은

뉘와 함께 돌아갈꼬.

한국 최초의 서정시로 알려진 「황조가」는 짧고 간결하지만 이 시를 연구하는 논의는 매우 복잡하고 다양하다. 물론 아직까지는 서정시라는 입장이 가장 중심이 되고 있다. 그러나 유리왕이 아닌 다른 사람이 지은 것이라는 설과 당시의 정치적 상황을 반영한 서사시 혹은 제사 때 쓰이는 무가였다는 설을 주장하는 사람도 있다. 이토록 짧은 시 한 편에 다양한 의견이 쏟아지고 있는 이유는 그만큼 우리나라 고대사에 대한 기록이 부족하기 때문일 것이다.

이 시가 지어진 내력은 이렇다.

황조가는 과연 낭만적인 사랑의 노래였을까?

고구려의 유리왕에게는 고구려 출신의 화희禾姬: ?~?와 중국 출신의 치희雉姬: ?~?라는 두 아내가 있었다. 왕이 자리를 비운 사이 두 여자는 다투었고 화희가 치희를 모욕하자 화가 난 치희가 친정으로 돌아가 버렸다. 유리왕이 급히 말을 타고 쫓아가 달랬지만 치희는 돌아오지 않았다. 유리왕은 쓸쓸히 홀로 돌아오면서 이 시를 지었다.

그런데 중국의 『조선시사』는 우리가 알고 있는 황조가 설화와 조금 다른 이야기를 전하고 있다. 본래 치희가 매우 아름다워 유리왕이 비妃로 들였는데 화희의 질투로 돌아가 버렸다는 것이다. 여기까지는 『삼국사기』와 비슷하다. 그런데 결말은 유리왕이 노래를 지어 부르자 치희가 기뻐하며 함께 고구려로 돌아가는 해피엔딩이다.

우리가 여기서 주목해야 할 점은 '어떤 이야기가 진짜냐' 하는 것보다 '왜 이런 이야기가 나왔느냐' 하는 것이다. 먼저 자기가 이 세상에서 가장 불쌍한 사람인양 신세한탄을 하고 있는 유리왕이 누구인지 살펴볼 필요가 있다.

『삼국사기』나 『동국통감』은 유리왕이 동명성왕 주몽의 아들이라고 적고 있다. 그에게도 아버지처럼 젊은 시절의 설화가 있다. 어린시절,

유리는 아버지가 누구인지 모른 채 홀어머니 예씨 부인의 손에서 자라났다. 어느 날 유리는 길을 가던 여인의 물동이를 실수로 깨뜨렸다가 아버지가 없이 자라서 버릇이 없다는 말을 듣게 되었다. 그러자 부끄러움을 견디지 못한 유리는 예씨 부인에게 아버지가 누구인지 알려 달라고 졸랐다. 결국 어머니에게 아버지의 내력을 들은 유리는 일곱 모난 돌 위에 있는 나무, 즉 주춧돌 위의 기둥 밑에서 부러뜨린 칼을 찾아내 고구려로 아버지를 찾아가 후계자가 되었다.

여기까지는 고아로 천대받고 있던 고귀한 혈통의 자손이 자신의 신분을 되찾는다는 이야기로 영웅 신화 혹은 신파 드라마의 정석이라고 할 수 있다. 일부에서는 황조가는 물론 고구려의 초기 역사가 모두 신화이며 후세의 위작이라는 주장을 하기도 한다. 하지만 여기서는 『삼국사기』의 기록을 있는 그대로 신뢰한다는 전제 하에 이야기해 보자.

자식들과 심각한 불화를 겪은 유리왕

유리는 동명성왕의 재위 마지막 해인 19년에 고구려에 도착했다. 동명성왕이 유리를 태자로 책봉한 뒤 겨우 반 년 만에 세상을 떠났다는 것을 생각하면 유리가 아슬아슬한 시기에 아버지를 찾아갔다고 할 수 있다. 나중에 고구려를 떠나 백제를 건설한 비류와 온조의 존재를 떠올리면 더욱 그렇다.

그렇게 해서 왕으로 즉위한 유리는 송양공의 딸을 왕비로 맞아들였다. 아버지를 잃고 10개월 남짓 지난 뒤였다. 이로 인해 조선의 역사

가들은 아버지의 3년 상도 지키지 않고 결혼했다는 이유로 유리왕을 비난했다. 하지만 갑자기 왕이 된데다 후계자 교육도 제대로 받지 못했던 유리로서는 세력 기반이 절실했을 것이다. 그러나 왕비는 고작 1년 뒤에 세상을 떠났고 다음으로 맞아들인 화희와 치희는 사이가 나빴다. 하지만 유리왕에게는 그보다 더 큰 비극이 있었다. 그것은 바로 자식들과의 불화였다. 기록에 따르면 유리왕은 도절, 해명, 무휼^{대무신}^왕, 여진, 해색주^{민중왕}, 재사^{태조왕의 조부}, 그리고 이름이 알려지지 않은 딸을 자식으로 두었다고 한다. 먼저 도절은 부여의 인질로 가라는 아버지의 명령을 거부했다가 오래 지나지 않아 병들어 죽었다. 해명은 무예에 뛰어나고 당시 고구려의 적국이던 황룡국(어떤 나라인지 분명치 않다)이 선물로 보내온 활을 꺾는 담대함을 보였다. 그러나 오히려 이 때문에 아버지 유리왕의 명령으로 자결해야만 했다. 또 다른 아들 여진은 물에 빠져 죽었다.

『삼국사기』의 사론^{史論}은 해명태자의 죽음을 두고 "아버지는 아버지 노릇을 못하고 아들은 아들 노릇을 못했다"고 탓했지만, 이익^{李瀷}은 『성호사설^{星湖僿說}』에서 다른 아들인 무휼도 외국 사신을 꾸짖은 적이 있었는데 해명만 죽임을 당했다며 유리왕의 편파적인 처사를 비난했다.

충신들을 핍박하고 정사를 그르친 임금

이처럼 가정불화를 안고 있던 유리왕은 통치에서도 매끄럽지 못했다. 먼저 유리왕은 아버지 동명성왕의 다른 아들들, 즉 비류와 온조를 끌어안는 데 실패했다. 또한 주몽과 함께 부여를 떠나온 세 사람 중 하나로 고구려의 중신 대보大輔로 있던 협보는 유리왕이 닷새씩이나 사냥을 다니며 국정을 돌보지 않자 이를 충고하다 비천한 자리로 강등되었다. 건국공신이면서도 이러한 수모를 당한 협보는 남한南韓으로 떠나 버렸다. 심지어 유리왕은 제사를 지낼 돼지의 몸을 상하게 했다고 신하들을 생매장해서 죽이기도 했다.

그의 실정이 여기에서 그친 것은 아니다. 유리왕 22년에는 졸본에서 국내성으로 천도했다. 그 이유는 유리왕이 외국과의 충돌을 피해 수비 혹은 도피를 선택했기 때문이다. 그래서 유리왕 시절, 고구려는 외교 분야에서 내내 저자세였다. 그 대표적인 예가 아들인 도절태자를 부여에 인질로 보내려 했고, 옛 수도 졸본을 지키고 공격적으로 외국과 맞서려 했던 해명태자를 자결하게 만든 것이다.

한편 유리왕이 고구려를 다스리던 당시 중국은 왕망이 한나라를 멸망시키고 황제 자리를 찬탈했다. 돌궐을 공격하기 위해 고구려군을 동원하려 했던 왕망은 고구려군이 도망가자 격노하여 고구려왕을 '하구려후'로 낮춰 불렀다. 고구려로서는 체면이 말이 아니었지만 유리왕이 이 문제에 적극적으로 대처한 흔적은 보이지 않는다.

그래도 똑똑한 아들을 두어 천만다행?

물론 공격이 아닌 수비를 선택했다는 것이 반드시 나쁜 것이라고 할수는 없다. 그렇다고는 해도 유리왕은 그다지 유능한 군주가 아니었다. 화희와 치희의 다툼은 물론 국내 사정이 극단으로 흐른 데는 무엇보다 유리왕의 잘못이 크다. 화희와 치희의 경우, 애초에 서로를 화해시키려 하지 않고 동궁과 서궁으로 나눠 살게 했으니 이는 또 다른 도피라고 할 수 있다. 결국 치희와 협보가 떠나버린 것은 한순간의 분노 때문이 아니라 오랜 문제들이 묵혀 있다가 마침내 곪아터진 결과였다.

한마디로 유리왕은 실연의 슬픔에 젖은 불운한 사람으로 동정하기에는 너무도 결점이 많은 인물이었다. 그는 언제나 문제를 자기 손으로 해결하지 못하고 극단으로 몰고 갔다. 「황조가」가 정말로 사랑하는 사람을 잃고 슬픔에 겨워 지은 노래든 아니면 고구려 내의 세력 분열을 정리하지 못해 한탄하는 것이었든 말이다. 그러면서도 그는 오히려 자기연민에 빠져 푸념만 하는 형편없는 아버지이자 임금이었다.

반면 유리왕의 아들 대무신왕은 중국의 공격을 이겨내고 부여와 낙랑을 공격해 성과를 얻어내는 등 고구려의 국력을 크게 끌어올렸다. 그럼으로써 고구려는 훗날 삼국의 하나가 될 수 있는 교두보를 마련할 수 있었다. 물론 아버지가 그랬던 것처럼 그 역시 아들 호동을 죽게 만들기는 했지만….

유리왕 같은 아버지에게서 이런 아들이 태어났다는 것은 고구려의 입장에서 매우 다행스런 일이라고 할 수 있다.

태조왕은 93년이나 나라를
다스렸다는데, 과연 사실일까?

고구려 역사를 살펴보려 할 때 항상 아쉽게 느껴지는 것이 바로 자료 부족이다. 고구려인이 자신들의 역사를 직접 기록한 책은 지금 남아 있지 않다. 단지 『삼국사기』 「고구려본기」와 중국 『위서魏書』의 「고구려전」이 고구려 역사를 일부나마 기록하고 있을 뿐이다.

그런데 고구려의 왕계를 살피다 보면 태조왕이라는 특이한 왕을 발견하게 된다. 그는 고구려 6대 왕으로 고구려의 왕들 중에서 가장 오래 즉위했던 인물이다. 믿기 어렵겠지만 태조왕은 웬만한 사람의 평생보다 긴 93년 동안이나 통치를 했다고 한다.

한 가지 더 의아한 것은 태조왕이라는 명칭이다. 본래 '태조'란 왕조의 첫 번째 왕에게 붙이는 명칭이다. 대표적으로 고려 태조와 조선 태조가 있다. 고구려의 태조왕은 국조왕國祖王이라는 다른 이름으로 불리기도 했는데, 이 역시 나라의 선조라는 말로 첫 번째 왕을 뜻한다.

일곱 살에 왕위에 즉위해 백열아홉 살에 사망?

『삼국사기』에 따르면 태조왕은 일곱 살이라는 어린 나이에 즉위해 백열아홉 살에 사망했고, 그 동생인 차대왕은 일흔여섯 살에 즉위해 아흔다섯 살에 죽었다고 한다. 또한 셋째 동생 신대왕은 일흔일곱 살에 즉위해 아흔한 살에 세상을 떠난 것으로 기록되어 있다. 여기서 차대왕은 두 번째 왕 그리고 신대왕은 새로운 왕이라는 뜻이다. 물론 세 번째는 삼대왕이 되어야 마땅하겠지만 쿠데타를 일으켜 즉위했기 때문에 '새로운'이라는 표현이 들어간 것인지도 모른다. 그런데 만약 이 세 명의 왕이 모두 한 부모에게서 태어난 형제라면 심각한 무리가 생긴다.

이들 중 최고 기록을 자랑한 인물은 태조왕으로 그의 즉위 기간은 93년에 달한다. 엄밀히 말하면 형의 무병장수에 진력이 난 차대왕 수성遂成이 146년 쿠데타를 일으켜 태조왕을 정권에서 밀어내고 20년이나 연금시키는 바람에 그나마 즉위 기간이 줄어든 것이다.

차대왕은 본래 형 태조왕을 보좌하며 많은 공을 세웠다. 그러나 왕이 된 후로는 태조왕의 아들이자 자신의 조카였던 막근莫勤을 살해하기도 하고 폭정을 일삼아 인심을 잃었다. 그러자 태조왕과 차대왕의 동생인 백고伯固가 165년에 다시 쿠데타를 일으켜 차대왕을 살해했다. 연금 상태에 있던 태조왕은 그해에 세상을 떠났다.

　이야기의 진실 여부를 떠나 우선 한 가지만 생각해 보자. 형제 중 막내였던 신대왕의 즉위 연도를 감안하면, 아버지 재사再思의 나이를 최대한 적게 잡아도 80대 후반에 낳은 자식이라는 계산이 나온다. 고구려인이 아무리 몸이 튼튼하고 노익장을 과시했다고 해도 이것은 상식적으로 가능한 일이 아니다. 그런 탓에 태조왕, 차대왕, 신대왕은 한 부모에게서 태어나지는 않았지만 혈연 계보상 형제뻘이었다는 의견도 있다.

　그렇다고는 해도 태조왕, 차대왕, 신대왕 시절은 정말 특이한 시대였다. 특히 태조왕 시대를 기점으로 그 전후의 고구려는 많은 면에서 변화가 일어난다.

고구려 창업자는 '해씨', 왕들은 대부분 '고씨'인 이유

당시 고구려에서 어떤 일이 벌어졌던 것일까? 가장 일반적으로 생각할 수 있는 원인은 왕위 찬탈이다. 『삼국사기』에 따르면 고구려의 5대 왕인 모본왕慕本王은 포악하다는 이유로 왕위에서 쫓겨났고, 그 다음으로 태조왕이 어린 나이에 즉위했다고 한다.

　그런데 학계에서는 그 교체에 수많은 정치적 변동이 따랐을 것이라는 주장을 하고 있다. 실제로 모본왕이 피살된 뒤, 고구려에서는 왕 자리를 놓고 오랜 전쟁이 있었고 그만큼의 혼란이 따랐다. 이로 인해 태조왕이 즉위하기까지 상당히 긴 공백이 이어지다 마침내 태조왕이 최후의 승자로 즉위한 것이라는 얘기다. 중요한 것은 이로써 해씨 왕조가 단절되고 혼란기 이후 고씨 왕조가 등장했다는 점이다. 즉, 단순히 왕이 바뀐 게 아니라 왕조 자체가 바뀐 것이다.

그렇다고 고씨 왕조로 추정되는 이들이 전대 왕조를 완전히 부정한 것은 아니었다. 동명성왕은 나라의 시조로서 여전히 중요한 대접을 받았다. 부여를 정벌하고 대소왕을 살해하는 등 혁혁한 공을 세운 대무신왕도 고구려 영광의 초석을 닦은 위대한 왕으로 인정받았다. 이로 인해 해씨 왕조와 고씨 왕조를 서로 연결시키려다 보니 유리왕의 또 다른 아들이라는 가상의 인물재사이 만들어졌다. 동시에 공백을 메우기 위해 왕의 즉위 기간을 고무줄처럼 늘려 태조왕이 다스린 시기가 93년이나 되었다는 것이다.

한편으로 『삼국사기』 편찬자들이 중국의 역사서와 고구려의 역사서를 망라하여 정리하는 과정에서 이러한 연도의 혼란이 나타나게 되었다는 주장도 있다. 『삼국사기』의 편찬을 담당한 이들은 분명 당시 고려에 남아 있던 사료는 물론 중국에 있던 사료까지 참고했을 것이다. 그런데 중국 사서에는 고구려의 태조왕, 차대왕, 신대왕이 기록되어 있었다. 이 때문에 고려 사람들은 어떻게든 이들을 고구려왕의 계보에 집어넣으려 했을 거라는 얘기다. 그렇게 억지로 내용들을 끼워 넣다 보니 지나치게 오래 통치한 왕이 나오게 되었다는 것이다.

물론 『삼국사기』의 「고구려본기」를 읽다 보면 백 살은 물론 백열 살이 넘도록 현역으로(?) 왕이나 재상노릇을 했던 사람들이 심심치 않게 나온다. 신대왕의 신하이자 백열아홉 살까지 살았다는 명림답부

明臨答夫가 그 대표적인 인물이다.

그렇다면 고구려가 장수촌이었던 걸까? 아니면 그들의 1년이 현대에 비해 훨씬 짧았던 것일까? 의문은 꼬리에 꼬리를 물지만 여기에 대답할 만한 뾰족한 답은 없다. 그래도 지금 『삼국사기』에 실려 있는 고구려 왕계가 실제와 다를 가능성은 충분히 있다.

광개토대왕비에는 고구려의 시조 동명성왕을 이야기하며 광개토대왕이 17대손이라고 말하는 문구가 나온다. 그런데 현재 알려진 고구려의 왕계를 따져보면 그는 19번째 왕으로 비석의 내용과 맞지 않다. 그렇다고 태조왕 이전의 다섯 왕을 빼버리면 광개토대왕은 14대손이 되므로 이 또한 맞지 않는다. 그러면 어떻게 17이라는 숫자가 나온 것일까? 우리가 알지 못하는 혹은 잘못 들어간 왕이 있었던 것일까?

이처럼 고구려는 왕계조차 수수께끼로 남아 있는 상태지만 지금으로서는 해명할 방법이 없다. 오로지 땅 속 어딘가에 숨어 있을지도 모르는 해답이 나타나기를 기다릴 수밖에 없으니 아쉬울 따름이다.

호동왕자는 낙랑공주를 정치적으로
철저히 이용한 뒤 죽게 만들었다?

적군이 쳐들어오면 저절로 울리는 북과 나팔을 깃고 있던 낙랑. 그러한 낙랑과 싸워온 고구려의 호동왕자는 우연히 만난 낙랑왕 최리崔理의 마음에 들어 사위가 되었다. 그러나 호동왕자는 아내 낙랑공주를 이용해 자명고와 자명각을 부수고 결국 낙랑을 멸망시켰다.

이것이 우리가 알고 있는 호동왕자와 낙랑공주의 이야기이다. 그 내용으로만 보면 『삼국유사』에 있어야 어울릴 것 같다. 한데 이 이야기는 재미있게도 『삼국사기』에 실려 있다. 그것은 아마도 당시에 이 이야기가 그만큼 유명했기 때문일 것이다.

호동왕자와 대무신왕은 악당 중의 악당?

『삼국사기』의 「고구려본기」 대무신왕 14년에 보면 호동왕자의 이야기가 기록되어 있다. 그런데 그것은 매우 짧게 수록되어 있으며 우리가 낙랑공주로 알고 있는 사람도 최씨의 딸崔氏女로 적혀 있다.

흔히 호동왕자는 고전적인 로맨스의 주인공이자 동시에 여자의 순정을 이용한 악당으로 알려져 있다. 물론 이것이 실제와 크게 다르지 않을 수도 있다. 『삼국사기』는 "일설에는 고구려가 일부러 낙랑을 공격하기 위해 낙랑에서 며느리를 들였다고 한다"라고 기록하고 있다. 그렇다면 이는 애초부터 대무신왕이 사돈의 나라를 멸망시키려 작정했다는 것이니 아버지와 아들 모두가 악당이라 할 만하다.

그렇다고 그것을 곧이곧대로 받아들이기엔 뭔가 석연치 않은 점이 있다. 사실 낙랑군은 중국 지방 행정조직의 일부로 '나라'는 아니다. 따라서 낙랑에서 제일 높은 사람은 낙랑태수이지 낙랑왕은 아니다. 마찬가지로 태수의 딸이 공주가 될 리도 없다.

이것이 어찌된 일인가? 낙랑태수가 스스로 왕을 지칭했다는 말인가? 그 답은 바로 『삼국사기』에 나와 있다. 앞서 말했듯이 낙랑의 토착민 왕조가 일으킨 반란은 중국이 진압했지만 결과적으로 낙랑군의 세력은 크게 약화되었다. 그런 와중에 낙랑군의 일부였던 동부도위東部都尉가 분리 독립되었다. 그런데 『삼국사기』는 호동왕자가 동옥저로 놀러갔다가 최리를 만나게 되었다고 기록하고 있다. 그렇다면 옥저와 동예는 인접해 있었으니 호동왕자가 간 낙랑은 이전에 낙랑이었다가 독립한 낙랑국이지 한사군 중 하나인 낙랑군이 아니었다는 얘기가 된다.

낙랑공주가 찢은 북과 부숴버린 나팔은 무엇을 의미할까?

그러면 자명고와 자명각은 무엇을 의미할까? 당시에 자동기계가 있었을 것 같지는 않다. 북과 나팔은 춘추전국시대부터 병사들에게 신호를 전달하기 위한 수단으로 쓰였다. 북은 전진을, 나팔은 후퇴를 의미하는 신호로 이용되었던 것이다.

「고구려본기」에 따르면 낙랑국을 정벌하기 위한 고구려의 노력은 연거푸 실패로 돌아갔다. 그 이유는 낙랑국이 이들 악기 덕분에 적국의 기습 조심을 미리 알고 철저하게 대비했기 때문이라고 한다. 고구려군이 몇 번이나 기습공격을 감행했지만 그때마다 상대방은 이미 대비하고 있었던 것이다. 그것은 그만큼 낙랑의 정보 전달이 신속했다는 것을 의미한다. 이는 낙랑군의 일부로 중국의 선진 문물과 제도를 받아들인 낙랑국이 파발이나 봉화제도 등을 갖추었기 때문일 수도 있다. 그 영문을 모르는 고구려인이 낙랑국에 신비한 북과 나팔

비수류 춤춘
← 낙랑공주

사실
자명고와 자명각은
신기한 북과 나팔이
아니라
군대의 신호체계로
보는 게 정확하지!

이 있다고 생각한 것은 아니었을까?

하지만 이렇게 생각하면 낙랑공주가 찢었다는 북과 부숴버린 나팔이 무엇인지 알 길이 없다. 승리를 안겨준 요인이 명령체계에 있다면 악기를 부순다고 해서 달라질 것은 없다. 애초에 설화를 설화로 즐기지 못하고 이리 따지고 저리 고민하는 것부터가 잘못된 것인지도 모르겠다. 허나 진실에 대한 호기심을 누를 길 없으니 어쩌겠는가?

낙랑 정벌은 정치적 입지가 불리한 호동왕자의 고육책이었다?

어쨌든 낙랑공주는 나라를 배신했다는 이유로 아버지 최리에게 죽임을 당하고 말았다. 그런데 『삼국사기』에는 호동왕자가 낙랑공주의 죽

음을 슬퍼했다는 말이 한마디도 나오지 않는다. 그는 역시 악당이었던 것일까? 하지만 호동 역시 그 응보를 받았는지 비참한 결말을 맞게 된다. 그는 대무신왕의 원비(정식 왕비)에게 음심을 품었다는 누명을 쓰고 자결하라는 명령을 받았던 것이다. 주변 사람들은 호동왕자를 말렸다. 그러나 그는 자신이 어머니뻘인 원비의 모함을 밝혀내면 오히려 그게 불효라는 궤변을 대며 자결했다.

고구려 역사에 대한 기록에서 비교적 담담한 입장을 취하는 『삼국사기』조차 이 대목에서는 아버지와 아들이 똑같이 바보라며 열변을 토하고 있다.

하지만 당시의 고구려 내부 사정을 뜯어보면 이 사건은 그리 간단하지 않다. 호동왕자의 어머니는 갈사왕^{曷思王}의 손녀이자 대무신왕의 차비였다. *갈사국은 분명하지 않지만 이후의 사서에서 드문드문 나타나고 있으며 부여 계열로 추정되고 있다. 부여는 동명성왕의 고향인 동시에 계속 적국으로 대립해 온 터라 호동왕자는 대무신왕의 총애를 받긴 했지만 입지는 약했을 것이다. 그러니까 고구려 출신으로 추정되는 원비와 그 소생 해루에 비하면 소위 비주류였던 셈이다.

더욱이 호동이 자신과 마찬가지로 비주류인 낙랑공주와 결혼을 했다면 주류인 원비에게 패배할 수밖에 없을 것이다. 따라서 호동왕자가 낙랑국 정벌을 수행한 것은 비주류의 약점을 전쟁의 공로로 극복해 내려는 시도였을 수도 있다.

하지만 그 결과는 호동왕자에게는 물론 고구려에게도 실패였다. 대무신왕 20년에 고구려는 낙랑을 습격해 멸망시켰다. 그리고 그로부터

7년 뒤 후한의 광무제는 다시 낙랑을 설치해 살수 이남의 땅을 중국 영토로 삼았다. 구체적인 기록은 없으나 광무제의 공격이 고구려에 타격을 입혔는지 고구려는 한동안 낙랑을 다시 정벌하지 못했다.

　일이 이렇게 되니 오히려 죽은 호동왕자와 낙랑공주만 불쌍해진다. 그들이 철부지 사랑을 했든 아니면 배신하고 배신당한 비극의 연인이었든 그들은 참담하리만치 냉혹한 현실에서 벗어날 수 없었다. 그래서 더욱 사람들의 뇌리에 깊이 남아 있고 역사서에까지 기록된 것인지도 모르겠다.

갈사국(曷思國) __ 부여왕 대소(帶素)의 아우가 남하하여 압록강 부근에 세운 소국. AD 22년(고구려 대무신왕 5년) 갈사수가에 도읍을 정하고 건국한 이후 왕의 손녀가 대무신왕의 둘째 비가 되어 왕자 호동을 낳는 등 고구려와 관계를 맺으면서 독자적인 세력을 유지하였다. 그러나 AD 68년(태조 16년) 갈사왕의 손자 도두(都頭)대에 고구려에 병합되었다.

가야의 선주민이 진시황도
두려움에 떨게 했던 흉노족이라고?

300개에 달하는 우리나라 성씨 중 가장 많은 성은 김씨다. 그중에서도 김해김씨가 선두를 차지하고 있다. 설화에 따르면, 김해김씨의 시조이자 가야의 첫 번째 왕인 김수로왕金首露王은 하늘에서 내려온 황금알에서 태어나 금관가야를 세웠다. 그후 그는 돌로 된 배를 타고 바다를 건너온 아유타국阿踰陀國의 공주 허황옥과 결혼했다고 한다. 이 이야기에 나오는 허황옥은 김해허씨의 시조가 되었다.

그밖에 김수로왕이 신라의 석탈해昔脫解, 탈해왕와 도술 경합을 벌여 이겼다는 설화도 전해진다. 이는 가야와 신라의 대립을 암시하는 듯하다. 또한 하늘에서 여섯 개의 황금 알이 내려와 각각 가야의 왕이 되었다는 김수로왕 설화는 주변 여러 가야국의 맹주를 자처한 사람으로

서의 높은 자부심을 드러내고 있다.

가야는 다른 삼국에 비해 일찍 막을 내린 탓에 우리에게 그리 강한 인상을 주지 못하고 있는 것이 사실이다. 하지만 가야는 삼국시대가 정립하기 전의 강대국으로 당시에는 신라보다 오히려 선진국이었다.

그런데 『동국여지승람東國輿地勝覽』에는 흔히 알려진 것과 조금 다른 가야 설화가 기록되어 있다. 이에 따르면, 가야산신伽倻山神 정견모주正見母主가 천신天神 이비가지夷毗訶之를 보고 감응을 받아 대가야왕 뇌질주일惱窒朱日과 금관가야국왕 뇌질청예惱窒靑裔를 낳았다고 되어 있다. 여기서 뇌질주일은 이진아시왕伊珍阿豉王이고, 뇌질청예는 김수로왕이라고 한다.

이 설화는 가야의 후기에 대가야가 금관가야보다 강력해진 역사적 사실을 반영하는 동시에 금관가야의 설화와 전혀 다르다는 점에서 눈길을 끈다. 특히 대가야의 시조 설화에서 중심이 되는 것은 어머니인 정견모주로 부계 사회보다 훨씬 오래된 모계 사회의 영향을 보여주고 있다. 확인할 수는 없지만 다른 가야들 역시 나름대로의 설화를 가지고 있음직하다.

가야의 초기 무덤이 중기 무덤에 의해, 중기 무덤이 후기 무덤에 의해 훼손된 까닭

그러면 가야에는 어떤 나라가 있었을까? 『삼국유사』는 금관가야, 대가야를 비롯해 6개만 기록하고 있으나 『위지』의 「동이전東夷傳」에는 구야국, 감로국 등 12개의 나라 이름이 적혀 있다. 또한 『일본서기日本書

紀』에는 가라국, 남가라, 다라국 등 보다 많은 나라의 이름이 기록되어 있다. 그러고 보면 가야는 우리가 생각하는 것보다 훨씬 복잡하고 다양한 연맹체였던 것 같다.

마찬가지로 가야의 본질에 대해서도 많은 가설이 존재한다. 정확한 것은 아니지만 가야의 선주민이 다른 곳에서 온, 특히 북방 유목민족 계통이라는 설이 있다. 더욱이 중국의 흉노족이라는 믿기 어려운 학설도 있다.

가야의 조직 및 성향이 복잡했다는 것은 고고학 발굴에서도 일부 확인할 수 있다. 가야 초기의 무덤이 중기의 무덤에 의해, 또한 중기의 무덤이 후기의 무덤에 의해 훼손되었다는 사실이 밝혀졌던 것이다. 대표적으로 김해의 양동리 유적과 대성동 유적에서 이러한 특징이 나타났다. 이는 나중에 만들어진 무덤이 이전과는 별개의 세력일 가능성이 있음을 보여준다. 만약 초기의 세력이 계속 힘을 유지했다면 조상의 무덤 위에 묏자리를 쓰는 일은 없었을 것이다.

이러한 사실로 유추하건대, 가야에서는 삼국시대 못지않게 파란만장한 역사가 펼쳐졌을 수도 있다. 하지만 안타깝게도 그들이 한국 역사에서 차지하는 지위는 그리 높지 못하다. 어쩌면 그것은 백제와 신라 사이에 짓눌려 제대로 발전하지 못한 채 멸망했기 때문인지도 모른다. 그러나 군사적인 열세로 멸망했다고 해서 문명마저 조악했을 것이라고 여기는 것은 잘못이다. 그리스와 미노아, 로마와 에트루리아가 그랬듯 문화가 발달했지만 군사력에서 뒤졌던 수준 높은 문명은 얼마든지 존재한다. 유명한 오리 모양의 가야토기는 물론 가야금이

가야에서 신라로 전해졌다는 사실은 당시 가야 문화의 높은 수준을 입증해 주고 있다.

그러나 가야를 공식적으로 멸망시킨 신라는 가야의 역사를 기록으로 남기지 않았다. 『삼국사기』 역시 삼국의 역사만 본기로 삼았을 뿐 가야의 역사는 누락시켰다. 만약 『삼국유사』에 「가락국기駕洛國記」가 기록되지 않았다면 우리는 가야를 알기 위해 일본의 사료에 전적으로 의지해야 했을 것이다. 다행히 김해 일대에서 발굴된 가야 유적은 우리에게 많은 자료를 전해주고 있다.

가야와 일본의 수수께끼 같은 관계

결국 가야는 문화가 높은 수준으로 발달해 주변의 다른 문명권에 혜택을 주었다. 그러나 그 후 군사력이 발달한 그들에게 멸망당하고 만 셈이다. 그래도 가야 문화는 신라로 전해졌고 그들의 혈통은 김유신과 그의 여동생 문희文姬를 통해 신라의 왕족과 결합하면서 이후로도 계속 이어졌다.

그런데 일본에서 출간된 한국사에 관한 내용을 보면 삼국의 영토가 우리 교과서에 실린 것과 많이 다르다는 사실에 놀랄 수도 있다. 고구려의 영토가 상대적으로 조금 좁게 그려지는 것도 그렇지만 백제와 신라 사이에 커다란 뱀처럼 누워 있는 미마나みまな, 임나라는 영토가 생소하게 다가오기 때문이다. 이는 곧 임나일본부설任那日本府說을 반영하는 지도이다. 이것은 『삼국유사』에 기록된 가야의 6개 나라 중 하나인 임

나가야에서 비롯된 이름으로 당시 한반도와 일본 사이에 밀접한 교류가 있었음을 보여준다.

과연 수천 년 전 이 땅에 살고 있던 가야인은 누구였는가? 누구 말이 옳고 그름을 떠나 하나의 역사적 실체였던 가야가 이처럼 제각각 다르게 받아들여지고 있는 것이 신기하기까지 하다. 앞으로 계속될 가야 연구만이 여기에 필요한 해답을 줄 수 있을 것이다.

고구려 고국천왕의 왕비 우씨는 과연 우리나라 역사상 가장 음탕한 여자였는가?

역사적 인물이 어디가 좋고 나쁜지 이런저런 평가를 내리는 것은 현대뿐 아니라 과거에도 자주 있었던 일이다. 하지만 인물에 대한 평가 기준은 그 시대가 무엇을 중시하느냐에 따라 크게 달라질 수밖에 없다. 그러다 보니, 옛 사람으로부터 부정적 평가를 받았던 인물도 지금은 그렇게까지 비난을 받아야 했나 하고 반문하게 되는 경우가 종종 있다.

왕비 우씨의 드라마틱하고 아슬아슬한 선택

고국천왕故國川王과 산상왕山上王 시절의 왕비였던 우씨于氏는 조선시대에 가장 음탕한 여자로 지탄을 받았다. 그녀는 본래 고국천왕의 왕비로

왕이 급사하자 왕의 죽음을 숨기고 밤늦게 왕의 동생인 발기^{發岐}를 찾아갔다. 발기에게 왕의 뒤를 이을 것을 권하다가 오히려 창피를 당한 그녀는 그 아래 동생인 연우^{延優}를 찾아가 환대를 받고 그를 왕으로 세울 것을 결정한다. 그렇게 왕의 유언이라고 속여 연우를 산상왕으로 즉위하게 한 우씨는 다시 왕비로 책봉되었다. 이를 분하게 여긴 발기는 요동태수 공손탁^{公孫度}에게서 군사 3만 명을 얻어 고구려에 쳐들어왔지만, 또 다른 동생 계수^{罽須}에게 패해 자살하고 말았다.

그러나 두 왕을 남편으로 맞이한 우씨는 끝내 아이를 낳지 못했다. 그녀는 산상왕의 서자^{훗날의 동천왕}를 갖게 된 주통촌^{酒桶村}의 여인을 죽이려는 악랄함을 보이기도 했지만, 마지막까지 왕비 자리를 지켜냈다.

조선시대 사람들이 그녀를 두고 가장 크게 문제로 삼았던 점은 시동생과 결혼했다는 것이다. 나아가 조선시대 역사서는 우씨는 물론 고구려인까지도 날카롭게 비판하고 있다. 우씨가 남편인 고국천왕이 죽었는데 슬퍼하지도 않았고 발기가 예의 바르게 사양했을 때 뉘우치지도 않았다는 것이 그 이유였다. 또한 산상왕이 우씨를 왕비로 책봉할 때 이를 제지하는 고구려의 충신이나 의로운 사람이 없었다고 한탄하기도 했다.

형사취수제는 유목민족에게 일반적인 풍습이었다는데…

그러나 조선시대의 이러한 논평은 고구려나 유목민족의 풍습을 고려하지 않은 것이다. 당시 유목민족에게는 형사취수제^{兄死娶嫂制}라고 해서 형이 죽으면 남동생이 형수와 결혼하는 제도가 있었다. 이러한 풍습은 흉노 같은 옛 유목민족은 물론 훗날의 청나라에도 잔존했다(태종의 아내이자 순치제의 어머니였던 효강장황후(孝康章皇后)는 시동생인 도르곤(多爾袞)과 결혼했다).

그렇다면 고구려가 유목민족의 풍습을 따른 이유는 무엇일까? "고구려가 유목민족이었기 때문"이라고 간단하게 답을 내리면 그만일 수도 있다. 그러나 정확한 판단을 내리려면 고구려의 풍습을 비롯해 당시의 정치 상황도 파악해야만 한다. 물론 남아 있는 기록이 많지 않아 고구려의 정치체제나 풍습을 자세하게 알 수 없다. 하지만 분명한 것은 당시 왕의 권위는 절대적이지 않았고 형이 죽으면 아들이 아닌 동생이 뒤를 이었다는 점이다. 더구나 안정된 통치를 위해 왕비족의 존재를 무시할 수 없었다.

처음에 고구려는 다섯 개의 부部, 혹은 나(那)로 이루어졌었다. 왕은 강력한 통치자가 아니라 5부족五部族, 소노부·절노부·순노부·관노부·계루부 대표자로서의 성격을 띠고 있었다. 이 중에서 왕은 계루부에서 나왔다. 왕비를 배출하는 부족도 정해져 있었다. 『삼국지』에서는 절노부絶奴部가 대대로 왕과 혼인한 부족, 즉 왕비족이라고 기술하고 있다. 『삼국사기』에 따르면 우씨는 제나부提那部 우소于素의 딸이라고 한다. 그녀의 출신 부족인 제나부提那部란 실은 절노부였던 것으로 추정된다. 다른 한편으로 제나부는 『삼국사기』에서 왕비를 배출하는 부족으로 언급된 연나부椽那部를 잘못 표기한 것으로 여겨지기도 한다. 이러한 혼동은 한국과 중국의 발음이 서로 달라 우리의 발음을 한자대로 옮겨 적다가 발생한 오차일 수도 있다.

반란을 일으킨 뒤에도 막강한 영향력을 행사한 절노부

그러나 왕족과 왕비족이 언제나 사이가 좋았던 것은 아니다. 특히 고국천왕 12년에는 절노부가 반란을 일으켜 수도를 공격했다가 이내 평정되기도 했다. 반란을 진압한 고국천왕은 새로운 인재를 불러 모았다. 그 대표적인 인물이 *진대법을 시행한 을파소乙巴素이다.

하지만 절노부는 반란 진압 이후에도 계속 세력을 유지했다. 더 나아가 어쩌면 그들이 저력을 발휘한 결과가 산상왕의 즉위일지도 모른다. 이를 입증하듯 산상왕 때는 물론 동천왕 시기까지 절노부 출신의 왕비 및 신하가 대거 등장하고 있다. 따라서 당시 고구려에는 왕에 못

아들 없이 죽은
고국천왕

꼴까닥

지않게 강력한 힘을 가진 왕비족이 존재하고 있었음을 알 수 있다. 왕은 절대적인 힘을 발휘하지 못했고 왕비족의 힘을 빌려 지위를 공고하게 할 수 있었을 것이다.

한편, 왕비 우씨의 일화를 곰곰이 뜯어보면 이 사건은 단순히 형사취수제의 결과로만 보기 어려운 면도 있다. 형사취수제가 허용되는 사회에서 시동생 발기가 형수 우씨에게 밤늦게 돌아다닌다고 책망했을 리는 없다. 또한 고국천왕의 또 다른 동생인 계수는 산상왕의 편을 들긴 했지만 그의 즉위에 그리 우호적이지 않았다. 더욱이 우씨는 죽음에 임박해 자신의 행실을 비관했다. 그녀는 '자신을 구렁텅이에 빠뜨리지 않기 위해' 첫번째 남편 고국천왕이 아닌 산상왕과 나란히 묻어달라고 부탁했다.

만약 고구려에서 형사취수제가 시행되고 있었다면 여자의 절개는 딱히 문제가 되지 않았을 것이다. 또한 『삼국사기』에는 고국천왕이 무당을 통해 이 문제로 죽은 우씨와 부부싸움을 했다고 알려왔다고 기록되어 있다. 이것은 비록 전설이기는 해도 더 이상 고구려에서 형사취수제가 일상적인 풍습이 아니었음을 보여준다.

무엇보다 고구려에서 형제 간에 왕위가 이어진 것은 산상왕이 마지막이었다. 즉, 당시에 이미 왕권의 형제계승 대신 부자상속이 대세였음을 알 수 있다. 그렇다면 고구려에서 형제상속 내지 형사취수제가 일반적이었다고 생각하는 것은 오히려 특별한 예를 일반적인 것으로 확대하는 오류일 수도 있다.

형사취수제의 본질은 '형제상속' 아닌 '부자상속'?

그러면 우씨는 왜 시동생인 산상왕과 결혼한 것일까? 상식적으로 생각하면 결혼을 통해 왕비라는 자신의 지위를 보호하고 출신 부족인 절노부의 세력을 유지하기 위한 결정이었을 수도 있다. 그러나 여기서 좀더 나아가면 형사취수제의 본질을 살펴볼 수 있다. 과부가 된 형수가 시동생을 남편으로 들여 낳은 아이는 동생의 아이가 아닌 형의 아이가 된다. 결국 형의 계보를 동생의 아이로 대신 잇는 것이니 형제계승이라기보다 부자상속이 시행되는 것이다.

『삼국사기』는 우씨가 산상왕을 세우며 고국천왕의 유언인 것처럼 거짓으로 꾸몄다고 기록하고 있다. 하지만 죽기 직전까지도 자식이 없던 고국천왕으로서는 자신의 대를 이으려면 동생을 통하는 수밖에 없었다. 실제로 산상왕의 서자이자 다음 왕이 된 동천왕은 즉위 후 우씨를 태후에 봉했다. 어쩌면 이것은 선왕의 비에 대한 예우로 볼 수도 있을 것이다. 그러나 그는 여기에 그치지 않고 고국천왕의 묘소에 소나무를 일곱 겹으로 심었다. 이는 무당의 예언 때문이라기보다 선왕에 대한 예우로 해석할 수 있다. 즉, 동천왕은 산상왕의 아들이었지만 족보상으로는 고국천왕의 뒤를 이었던 것이다.

이후로 고구려의 왕위계승은 부자계승으로 확립되었다. 즉, 형제계승보다 국가체제가 정비되고 왕권이 강화되었음을 뜻한다. 어린 아들이 왕위에 올라도 괜찮을 만큼 왕계가 확고해졌음을 의미하기 때문이다. 따라서 왕비족의 출현과 산상왕의 즉위는 형제상속에서 부자상속으로 옮겨가는 과정에 나타난 과도기적 현상이라고 할 수 있다.

사실 이 시기를 중심으로 고구려를 형성하던 다섯 부족은 오부五部의 행정체제로 개편되었다. 더불어 이것은 남녀관계의 경직으로 이어졌다. 중천왕동천왕의 아들의 총애를 받던 관나부인은 질투심에 왕비를 모함했다는 이유로 자루에 넣어져 바다에 던져지는 벌을 받기도 했다. 그것도 부족해서 왕비 우씨는 조선시대 내내 음탕한 여인으로 비난을 받았으니 가부장적 가족제도는 이때부터 본격적으로 자리를 잡았던 것 같다.

진대법(賑貸法) __ 흉년·춘궁기에 국가가 농민에게 양곡(糧穀)을 대여해 주고 수확기에 갚게 한 전근대 시대의 구휼제도(救恤制度). '진'은 흉년에 기아민(飢餓民)에게 곡식을 나누어 주는 것을 뜻하고, '대'는 봄에 양곡을 대여하고 가을에 추수한 뒤 거두어 들인다는 뜻이다.

고구려사는 왜 한국사인가?

고구려 역사는 왜 한국사인가? 이런 질문을 하면 대부분의 사람이 뜻밖이라는 반응을 보일 것이다. 그렇다면 고구려사가 우리나라의 역사가 아니냐고 대뜸 반문을 할지도 모른다. 하지만 안타깝게도 고구려가 우리나라의 역사라는 당연한 사실은 한국인에게만 받아들여지고 있는 것이 우리가 처한 현실이다. 아직 국제적으로 당당히 인정받지 못하고 있는 것이다.

이런 문제는 중국이 2002년부터 시행한 *동북공정 이전부터 널리 퍼져 있던 논란이기도 하다. 과연 고구려사는 한국의 역사인가 아니면 중국의 역사인가? 그것도 아니라면 제3국의 역사인가?

한 나라의 역사는 현존하는 국가의 영토에 귀속되는가?

이러한 논란이 일어나는 이유는 고구려의 영역이 한반도와 만주에 걸쳐 길게 놓여 있기 때문이다. 지금 고구려 영토는 한국과 중국 그리고 북한이 나누어 가지고 있다. 그렇다면 여기서 한 가지 명제를 깊이 생각해 볼 필요가 있다. 과연 한 나라의 역사는 현존하는 국가의 영토에 귀속되는 것일까, 아니면 다른 기준이 적용되는 것일까?

중국은 고구려가 중국의 지방정권 중 하나라고 주장한다. 사실 고구려뿐 아니라 많은 나라가 (현재의) 중국 영토 내에 있었다. 그러던 것이 시간이 흐르면서 중국에 흡수되거나 멸망해 사라져갔다. 여기에서 한술 더 떠 고려는 그저 고구려의 이름과 비슷할 뿐 서로 계승관계가 없다는 주장마저 일고 있다.

이에 대해 뭐라고 항변하면 좋을까? 어떻게 하면 외국인에게 혹은 외국 학계에 고구려가 한국사라는 것을 납득시킬 수 있을까? 가장 곤란해지는 것은 우리가 이제까지 당연시해 왔던 이야기를 외국인에게 납득시키자니 말이 매끄럽게 나오지 않는다는 것이다. 고구려는 분명 우리의 역사이다. 그런데 이것을 어떻게 입증해야 할까? 고구려의 옛 영토는 현재 중국 땅에 있고 고구려는 그 땅에 세워졌던 많은 나라에 조공을 바쳤으며 그들의 영향을 받았다.

고구려의 정신과 역사를 계승한 고려

이 복잡한 문제를 해결하는 데 그나마 도움이 되는 것은 우리나라의 귀중한 역사서지만 그러면서도 왠지 구박덩어리가 되곤 하는 『삼국사기』이다. 『삼국사기』는 사마천의 『사기』와 같은 기전체 사서로 고구려, 백제, 신라 3개의 본기와 열전, 지, 연표로 구성되어 있다. 사마천의 『사기』는 본기, 세가, 열전 등으로 짜여 있는데 바로 여기에 주목할 점이 있다. 기전체 사서의 경우, 본기에서는 황제를 비롯한 왕국의 변천사를 다룬다. 세가는 황제의 지배를 받는 제후국의 역사를 서술한 것이다. 『삼국사기』에는 세가가 없는 대신 본기만 있다. 이는 김부식을 비롯한 당시 고려인의 역사의식을 대변해 준다. 그들은 삼국을 중국의 제후국이 아닌 중국과 대등한 지위를 가진 독립국으로 인식했던 것이다.

『삼국사기』에서 고구려 역사는 당연히 본기에 수록되어 「고구려본기」로 되어 있다. 그것도 삼국 중에서 가장 앞에 기록되어 있다. 숫자상의 역사만 따진다면 오히려 신라가 고구려보다 앞서야 한다. 그러나 고구려는 본기에서도 가장 처음일 뿐 아니라 『삼국사기』 중에서도 앞부분에 나온다.

흔히 『삼국사기』는 김부식이 쓴 것으로 알려져 있지만 사실은 고려 정부가 편찬한 관찬官撰 사서이다. 따라서 『삼국사기』의 편찬 기준이나 역사관은 김부식 개인이 아닌 고려 정부의 기본 입장이라고 할 수 있다. 비록 『삼국사기』가 사대주의에 물들어 있다는 이유로 비판을 받고 있긴 하지만 고구려 역사를 다룬 본기가 실려 있다는 점에서는 우리에게 매우 귀중한 역사서이다. 이는 곧 역사서를 통해 고려가 고구려의 역사를 계승하고 있다는 사실을 표방한 것이기 때문이다.

그에 비해 중국은 어떠한가? 한대에 쓰인 사마천의 『사기』에는 「조선열전」이 있고, 『한서』에는 「조선전」, 소설이 아닌 역사서 『삼국지』 중 「위서魏書」, 그리고 『구당서舊唐書』, 『신당서新唐書』에는 「고구려열전」, 「고려열전」, 「백제열전」, 「신라열전」 등 한국의 역사가 단편적으로나마 수록되어 있다. 만약 고구려가 중국의 역사였다면 당연히 본기에 수록되어야 마땅한 것이 아닌가? 하다못해 세가에라도 실렸다면 고구려는 분명 중국의 지방정권이었을 것이다.

그러나 당시의 중국인은 고구려를 자신들과 다른 '바깥 세계'로 생각했고 그것은 그들의 역사서에 고스란히 반영되어 있다. 만약 열전에 실린 고구려가 그들의 지방정권이라면 똑같이 열전에 실린 백제나 신라 역시 중국의 일부라는 소리나 다름없는 것이다.

고려의 역사관을 계승한 조선

이로써 확실한 것은 중국인은 고구려를 자신들과 다른 세계의 사람들로 보고 있었다는 점이다. 땅문서가 아닌 역사서가 왜 그토록 중요한지 이제 조금쯤은 이해할 수 있을 것이다. 그리고 나라마다 후대 왕조가 선대 왕조를 이어나가며 수행했던 일 중 하나가 선대 왕조의 역사를 책으로 정리하는 것이었다. 조선은 고려 역사를 『고려사』로 정리했고, 중국의 25사도 그렇게 정리된 것이다.

흥미롭게도 고구려 역사를 본기로 해서 역사서를 기술한 나라는 오직 고려뿐이다. 그들은 역사서는 물론 다른 점에서도 자신들이 고구려를 이어받았다는 것을 대외적으로 표방했다. 나라 이름을 고구려에서 가운데 '구'를 뺀 고려로 한 것도 고구려를 계승한다는 명분을 나타낸 것이다. 또한 고구려의 옛 수도 평양을 서쪽의 서울, 곧 서경西京이라 하고 태조 왕건이 훈요십조를 통해 후대의 왕에게 1년 중 100일은 서경에 가라고 당부했던 것도 고구려 계승 의지를 표방한 것이다.

좀더 후대인 조선 세종 때도 삼국의 역사를 잠깐 다루고 있다. 삼국의 역사 중에서 어느 쪽을 정통으로 둘 것인가를 놓고 논의가 있었던 것이다. 당시 신하들은 삼국 중 신라를 정통으로 하자는 의견을 올렸다. 그러나 세종대왕은 삼국의 역사서를 모두 읽어본 다음 고구려와 백제의 역사도 중요하다는 결론을 내리고 삼국의 비중을 고르게 두었다. 조선 역시 고구려와 백제, 신라를 모두 자기 나라의 역사로 인정하면서 고려의 역사관을 그대로 계승했다는 얘기다.

우리에게는 고구려가 멸망한 이래로 신라가 있었고, 이후에 고려가 이었으며, 그 다음을 조선이 이어받았다. 그동안 이 땅에서 살아온 사람들은 내내 고구려가 우리의 역사라고 말해 왔다. 그렇기 때문에 고구려는 의심의 여지가 전혀 없는 우리나라의 역사인 것이다. 이것은 백제와 신라도 마찬가지이다.

동북공정(東北工程) __ 중국 국경 안에서 전개된 모든 역사를 중국 역사로 만들기 위해 2002년부터 중국이 추진하고 있는 동북쪽 변경지역의 역사와 현상에 관한 연구 프로젝트. '동북변강역사여현상계열연구공정(東北邊疆歷史與現狀系列硏究工程)'의 줄임말.

백제의 풍납토성에서
고구려 유물이 발견된 까닭은?

서울 송파구에 있는 올림픽공원을 걷다 보면 커다란 지렁이처럼 길게 누워 있는 둥그스름한 흙더미를 만날 수 있다. 사실 이것은 백제 때 만들어진 토성이다. 올림픽공원에 있는 것은 몽촌토성이고 이보다 조금 북쪽에 있는 것은 풍납토성이다. 파릇한 잔디가 곱게 깔린 언덕 같은 이곳은 본래 외적의 침입으로부터 백제를 지켜내던 든든한 토성이었다.

'토성' 하면 언뜻 돌로 쌓은 성보다 그리 대단치 않을 것이라고 생각하기 쉽다. 그러나 그 내실을 살펴보면 그렇지도 않다. 토성을 만들려면, 우선 흙을 10센티미터 두께로 쌓고 그 위를 단단하게 다진다. 그리고 그 위에 짚을 넣고 흙과 물을 섞어 다시 다지기를 반복한다.

이렇게 만들어졌기에 흙벽은 돌처럼 단단하고 수천 년이 지난 지금까지도 남아 있을 만큼 견고하다.

몽촌토성과 풍납토성중 백제의 첫 번째 왕성은 어디?

특히 풍납토성은 쌓아올린 흙벽을 불에 살짝 구워 더욱 단단하게 하는 공정을 거쳤다. 이렇게 만들어진 성은 높이가 11미터이고 최대 폭이 43미터이다. 이 모든 것을 흙으로 쌓으려면 분명 어마어마한 시간과 노동력이 필요했을 것이다. 결국 이러한 성벽을 가진 나라, 백제는 여기에 걸맞게 많은 백성과 이들을 노동에 동원할 만큼 강력한 권력을 갖고 있었던 셈이다.

하지만 지금까지 초기 한성백제에 대해 알려진 것은 손에 꼽을 정도로 적다. 온조왕이 고구려에서 갈라져 나와 위례성에 처음으로 백제의 수도를 정했다는 사실은 잘 알려져 있다. 그러나 그 정확한 장소, 즉 왕성의 위치가 어디인가에 대해서는 한동안 분명하게 밝혀지지 않았었다.

왕성은 나라에서 가장 중요한 곳이므로 분명 튼튼한 성을 쌓아 지켰을 것이다. 그리고 백제는 초기에 수도를 여러 번 옮기기도 했지만 대체로 한강 유역에서 벗어나지 않았다. 그래서 몽촌토성이나 풍납토성 중 하나가 백제의 첫 번째 왕성이 아니었을까 하는 논의가 나왔다. 둘 중 특히 가능성이 큰 것은 풍납토성이다.

백제 왕성의 정확한 위치가 밝혀지고 연구된다면 백제 역사의 실체

백제 유물들의 소망, "우리도 빛을 보고 싶다."

는 물론 삼국시대 초기의 국제 역학관계를 밝히는 데도 많은 도움이 될 것이다. 하지만 이 문제를 밝히는 것은 생각보다 쉽지가 않다. 워낙 역사적인 기록이 적기도 하지만 유적 대부분이 서울 한복판에 있다 보니 발굴하기가 어렵기 때문이다.

현재 백제 최초의 수도인 하남위례성의 실상을 보여줄 유적들은 수많은 빌딩에 짓눌려 있다. 연구 조사도 없이 빌딩이나 도로가 백제의 유적이나 고분을 파괴하는 일이 아무렇지도 않게 벌어졌던 것이다.

몽촌토성과 풍납토성에 대한 연구가 중요한 이유

우리나라가 몽촌토성을 본격적으로 연구하기 시작한 것은 1986년 아시안게임과 1988년 올림픽을 맞아 이 일대에 체육시설이 들어서게 되면서부터이다. 백제의 역사이자 고고학 발굴의 보고寶庫인 풍납토성도 1997년까지는 변변한 조사조차 이루어지지 않았다. 고고학 연구가 아닌 아파트 재개발을 위해 땅을 파헤치던 중, 백제 토기를 발견해 긴급 조사가 시행되었던 것이다.

어찌되었든 땅을 파헤치고 보니 그곳은 백제 유물의 보물창고였다. 백제인이 일상생활에 사용했던 것으로 보이는 유물은 물론 중국에서 수입된 물품, 그리고 웅장한 건물에 쓰였을 초석과 기왓장들이 쏟아져 나왔다. 그러나 풍납토성이 둘러싸고 있는 안에는 이미 덩치 큰 아파트가 가득 들어차 있다. 어쩌면 지금 그곳에 백제의 첫 번째 왕성이 땅 밑에 짓눌려 숨도 쉬지 못하고 있을지도 모른다.

몽촌토성과 풍납토성을 직접 본 사람은 그 작은 흙더미 안에 한 나라의 수도가 있었다는 것을 믿기 어려워할 수도 있다. 하지만 백제는 그 작은 성벽을 넘어 넓고 강하게 발전했다. 중국, 일본과 교류하며 활발하게 해상활동을 벌였던 백제의 수도였을지도 모르는 이 땅은 백제가 최고의 전성기를 맞이한 동시에 첫 번째 종말을 맞은 장소이기도 했다.

풍납토성에서 발굴한 집터에는 불에 탄 흔적이 선명하게 남아 있다. 몽촌토성에서는 백제의 유물들 사이에 간간히 고구려의 유물이 발견되곤 한다. 이는 한성백제의 멸망을 보여주는 하나의 증거이기도 하다. 475년 고구려의 장수왕이 3만 군대를 동원해 백제의 개로왕蓋鹵王을 살해하고 그 지역을 빼앗은 후 고구려가 이 땅을 상당기간 점령했다는 증거인 것이다. 어쩌면 굉장한 사실이 밝혀질지도 모른다.

하지만 그 일대의 비싼 땅값은 물론 주민들의 반발을 견디며 얼마나 발굴을 진행할 수 있을지는 의문이다. 현지 주민의 입장에서는 수천 년 전의 유적 때문에 생활과 경제에 불편을 겪는 것이 못마땅할 수도 있다. 하지만 우리 땅이 아니라서 고구려의 유적을 발굴하지 못하는 것도 억울한데, 손이 닿는 백제마저 관심을 받지 못하는 것 같아 좀 씁쓸하다.

근초고왕은 백제를
세계의 중심으로 여겼다는데…?

근초고왕^{백제의 13대 왕} 하면 보통 '백제의 영토를 크게 넓힌 왕'이라는 정복군주의 이미지가 강하다. 하지만 영토 확장은 그의 눈부신 치적 중 극히 일부에 지나지 않는다. 이렇게 단편적인 상징은 그만큼 근초고왕의 위대함에 비해 알려진 것이 매우 적다는 것을 의미한다. 아니, 어쩌면 관심이 부족했던 것인지도 모른다. 하지만 신라와 고구려의 전성기를 이룩했던 진흥왕과 광개토대왕은 잘 알면서 백제의 전성기인 근초고왕은 잘 알지 못한다는 것은 어쩐지 부당하다는 생각이 든다.

아직까지 논란의 중심에 있는 칠지도^{七支刀}가 일본에 건너간 것도 근초고왕 때라는 설이 지배적인 지금, 그 시대의 역사를 제대로 아는 것은 매우 중요한 일이다.

오랜 내분을 수습하고 발전의 기틀을 마련하다

근초고왕이 즉위하기 전, 백제는 심각한 혼란기에 놓여 있었다. 본래 마한의 여러 나라 중 하나에 불과했던 백제는 차츰 주변 세력과 통합해 세력을 불려나가고 있었다. 그런 와중에 외부의 공격과 내분으로 진통을 겪고 있었던 것이다. 책계왕責稽王은 중국 군현과 맥인貊人, 말갈이나 동예의 일종으로 추정됨의 연합 공격을 받아 전사했다. 엎친 데 덮친 격으로 분서왕汾西王은 낙랑태수가 보낸 자객에게 살해당했다. 그리고 다음 왕인 비류왕比流王 때는 반란이 일어났다. 심지어 계왕契王은 즉위한 지 3년 만에 딱히 해놓은 일도 없이 죽었다.

근초고왕이 즉위했지만 이처럼 앞선 4대 왕 중 제대로 왕 노릇을 한 사람이 없는 상황에서 나라꼴이 제대로일 리가 없었다.

근초고왕은 먼저 나라를 안정시키기 위해 정책 파트너로 귀족 진眞씨를 선택했다. 즉위 초에 근초고왕은 왕후의 일족인 진정眞淨을 좌평佐平으로 삼았다. 「백제본기」에서는 진정의 성격이 사납고 일을 함부로 해서 사람들이 미워했다고 전하고 있다. 하지만 이것은 근초고왕이 왕권 강화를 위해 왕비족인 진씨와 결탁해서 다른 귀족들을 제압하는 정책을 추진했기 때문으로 보인다.

또한 근초고왕은 나라 밖으로의 진출을 준비하면서 자신들을 뒤에서 공격할 여지를 모두 차단했다. 우선 신라와 화평관계를 맺고 근초고왕 21년과 23년에 사신과 선물을 보내는 등 우호적인 관계를 조성했다. 『일본서기』에 따르면 근초고왕은 서쪽으로 남가라, 다라, 안라 등 가야의 7개 나라를 공격해 위협한 뒤 동맹을 맺었고 일본과도 국교를 맺었다고 한다.

마찬가지로 근초고왕은 외교를 통해 중국에서도 자신의 입지를 다졌다. 중국 사서에 따르면, 근초고왕은 중국의 동진東晉과 외교관계를 맺어 진동장군영낙랑태수鎭東將軍領樂浪太守로 책봉되었다고 한다. 나아가 그 아들인 세자도 백제왕에 봉해졌다.

근초고왕은 왜 군대 깃발을 노란색으로 바꾸었을까?

그 다음으로 근초고왕이 공격의 화살을 돌린 곳은 고구려였다. 근초고왕은 재위 24년369년 9월에 세자와 함께 고국원왕이 이끄는 고구려군을 공격해 크게 이겼다. 여기에 고무된 그는 11월에 한강 남쪽에서 대대적인 군대 사열을 벌였는데, 이때 깃발을 모두 노란색으로 사용했다. 오행에서 중앙의 색을 의미하는 노란색은 곧 황제의 색이었다. 전쟁에서의 승리로 자신감을 얻은 근초고왕은 백제를 세계의 중심이자 최고의 나라라고 과시한 것이다.

그로부터 2년 뒤, 고구려는 백제를 공격했다. 하지만 근초고왕이 이끄는 군대의 매복에 걸려 오히려 큰 피해를 입고 후퇴했다. 그해 겨울, 근초고왕은 세자와 더불어 3만 군대를 이끌고 평양성을 공격했다. 이 전투에서 고구려는 가까스로 평양성을 지켜낼 수 있었다. 고국원왕이 전쟁터에서 죽는 엄청난 패배를 당해야 했다. 「고구려본기」에는 고국원왕이 빗나간 화살流矢에 맞아 죽었다고 기록되어 있다. 그러나 훗날 개로왕은 백제가 고국원왕의 목을 베었다고 주장했다. 사실이

어찌되었든 고구려에게 엄청난 치욕이었다는 점만은 분명하다.

근초고왕 시대의 백제는 최전성기를 누렸고 외교를 통해 대외적으로 인정을 받았다. 뿐만 아니라 군사적으로도 큰 성공을 거두었다. 이로써 왕권의 정당성은 물론 국제적인 지위까지 강화할 수 있었다. 이러한 자신감을 바탕으로 근초고왕은 박사 고흥高興을 시켜 백제의 역사서 『서기書記』를 편찬하게 했다. 일본에 여러 문화를 전파한 아직기阿直岐와 왕인王仁을 파견한 것도 이때였다. 물론 『일본서기』에서는 왕의 이름을 '초고왕'이라고 적고 있어 13대 근초고왕인지 아니면 5대 초고왕肖古王인지 혼동되는 것이 사실이다. 그러나 백제가 국제적으로 진출할 수 있을 만큼 여유가 있었다는 것을 감안한다면 역시 근초고왕으로 보아야 할 것이다.

칠지도를 백제가 일본에 하사한 명백한 이유

끝으로 근초고왕의 또 다른 업적은 자신의 아들 근구수왕近仇首王에게 왕위를 물려주었다는 것이다. 그 이전까지 백제의 왕위는 형이 동생에게 물려주는 것이 관례였다. 이는 왕권이나 나라의 체계가 그리 강하지도 정비되지도 못했다는 것을 의미한다. 하지만 근초고왕은 부자상속을 시행함으로써 고대국가로서의 모양새를 완전히 갖추게 되었음을 보여주었다. 특히 역사서를 기록하고 일본에 박사를 파견한 것은 천하의 중심으로서의 자긍심을 드러낸 결과라고 할 수 있다.

사실 『삼국사기』의 「백제본기」만 보면 근초고왕 시기는 그저 밋밋

한 전쟁의 역사이다. 그러나 「고구려본기」와 중국 사서 『일본서기』를 함께 보면 그 시대의 역사에 피가 돌고 살이 붙게 된다. 백제의 최대 전성기인 근초고왕 시대를 살피면서 우리나라 역사서가 아닌 일본 역사서를 많이 참고해야 한다는 것이 아이러니이기는 하지만 말이다.

그러면 여기에서 한일 간에 의견이 치열하게 대립하고 있는 칠지도의 이야기를 짚어보자. 한국은 칠지도를 백제가 일본에 하사한 것이라고 주장한다. 반대로 일본은 백제가 일본에 공납품으로 바친 것이라고 우긴다. 더욱이 칠지도에 새겨진 글자를 일부러 훼손했다는 소문마저 있어 학자들의 의견은 극과 극을 달리고 있다. 그렇다면 문자 해독이나 문법을 젖혀 놓고 상식적인 선에서 문제를 생각해 보는 것도 좋을 것 같다.

칠지도를 만들었을 당시 백제는 과연 어떤 나라였는가? 백제가 일본에 공물을 바칠 이유가 있었던가? 당시 백제는 활발한 외교와 강한 군사력으로 무장해 동북아시아에 맞설 상대가 없던 강국이었다.

삼국시대 목간은 고대사의
신비한 비밀을 푸는 최고의 열쇠이다?

언제나 그런 것은 아니지만 역사 연구자의 입장에서는 100개의 금은 보화나 100개의 도자기보다 작은 나무 조각이 더 귀중하게 여겨질 수 도 있다. 특히 그 나무에 글씨가 적혀 있고 그 글씨가 어떤 내용을 담고 있다면 말이다.

종이를 처음으로 만든 나라는 중국이지만 각 나라는 이미 그 이전부터 글씨를 쓰기 위한 도구를 갖추고 있었다. 이것을 흔히 간簡이라고 하는데 대나무로 만든 것을 죽간竹簡, 나무로 만든 것을 목간木簡이라한다. 그리고 중국이나 일본은 이미 오래 전부터 수많은 죽간과 목간을 발견했고 1900년대 초반 이후 연구를 시작했다.

삼국시대 목간이 『삼국유사』나 『삼국사기』 이상으로 중요한 역사적 연구자료인 까닭

우리나라 최초의 목간은 경주의 안압지雁鴨池를 발굴할 때 발견되었다. 다른 나라에 비해 시기적으로 다소 늦은 감은 있지만 1970년대에 발견한 50여 점을 시작으로 하남시의 이성산성二聖山城을 비롯해 부여의 궁남지宮南池 등 주로 삼국시대의 유적지에서 목간이 발견되고 있다.

이러한 한국의 목간은 대부분 소나무로 만들어졌다. 크기나 길이도 제각각이지만 얇고 길게 다듬은 반반한 면에는 붓으로 기록한 글이 있다. 때로는 종이라고 하기엔 꽤 두툼한 나무를 사용하기도 했는데, 다 사용하고 나면 다시 나무를 얇게 저며 재활용했다. 어떤 목간은 화물이나 짐에 붙잡아 매는 용도로 쓰였는지 끈을 매기 쉽도록 목간 양 옆으로 잘록하게 홈을 파놓은 것도 있다. 개중에는 글씨가 없는 것도 있고 아예 글자를 칼로 새겨 넣은 것도 볼 수 있다.

대부분 손바닥 만하거나 그보다 더 작은 크기의 목간에는 짧은 글씨가 쓰여 있을 뿐이다. 그러나 그 내용은 무엇보다 귀중한 사료가 된다. 왜냐하면 목간의 내용은 천 년 전 삼국시대 사람들이 직접 쓴 것이기 때문이다.

현재 우리나라의 공신력 있는 사료들 중 가장 오래된 『삼국사기』만 해도 신라가 망한 뒤 120년이나 지난 고려시대에 쓰여진 것이다. 그것은 『삼국유사』도 마찬가지이다. 훗날 아무리 자료를 모으고 공정하게 쓰려 노력할지라도 옛날의 일을 온전히 알고 쓰기는 힘든 일이다.

하지만 목간은 당시 사람들이 직접 쓴 것으로 아무런 위조나 왜곡이 없는, 즉 있는 그대로의 역사인 셈이다. 더욱이 목간은 많은 정보를 담고 있어 삼국시대 사람들이 무엇을 생각하고, 어떤 생각으로 기록을 남겼는지 알 수 있다.

목간이 커닝자료로 쓰였다고?

목간은 용도나 쓰임새도 다양했다. 개중에는 제사를 지내기 위해 특이한(혹은 남세스런) 형태로 만들어진 것이 있다. 또한 오늘날로 치면 '새우젓 퀵서비스 꼬리표'로 추정될 만한 목간도 있다. 또한 논어 같은 한문 원전의 글귀를 네 귀퉁이에 돌아가며 쓴 목간도 있다. 이것은 메모였을까 아니면 커닝자료였을까? 그것도 아니라면 신라인은 교양으로 유교 경전을 읽어야 했던 것일까?

누군가에게 보낸 편지 목간은 당시 신라인이 어떻게 편지를 썼는지(이두문 형식으로 쓰여 있다)를 보여준다. 『삼국사기』에 기록되어 있던 백제의 지방행정 구조가 정말로 있었음을 입증해 주는 목간도 있다. 그리고 중앙관청에서 지방 행정구역에 병기를 나눠 준 사실을 적어 놓은 것이나 기와를 어떻게, 어디에서 만들고 어떤 방법으로 나눠 주었는지 기록해 놓은 것도 있다. 그뿐 아니라 사람들의 이름과 가족관계를 적어 놓아 호적으로 추측되는 목간도 있다.

그중에서 가장 많이 발견된 것은 화물의 수취 꼬리표로 태안 앞바다의 침몰선에서도 화물의 내용과 발송지를 기록한 목간이 많이 발견되었다. 이렇게 보면 목간의 내용이 사소하고 자잘하다고 생각할지도 모르겠다. 그러나 이를 통해 고대에 대해 더 많은 정보를 이끌어낼 수 있다는 점은 분명하다.

나라를 운영하자면 법과 규정, 원칙이 필요하다. 그리고 이미 시행된 결과를 기록해야 하니 당연히 문서를 이용한 명령전달 체계도 있어야 한다. '삼국시대' 하면 왠지 신화와 역사가 절반씩 섞여 있을 것 같은 느낌이 든다. 그러나 이러한 목간은 삼국 역시 지금과 마찬가지로 서류와 행정에 머리를 쥐어짰다는 것을 보여준다.

삼국시대 목간은 고대사의 비밀을 푸는 최고의 마스터키?

때로 목간은 논란이 끊이지 않는 역사적 의문을 해결해 주기도 한다. 실제로 목간이 역사 연구에서 중요한 역할을 했던 것은 이성산성에서 였다. 한때 하남시의 이성산성은 백제의 성이냐 고구려의 성이냐를 놓고 논란이 끊이지 않았었다. 한데 1990년의 고고학 발굴 중 이곳에서 신라의 관직이 기록된 목간이 발견되면서 그 성의 주인은 물론 성을 쌓은 연대까지 밝혀낼 수 있었다.

이미 중국과 일본은 죽간과 목간을 통해 이제까지 베일에 싸여 있던 고대사의 여러 가지 면모를 속속 밝혀내고 있다. 설마 정말로 있었겠느냐고 의심을 받던 문헌의 기록들이 목간을 통해 사실로 밝혀지기도 했다. 또한 전혀 생각지도 않았던 분야가 드러나기도 하면서 그들의 목간 연구는 학문의 한 분야로까지 성장하고 있다. 만약 한국에서도 더 많은 목간이 발견되고 더불어 활발한 연구가 이루어진다면, 이

제껏 논란이 되어 왔던 많은 역사 문제를 해결할 수 있는 열쇠를 제공받을지도 모른다.

지금까지 한국에서 발견된 목간은 고작 400여 개에 지나지 않는다. 아쉽게도 글씨가 적힌 것은 더욱 드물다. 일본이나 중국에서 20~40만 점의 죽간과 목간을 발견해(발견 숫자는 지금도 늘어나고 있다) 그것을 활발히 연구하고 있는 것에 비해 한국의 목간 연구는 너무도 조악한 수준이다. 선조들이 글 쓰기를 싫어했던 걸까, 아니면 후손들이 게을렀던 걸까? 더욱이 목간의 몇몇 글씨를 어떻게 읽느냐를 놓고 아직까지 정설조차 만들지 못하고 논란을 거듭하고 있어 가야 할 길이 멀다.

하지만 2006년 한국 목간학회가 발족하면서 우리나라도 이제 목간 연구를 위한 한 걸음을 뗐다. 앞으로 더 많은 목간이 발견되어 보다 활발한 연구가 이뤄질 수 있기를 간절히 기대해 본다.

광개토대왕에 대한 역사 기록은
왜 온통 영토 확장에 대한 것뿐일까?

아이들이 한창 자라나는 시기에 부모들은 으레 위인전을 읽도록 권한다. 왜 위인전을 읽으라고 하는 걸까? 그것은 위인전을 통해 역사상 위대했던 사람도 평범한 사람과 마찬가지로 시련과 좌절을 겪었지만 그럼에도 부단히 노력했다는 사실을 깨닫도록 하기 위해서이다. 사실, 역사적인 위인 중에 시련도 고난도 없이 운 좋게 성공한 사람은 아무도 없다.

그렇다면 광개토대왕의 위인전에는 어떤 내용이 들어 있을까? 그는 한, 중, 일의 역사학계에 수십 년간 몰아닥친 부동산 광풍의 정점에 서 있는 왕이기도 하다. 얼마나 땅을 잘 넓혔으면 '광개토대왕'이라는 왕호가 붙여졌을까? 그는 '호태왕'으로 불리기도 했는데, 이를 풀이하면 '큰 것을 좋아한다'는 뜻이니 역시 영토 확장과 관련이 있다. 얼핏 재미있는 왕호로 보이기도 하지만, 사실은 고구려가 중원문화권에서 벗어나 독자적인 문화를 형성했다는 것을 의미한다. 고려 이후의 태조나 태종 같은 판에 박힌 중국식 왕명보다 훨씬 생동감이 넘치지 않는가?

광개토대왕과 장수왕에 대한 단편적인 『삼국사기』의 기록

그런데 『삼국사기』는 고구려의 최전성기를 이룬 이 위대한 인물에 대해 고작 20~30분이면 독파할 정도의 짧은 지면만 할애하고 있을 뿐이다. 광개토대왕은 한 나라의 왕이었지만 그도 사람이었고 부모와 친구, 경쟁자 그리고 사랑하는 여인이 있었을 것이다. 또한 성공하는 날이 있으면 반대로 좌절하는 날도 있었을 것이다. 그럼에도 역사서에서는 그의 인간적인 부분에 대한 기록은 거의 남아 있지 않다. 오로지 전쟁과 땅을 넓힌 기록만 있을 뿐이다. 약간 과장을 섞어 역사서가 아니라 토지 증가 과정을 기록한 공문서 같다는 느낌이 들 정도이다.

무엇보다 광개토대왕은 「고구려본기」 내에서 단 한 번도 '말'을 하지 않는다. 말을 남겨 놓지 않으면 그가 무슨 생각을 했는지, 어떤 감정을 지녔는지 도통 알 수가 없다. 오히려 악역이라고 할 수 있는 북연의 왕(본래 황제지만 『삼국사기』는 그를 왕으로 깎아내렸다) 모용희慕容熙가 "고구려의 성벽을 깎아 평지로 만들어서 황후와 함께 수레를 타고 들어가겠다"라고 떠벌렸던 말이 광개토대왕조의 유일한 목소리이다. 물론 모용희의 호언장담은 허풍으로 끝나 버렸다.

또한 광개토대왕조에는 광개토대왕이 아끼거나 믿었던 신하의 이름도 나오지 않는다. 심지어 그의 왕비가 누구였는지조차 밝혀지지 않았다. 자식으로 장수왕이 있긴 하지만 그 외의 자식은 알 수 없다. 그뿐 아니라 광개토대왕은 즉위한 지 22년 만인 412년 10월에 세상을 떠났는데, 그 이유가 병인지 아니면 다른 사유가 있는지 전혀 기록되어 있지 않다.

그 다음으로 왕위에 오른 장수왕에 대한 기록은 이보다 더 심하다. 70년 가까이 나라를 다스렸기에 오래 살았다고 해서 '장수왕'이라는 이름까지 붙여졌다. 그러나 정작 장수왕이 나라를 다스리는 동안 무엇을 했는지 기록된 것이 거의 없다. 장수왕조의 기록을 보면 어느 해는 위나라에 조공을 바쳤다는 내용만 나와 있다. 나라를 다스리는 것이 얼마나 복잡하고 어려운데 1년 동안 고작 외국에 조공을 바친 것 말고 아무 한 일이 없었다는 말인가?

김부식은 과연 고구려 역사에 가위질을 했을까?

왕호를 만들 때 왕의 특징을 따서 이름을 붙였을 만큼 애교 있던 고구려인이 역사 기록에 이처럼 무성의했다는 것은 어쩐지 이해가 가지 않는다. 아예 기록하지 않았던 것일까, 아니면 누군가가 고구려 역사의 재미있는 부분만 잘라내 버린 것일까?

일부에서는 대표적인 사대주의자로 지목받는 김부식에게 혐의를 두기도 한다. 중국 중심의 사대주의 사상을 지닌 자들에게는 중국과 소위 맞장을 뜬 고구려 자체가 못마땅해 보였을 것이다. 아마도 그래서 역사서에 가위질을 한 게 분명하다는 주장이다.

그러나 김부식이 원한을 가지고 고구려 역사를 폄하했다면 고구려와 중국의 전쟁 기록을 아예 삭제해 버리거나 이를 비판하는 사론을 달았을 것이다. 또한 예에서 어긋난 고구려의 많은 문제점을 찾아 비판하지 않았을까? 쉽게 말해 김부식이 고구려의 안티팬이었다면 오히려 고구려의 나쁜 점을 극성스럽게 찾아내 기록했을 것이라는 얘기다. 그런데 그런 것조차 없으니 추측하건대 이미 『삼국사기』를 기술할 무렵 고구려 역사서의 대부분이 유실된 것이 아닌가 싶다.

장수왕의 인간적인 면모를 보여주는 유일한 유물, 광개토대왕비

『삼국사기』가 전하지 않는 광개토대왕 그리고 장수왕의 목소리를 전해주는 것이 바로 광개토대왕비이다. 장수왕이 자신의 조상을 언급했던 내용을 일부 옮겨 적으면 다음과 같다.

"조왕祖王, 선왕先王은 다만 원근의 사람들에게 묘를 지키게 함에 청소만 하게 했다. 나는 구민이 쇠약해질까 염려된다. 내가 죽은 다음에 묘를 지키는 자는 다만 내가 몸소 돌아다니며 약탈해 온 한예韓穢를 취해 청소하게 한다."

여기서 조왕은 할아버지인 고국양왕故國壤王이고 선왕은 아버지인 광개토대왕을 말한다. 한마디로 왕묘를 돌보는 일로 백성들을 괴롭히지

않기 위해 노예를 시켰다는 말이다. 별로 중요한 내용이 아니다 싶지만, 그래도 이게 어디인가? 장수왕은 아버지를 위해 비석을 세웠을 뿐 아니라 그 목소리를 후세에 전해줌으로써 진정으로 효도를 했고 후손에게는 귀한 유산을 내려준 셈이다.

새로운 화폐인 10만 원 권을 만들며 여기에 들어갈 인물을 공모했을 때 인터넷 투표에서 광개토대왕이 1위를 차지했다고 한다. 나라 최대의 영토 확장을 이룬 사람이니 이처럼 관심이 쏠리는 것도 어쩌면 당연한 일일 것이다. 하지만 그의 인간적인 냄새를 발견할 수 없는 것이 무척이나 아쉽다. 땅을 넓힌 것 말고도 그가 세상에서 한 일이 참으로 많을 텐데 말이다. 어디로 가면 그 발자취를 찾을 수 있을까?

고구려 벽화 전시회의 부작용으로 중국의 '동북공정'이 시작되었다는데…?

고구려의 유명한 벽화로는 쌍영총과 무용총 등이 있다. 벽화에 그려진 깃털관을 쓴 고구려인이 말을 타고 달리는 모습이나 웃통을 드러낸 건장한 씨름꾼이 대결하는 모습은 고구려의 멋진 기상을 한눈에 엿볼 수 있게 한다. 여기에 사방을 지키는 사신의 웅장한 위용은 물론, 주인이 손님을 모아놓고 잔치를 벌이는 모습 그리고 무늬가 알록달록한 옷을 입고 춤추는 모습은 고구려인의 생활을 보여주며 흥미를 부채질한다.

아쉽게도 쌍영총雙楹塚은 북한에, 무용총舞踊塚은 중국에 있는 탓에 우리는 그 무덤 자체를 가까이 대할 수가 없다. 따라서 우리는 사진으로나마 그 허기를 달랠 수밖에 없다. 한데 미묘하게도 그 벽화들의 사진은 흐리거나 지저분해 보인다. 그럴 수밖에 없는 이유는 그 사진이 일제시대 때 조선총독부에서 조사를 하며 찍어 놓은 것으로 거의 50년 전의 것이기 때문이다.

그렇다면 왜 벽화 사진을 새롭게 찍어놓지 않을까? 이제는 그 사진 속의 벽화가 상당수 파괴되어 더 이상 볼 수 없기 때문이다.

도굴이나 발굴 이후 심각하게 훼손된 고구려 벽화들

고구려 벽화는 보통 두 가지 방법으로 만들어졌다. 하나는 무덤 공간, 즉 현실玄室을 만들고 그 벽에 석회를 두껍게 바른 다음 그 위에 그림을 그리는 형태이다. 다른 하나는 화강암이나 돌벽에 직접 그림을 그리는 방법이다. 이때 그림이 분명하고 반듯하게 드러나는 것은 회벽에 그린 것이다.

사실 무덤이 천 년 동안 밀봉되어 있을 때는 그 안이 진공상태로 남아 있어 큰 문제가 되지 않았다. 하지만 도굴이나 발굴을 이유로(물론 절대 다수가 도굴이긴 하지만) 무덤이 개봉된 이후에는 문제가 생겼다. 밀폐된 공간에서 한번 들어온 습기가 나가지 못하고 있다 보니 석회벽이 차츰 물기를 머금어 벽면과 표면이 떨어져 나가게 된 것이다.

결과적으로 그림이 조금 벗겨지거나 망가지는 정도가 아니라 그림이 그려진 석회층이 통째로 떨어져 나가 박살나는 사태가 발생했다. 이렇게 해서 고구려의 귀중한 유물은 영원히 사라지고 말았다.

돌벽에 직접 그린 것은 이처럼 부서질 위험은 없지만 무덤 안에 들어온 습기는 벽화 위에 물방울로 맺혀 있어 그림이 파괴되는 것은 마찬가지이다. 이런 유물을 제대로 보존하려면 무덤에 습기를 조절하는 장치를 마련해야 하지만 그러기에는 이미 수십 년이 늦어버린 상태이다. 더욱이 우리는 그 존재를 까맣게 잊고 있었다.

고구려 벽화 전시회가 남긴 안타까운 후유증

그런데 1994년, 어느 신문사에서 고구려 벽화를 대거 촬영해 전시회를 열었다. 그것은 이제까지 잊혀졌던 고구려 역사를 사람들에게 각인시키고 고구려 열풍을 불러일으키는 데 굉장히 좋은 기능을 했다. 그러나 그와 동시에 의도하지 않았던 몇 가지 나쁜 결과를 초래했다.

1993년 8월, 한국과 북한 그리고 중국의 학자들이 중국의 지안시集安市에 모여 국제학술토론회를 개최했다. 이때 고구려의 역사가 어느 나라에 속하느냐를 놓고 한바탕 말싸움이 벌어졌다. 그 자리에서 북한의 역사학자 박시형은 "고조선, 고구려 땅이 지금 중국 영토가 되었다고 해서 어떻게 그 역사를 중국의 소수민족이라고 하는지 이해할 수 없다"라고 말했다. 학술회의는 별다른 성과 없이 논쟁 끝에 서둘러 종료되었다. 이후 중국은 고구려와 발해 관련 학술회의를 개최하지 못하도록 하고 있다.

한국에서의 고구려 벽화 전시회는 그 다음에 열렸는데, 문제는 이 사진의 상당수가 비공식적으로 촬영되었다는 데 있다. 한마디로 허가를 받지 못했다는 얘기이다. 이 전시회는 한국에서 굉장한 센세이션을 일으켰고 잊혀져가던 고구려에 관심을 기울이는 계기가 되었다. 그런 반면 중국에서는 이 사진전에 협조한 중국 학자들이 체포되고 파면당했다. 더욱이 한국의 국수주의 단체들이 중국으로 찾아가 "만주는 우리 한민족의 땅"이라고 공공연히 외치며 돌아다니다 중국 정부에 체포되는 사건도 벌어졌다.

도굴꾼의 새로운 사냥감으로 떠오른 고구려 벽화

더 큰 문제는 고구려 벽화 전시 이후, 무덤 벽화가 도굴꾼의 새로운 사냥감으로 떠올랐다는 점이다. 고구려의 생활상이 속속들이 그려져 고구려 연구에 귀중한 자료를 제공했던 장천 1, 2호분 벽화는 이미 1996년에 심각하게 도굴을 당했다. 더욱이 2000년에는 장천 1호분의 모든 벽화와 삼실총의 벽화까지 도굴당하고 말았다. 도굴범은 한국인으로 밝혀졌고 여기에 관련된 조선족 3명은 사형에 처해졌다.

일련의 사건으로 바짝 긴장한 중국은 이에 대한 대비책을 세웠는데, 그중의 하나가 동북공정이었다. 나아가 한국이 고구려를 시작으로 해서 백두산을 비롯한 만주 영토에 관심을 기울이고 조선족이 남한의 영향을 받게 되자 이를 단속하는 조치를 취했다. 대표적으로 한국 관련 비석들을 철거하고 한글 간판도 금지시켰다. 또한 고구려 고분들의 입구를 쇠사슬과 자물쇠로 봉쇄해 버렸다.

사실, 그 전까지만 해도 중국은 고구려 문화나 유적에 별다른 관심이 없었고 고구려 고분의 상당수는 방치되어 있었다. 이것은 보존에는 해로운 일이었지만 그래도 중국 공안들에게 돈푼이나 집어주면 우리나라 사람도 가서 볼 수는 있었다. 그러나 이제는 한국의 학자가 학술적인 이유로 고구려와 발해의 유적을 찾아보는 것조차 어려워지고 말았다. 분통이 터지는 일이지만 현재 고구려의 유적 대부분이 중국 영토 내에 있어 국제법상 어쩔 수 없는 일이다.

언제쯤이면 우리의 조상이 남긴 그 찬란한 유적을 마음껏 볼 수 있을까?

광개토대왕비의 내용은
과연 조작되었는가?

고구려 역사는 물론 한국의 근대사에서 영원히 해결되지 않을 논란거리를 하나 들자면, 그것은 바로 광개토대왕비의 글자 조작이다. 역사에 별다른 관심이 없는 사람도 이 문제에 대해 한번쯤 들어보았을 것이다. 처음으로 광개토대왕비가 위조되었다고 주장한 사람은 재일 사학자 이진희李進熙로, 그는 1972년 『광개토대왕비의 연구』에서 일본 참모본부가 비밀리에 사람을 통구通溝에 파견해 석회를 발라 글자를 뜯어고쳤다고 주장했다.

이후 수십 년이 지나도록 그 진실은 밝혀지지 않고 있다. 더욱이 이런저런 설이 눈덩이처럼 불어나다 보니 어디까지가 진실이고 어디까지가 거짓인지 혼동될 정도이다. 어느 쪽이 맞는지는 차치해 두더라도 이 논란에서 가장 재미있는 사실은, 이 비를 발견하고 해석하는 과정에서 고대사뿐 아니라 근대의 동아시아 역사까지도 서로 뒤엉켜 버렸다는 점이다.

오랜 세월 사람들에게 외면당하고 잊혀졌던 광개토대왕비

일단 광개토대왕비가 어떻게 발견되고 조사되었는지 그 연원을 정리해 보면 다음과 같다.

처음 광개토대왕비가 만들어진 것은 414년의 일로 이것을 세운 사람은 광개토대왕의 아들 장수왕이다. 현재 중국의 지린성吉林省 지안시에 소재하는 이 비는 높이가 6.7미터이며 동서남북 사방으로 글씨가 쓰여 있고 동쪽 면에서부터 읽게 되어 있다. 본래 1,500여 개의 글씨가 새겨져 있었지만 1,600여 년에 가까운 세월이 흐르는 동안 마멸되거나 읽기 힘들 정도로 훼손된 글자도 많이 있다.

이 비석은 청나라 말, 집안 일대에 행정구역인 회인현懷仁縣이 설치되고 나서야 발견되었다.[1877년] 한데 그 발견 시기에 대해서는 학자 간에 약간의 견해 차이가 있다. 물론 이렇게 커다란 비석이 그동안 숨겨져 있거나 없어졌던 것은 아니다. 단지 모두에게 잊혀져 있었을 뿐이다. 그러다가 청나라 때 금석학이 유행하고 당시 고관들에게 금석문의 탁본을 뇌물로 바치던 세태가 퍼지면서 광개토대왕비는 사람들의 주목을 받게 되었다.

광개토대왕비에 대한 지나친 관심이 문제였다?

발견 당시, 광개토대왕비에는 이끼가 무성하게 끼어 글씨를 알아보기 힘들 정도였다고 한다. 당시 사람들이 글씨를 보기 위해 선택한 방법은 비석 전체에 말똥을 바르고 말린 뒤 불을 지르는 것이었다. 덕분에 이끼는 없어졌지만 안타깝게도 비석에 금이 가고 말았다. 무식이 죄였다. 유물의 과학적 관리와 개념이 마련되지 않았던 터라 귀중한 비석에 불을 지르는 엄청난 짓을 태연하게 저질렀던 것이다.

또 다른 문제는 석회를 바른 일이었다. 원래 탁본을 할 때는 비석에 손상이 가지 않도록 세심한 주의를 기울여야 한다. 그러나 당시에는 탁본의 예술성을 높이기 위해 글씨의 윤곽을 검게 칠하거나 글씨체를 바꾸는 경우가 종종 있었다. 심지어 마멸된 글씨를 반듯하게 떠내기 위해 비석에 석회를 바르는 일까지 있었다.

사실 광개토대왕비의 탁본은 결코 쉬운 작업이 아니었다. 당시 통구 일대에 뛰어난 탁본 기술자도 없었거니와 종이가 부족해 1883년에 만들어진 탁본은 모두 130여 장의 종이묶음으로 되어 있을 정도였다. 무엇보다 울퉁불퉁한 비석의 면에 걸려 종이가 찢어지는 일이 많았다. 이로 인해 탁본 작업의 편의를 위해 석회를 바르는 작업이 시행되기도 했다.

끊이지 않는 광개토대왕비문 해석에 대한 논란

최근의 연구에 따르면 광개토대왕비는 이끼를 태운 다음 곧장 탁본하거나 석회를 바른 것이 아니라 먼저 묵본墨本이 만들어졌다고 한다. 회칠이 되기 전에 탁본한 것도 최소한 6개가 보존되고 있다.

어쨌든 현존하는 광개토대왕비의 탁본은 10여 개가 넘는데 제각각 다양한 내력을 가지고 있다. 대표적으로 1881년 이전에 제작된 것으로 추정되는 이초경본, 일본의 첩자가 떠냈다는 사케이가게아키본酒勾景信本, 1883, 오대징본吳大徵本, 1886, 장금파본張金波本, 미즈타니본水谷本, 대만의 부사년본傅士年本, 유잠당장본遺箴堂藏本, 청명본 등이 있다. 개중에는 누가 어떻게 탁본을 했다는 기록은 있어도 탁본 자체가 아직 발견되지 않은 경우도 있다. 또한 1890년대 석회 칠을 하기 이전에 만들어진 묵본도 몇 종류가 있는데, 그중 하나가 일본의 대동급기념문고본大東急紀念文庫本이다.

이렇게 많은 탁본이 있긴 하지만 광개토대왕비는 여전히 위조와 변조의 혐의에서 자유롭지 못하다. 이에 따라 대부분의 연구자는 석회 칠이 벌어지기 전의 탁본서를 구하는 데 주력하고 있다. 하지만 어떤 판본의 탁본도 가장 큰 쟁점인 신묘년 기사의 논란을 시원하게 해결해 주지 못하고 있다.

而倭以辛卯年來渡海波百殘 □□ 新羅以爲臣民

이것은 광개토대왕비 중 신미년의 기사이다. 여기에서 말하는 백잔百殘은 백제를 의미하며 그 사이에 지워진 두 글자가 무엇인지는 알 수 없다. 더욱이 한문으로 쓰인 탓에 해석이 분분하다. 한문에는 띄어쓰

기가 없고 어느 한자를 주어로 혹은 동사로 읽느냐에 따라 해석에 큰 차이가 난다. 따라서 한, 중, 일의 학계는 비석의 내용을 어디에서 끊어 읽느냐 그리고 글자를 무엇으로 보느냐로 치열하게 각축전을 벌이고 있다.

특히 문제가 되는 것은 '來渡海'라는 세 글자이다. 바다를 건넜다는 얘기일까? 만약 바다를 건넜다면 누가 건넜을까? 바다라는 글자가 맞긴 맞는 걸까? 이 시기는 광개토대왕이 즉위한 지 1년째이고 백제는 진사왕辰斯王 7년이며 신라는 내물왕奈勿王 36년이다.

이 문장의 해석 사례를 몇 가지 들자면 다음과 같다.

❶ 일본이 바다를 건너가 백제, □□, 신라를 정벌하여 신민으로 삼았다.

❷ 고구려가 바다를 건너가 왜를 패퇴시키고 백제, □□, 신라를 신민으로 삼았다.

❸ 바다 해海자를 매양 매每자로 보고, 왜가 백제와 신라를 매번 정벌했다.

그 외에도 다양한 해석이 있다. 이렇게 천차만별의 해석이 있다 보니 점잖고 차분하게 학술적 토론이 진행되다가도 이 기사의 해석 이야기만 나오면 국제전쟁 수준의 논쟁이 벌어지곤 한다. 그런데 그 주장들은 제멋대로 의견을 펼치는 것이 아니라 각자 충분한 근거가 있다. 따라서 난립하는 논문을 읽다 보면 무엇이 정답인지 모호해질 지경이다.

일차적으로 원망을 하자면 글을 애매하게 쓴 고구려 사람들에게 해야 할 것이다. 고구려든 왜든 제대로 된 주어 하나만 집어넣었다면 논란은 벌어지지 않았을 테니까.

광개토대왕비의 내용을 정확히 파악할 수 있는 획기적인 방법?

과연 무엇이 옳은 것일까? 논문이라는 것은 어디까지나 학자 개인의 견해이고 또한 자신의 논리를 주장하는 것이기에 지금 이 자리에서 '정답'을 단정하기는 어렵다. 만약 고구려의 고고학 연구가 계속 진행되어 광개토대왕릉이나 관련 고구려 문서를 발견해 비석의 내용과 비교해 볼 수 있다면 어느 정도 진실이 밝혀질 것이다.

문제는 1980년대 말까지 광개토대왕비 및 고구려에 관해 이렇다 할 관심이 없었고 실제로 이전까지 별다른 연구 결과도 없던 중국이 가장 많은 자료를 쥐고 있다는 사실이다. 심지어 우리는 지금 광개토대왕비를 연구 조사하기는커녕 제대로 촬영할 수도 없어 탁본을 붙들고 씨름하는 처지이다.

그런데 신미년 기사의 해석을 놓고 일본에서는 고대 비문의 해석에 대한 새로운 연구 방법이 주목을 받고 있다. 그것은 당시의 역사적 상황이나 서체라는 다소 주관적 견해 차이가 생길 수 있는 요인을 제거하고 비문 전체에 사용되는 문법, 즉 글의 특징적 표현에 주목하는 방법이다. 예를 들어 광개토왕비의 경우에는 비록 한자로 쓰였지만 그 본질인 고구려어 고유의 표현을 살피는 것이다. 쉽게 말해 고구려인이 특정 기사를 쓸 때 어떤 표현을 관용적으로 사용했는지에 주목한다는 얘기이다.

만약 이러한 작업이 성공적으로 진행된다면 조작 논란에서 벗어날 수 있을지도 모른다. 글자 한두 개를 바꾸는 것은 석회나 끌, 정으로 가능할 수도 있지만 문장의 흐름을 위조할 수는 없으므로 이 방법을 통해서는 납득이 가는 해석이 가능해진다. 그리고 일부 광개토대왕비문의 해석처럼 있지도 않은 목적어와 보어를 임의로 끼워 넣고 해석하는 무리수를 두는 것보다 훨씬 자연스러울 수도 있다.

역사를 감정적으로 보면 오히려 편하다. 머리도 아프지 않고 자료를 찾느라 고생하지 않아도 되며 이해하기도 쉽다. 감정에 맡겨 광개토대왕비가 조작 당했다거나 해석이 잘못되었다는 말은 쉽게 할 수 있다. 어쩌면 정말로 조작했을 수도 있다. 그러나 이런 주장은 공허할 뿐 그것만으로는 아무것도 바꿀 수 없다. 한국인이 아닌 다른 사람들, 즉 중국과 일본 사람들을 납득시킬 수 없는 것이다. 그렇다면 잠깐 머리를 식히고 복잡하게 뒤엉킨 광개토대왕비 탁본과 그 해석의 역사를 짚어 보는 것도 괜찮을 것 같다.

뛰어난 업적에도 허점이 있는 법이고, 보잘것없는 주장에서도 가치를 찾아낼 수 있는 것이 바로 역사이다.

수백 년 뒤 고구려의 패망이
장수왕 탓이라고?

광개토대왕의 뒤를 이은 장수왕이 수도를 평양으로 옮긴 것은 과연 실수였는가? 이 문제는 역사학계에 새로운 논란거리로 등장하고 있다.

광개토대왕의 아들 장수왕이 국내성에서 평양성으로 천도한 것, 그리고 중국의 다른 나라들을 공격했던 북진정책 대신 남진정책을 펼치게 된 것은 대륙으로의 전진이 아니라 반도에 얽매이려는 후퇴였을까? 특히 이 문제는 근래에 비판의 도마 위에 올려졌다.

그러나 이를 살짝 뒤집어 보면 고구려가 한국의 역사라고 주장하는데 평양 천도가 중요한 근거가 되고 있는 것도 사실이다. 중국은 고구려의 영토가 현재 중국에 있으니 소수민족 정권 중 하나라고 주장하고 있다. 그러나 고구려의 마지막 수도였던 평양은 엄연히 우리^{북한} 영토 안에 있기 때문이다.

장수왕은 왜 좁은 한반도에 틀어박혔을까?

어째서 장수왕은 대륙을 저버리고 한반도에 틀어박힌 것일까? 이 문제의 본질을 이해하기 위해서는 역사적으로 '위대한 정복' 뒤에 무슨 일이 있었는지 생각해 볼 필요가 있다.

우선 알렉산드로스는 생전에 그리스와 페르시아 그리고 인도까지 이어지는 대제국을 건설했다. 그런데 그가 죽자마자 나라는 분열되었고 부하장수들끼리의 각축전이 이어졌다.

칭기즈칸 역시 중국에서부터 중앙아시아를 넘어 러시아, 유럽까지를 포함하는 영토를 짧은 기간 내에 정복했다. 그러나 그가 죽자 자식들의 칸국汗國으로 분열되고 말았다. 갑자기 커진 나라를 한꺼번에 다스릴 만한 역량이 없었기 때문이다.

장수왕의 아버지 광개토대왕은 평생에 걸쳐 정복사업을 수행했고 이를 통해 영토를 크게 넓혔다. 그런데 정복이란 허허벌판에 깃발을 하나 꽂는 것으로 끝나는 것이 아니다. 정복한 지역의 주민을 관리하는 통치체제를 만들고 관리들을 두어 다스리는 한편 반란의 불씨가 일어나는 것을 막아야 한다. 물론 세금을 거두고 치안을 관리하며 통치하는 것도 중요하다.

다시 말해 장수왕의 시대는 아버지의 정복을 이어나가는 게 아니라 아버지가 벌여 놓은 것을 수습해야 하는 시기였다. 우리가 "창업보다 수성이 어렵다"는 말에 공감하는 것처럼 장수왕도 같은 생각으로 정복 이후의 운영에 초점을 맞추었던 것 같다. 그나마 천만다행인 것은 장수왕이 이름 그대로 오래 살았다는 것이다. 만약 장수왕이 광개토대왕이 그랬던 것처럼 젊은 나이(마흔네 살이면 당시 기준으로 요절이라고 보긴 어렵지만)에 세상을 떠났다면 고구려는 정치 불안 끝에 조각조각 나눠졌을지도 모른다.

『위서』의 「백제전」에는 장수왕이 평양으로 수도를 옮긴 것뿐 아니라 대신과 귀족들을 대거 숙청했다는 사실도 기록되어 있다. 장수왕은 분열의 불씨가 될 수 있는 귀족(혹은 왕족)들을 제거해 왕권 강화는 물론 국가 안정을 도모했던 것이다.

그 대신 외교문제에서 장수왕은 북연에 거듭 조공을 해 아버지의 정복정책과 달리 화친정책을 취했다. 사료가 부족해 장수왕의 의도를 온전히 알 수는 없지만 화친이 반드시 굴욕이나 포기를 뜻하는 것은 아니다. 수나라와 당나라를 상대로 치열한 전쟁을 벌였던 연개소문도 처음에는 화친정책을 펼치지 않았던가?

바다로 진출할 수 있는 통로, 한강을 차지하다

그렇다면 다음과 같이 생각해 보는 것은 어떨까?

광개토대왕이 다스리던 시기, 고구려는 막강한 국가였다. 강한 상대는 그만큼 다른 나라의 경계를 부르게 되고 또한 많은 적을 만들게 마련이다. 주변 세력들이 연합해 고구려를 친다면 아무리 전성기의 고구려라 해도 상대하기가 쉽지 않았을 것이다.

다른 한편으로 고구려가 남진해서 차지한 영토가 어디인가도 매우 중요하다. 장수왕은 바둑을 잘 두는 승려 도림道琳을 백제로 파견한 다음 개로왕을 부추겨 국력을 소모하게 한 뒤, 백제의 수도 한성을 점령했다. 아버지가 물려준 거대한 유산 때문에 고생했을 장수왕이 또 다른 정벌을 했던 것은 아이러니일 수도 있다. 하지만 이로써 바다로 진출할 수 있는 역사적인 통로, 즉 한강 유역을 차지했다는 것은 중요한 의의가 있다.

광개토대왕이 차지한 북방의 드넓은 영토는 춥고 척박한데다 교통이 그리 편리한 땅이 아니었다. 그에 비해 장수왕은 대동강과 한강 유역을 확보해 비옥한 곡창지대를 차지했다. 그리고 더 나아가 중국과 일본으로 진출할 수 있는 해상교역로의 교두보를 확보했다. 결국 고구려는 배를 이용해 대규모의 무역을 하는 것은 물론, 북연 배후의 다른 나라들과 외교적인 접촉도 편리하게 할 수 있었다.

장수왕이 남쪽으로 간 까닭은?

과연 한강 유역을 손에 넣은 뒤 장수왕은 그곳을 어떻게 활용했을까? 안타깝지만 장수왕의 시대를 밝혀 보고 싶어도 『삼국사기』의 짧은 기록만으로는 역부족이다. 그렇다고 수백 년 뒤에 있었던 고구려의 패망 원인을 장수왕의 정책 실수로 돌리는 것은 너무 성급한 판단이다.

고구려의 입장에서는 이용이 편리한 항구가 절실했을 것이다. 그런 의미에서 평양 천도는 반도로의 후퇴가 아니라 바다를 이용하기 위한 진출로 재해석할 수도 있다. 물론 고구려는 백제나 통일신라만큼 해양 진출에 뚜렷한 족적을 남기지 못했기에 해상 진출이란 말이 생소하게 들릴 수도 있다.

하지만 고구려 역시 바다에서 크게 활약했음을 보여주는 증거는 많이 있다. 살수대첩 때 수나라 수군을 격멸한 것은 건무^{훗날의 영류왕(榮留王)}가 이끄는 고구려 수군이었다. 일본 호류사^{法隆寺}의 벽화를 그린 담징^{曇徵}을 비롯해 많은 고구려 사람이 배를 타고 외국을 드나들었던 것은 고구려가 더 이상 육지만의 강국이 아니었음을 보여준다.

개로왕은 과연 바둑으로 나라를 망쳤을까?

개로왕은 흔히 백제의 운명을 말아먹은 어리석은 왕의 대표격으로 여겨진다. 고구려의 장수왕이 보낸 첩자 도림과 어울려 바둑으로 세월을 보내고, 그의 감언이설에 넘어가 무리한 토목공사로 나라와 백성을 피폐하게 했다고 전해지기 때문이다. 결국 고구려가 쳐들어왔을 때 개로왕은 사로잡혀 치욕스럽게 살해당했다.

이 모든 것이 사실일까? 우선 개로왕이 즉위했던 시기의 백제가 어떠했는지 살펴볼 필요가 있다. 근초고왕 시절에 전성기를 맞았던 백제는 점점 그 세력이 기울어가고 있었다. 전지왕ﷺ호王 때 왕위 계승 전쟁이 벌어졌고 귀족인 해씨가 득세해 전횡을 일삼았다. 그 다음 시대에도 귀족 간의 정권 다툼이 끊이지 않았다. 455년에 개로왕이 즉위하기 전에도 목만지, 해수 등의 귀족이 어린 왕을 대신해 정권을 농단하는 등 온갖 문제가 벌어지는 바람에 나라꼴이 엉망이었다.

개로왕은 이처럼 힘을 잃고 비틀거리는 백제를 어떻게든 되살려보려고 애를 썼던 사람이다. 그가 가장 먼저 시행한 것은 왕족, 특히 자신의 동생들을 통해 왕권을 강화하는 것이었다.

왕권 강화와 외교로 고구려를 압박한 개로왕

개로왕 4년, 백제는 중국의 남조정권이던 유송劉宋에 개로왕의 즉위에 기여했던 11명에게 장군의 작호를 내려달라는 요청을 했다. 그런데 재미있게도 이 중 8명이 왕족이었다. 그중에서도 특히 높은 서열을 차지한 사람이 개로왕의 동생인 문주文周와 곤지昆支였다. 곤지는 좌현왕左賢王에 책봉되었다. 흉노족에게 좌현왕이란 곧 왕위 후계자를 뜻했다. 이는 그만큼 개로왕이 귀족 대신 왕족을 신임했다는 것을 보여준다. 이제까지 귀족들이 왕을 쥐고 뒤흔들었던 상황에서 벗어나 왕을 왕답게 하기 위해 권력을 왕족들이 독점하게 한 것이다.

또한 개로왕은 국정에도 손을 대 귀족의 이익을 대변하던 상좌평제도를 고친 사가제私假制를 실시함으로써 왕이 권력의 중심이 되도록 했다. 한 발 더 나아가 개로왕은 스스로를 대왕이라 자처하고 신하들을 왕과 제후라고 부르면서 자신의 권위를 한층 높이려 했다.

대외적으로는 고구려의 계속적인 압박에 대항하기 위한 방책을 세웠다. 개로왕 1년에는 신라에서 보낸 원병과 함께 고구려군을 격퇴했

다. 신임하는 동생 곤지를 왜로 보내 외교관계를 돈독하게 하고자 노력하기도 했다. 중국과도 많은 교류를 나누며 고구려를 국제적으로 비난하는 한편, 비록 성공하지는 못했지만 북위에 고구려를 공격하기 위한 군사를 요청한 일도 있었다. 그렇듯 다각도의 외교적 노력을 통해 고구려를 압박하고자 했던 것이다.

마지막으로 개로왕이 왕권 강화를 위해 선택했던 방법은 그의 실정으로 거론되는 대단위 토목공사였다. 사실 화려한 궁궐과 능묘는 외형적으로 왕의 위엄을 드러내기에 좋은 수단이다. 개로왕은 왕궁과 능묘 조성은 물론 한강의 사성蛇城에서 숭산崇山에 이르는 대규모 토목공사를 일으켰다. 도림의 꾐에 넘어갔든 아니면 스스로 대왕의 위엄을 갖춰야 한다고 생각했든 그것은 부차적인 문제이다. 이러한 공사는 개로왕 집권 말년의 짧은 시기에 집중적으로 시행되었다. 그 결과로 백제의 국력은 빠르게 소진되었다.

추정하건대 그의 집권기 전반과 중반의 성공적인 왕권 강화책이 개로왕의 자신감을 부풀렸고, 그것이 무리한 토목공사로 이어지게 된 듯하다.

한편 계속된 개로왕의 왕권 강화 정책은 중앙 귀족들의 반발을 불러일으켰다. 개중에는 고구려로 넘어간 배신자도 있었다. 또한 토목공사로 인한 국력 소진은 백성을 피폐하게 만들어 인심이 떠나가게 했다. 그러다가 475년 장수왕의 고구려군이 백제의 수도 한성을 공격했을 때 결국 막아내지 못했다.

실패했지만, 아주 실패하지는 않았다?

개로왕의 패배에서 결정적 역할을 한 것은 흔히 도림의 세 치 혀로 알려져 있다. 하지만 서울 곳곳풍납, 몽촌 일대의 산에 남아 있는 고구려의 유적, 특히 보루堡壘, 군사 망루들은 고구려가 남쪽으로 진격하기 위한 준비를 치밀하게 해왔음을 입증한다. 물론 백제가 수도를 잃고 남쪽으로 밀려난 것은 개로왕의 정책 실패가 분명하지만, 그렇다고 그가 바둑만 두다가 나라를 말아먹은 어리석은 왕은 아니었다는 얘기이다.

개로왕의 이야기는 여기에서 끝나지 않는다. 개로왕이 비참하게 살해당한 뒤 동생 문주는 웅진으로 수도를 옮겨 문주왕이 되었다. 그러나 이미 국력과 왕의 권위가 땅에 떨어져 귀족간의 다툼은 계속되었고 왕이 살해당하기까지 했다. 그러나 또 다른 동생 곤지가 일본에서 다진 기반을 바탕으로 다시 백제를 안정시켰다. 덕분에 개로왕 혹은 곤지의 아들이라고 하는 동성왕과 무령왕이 백제의 왕으로 즉위할 수 있었다. 이는 개로왕의 업적이 아주 없지는 않았음을 보여주는 좋은 사례이다.

이차돈은 법흥왕의 왕권 강화를 위한
희생 제물이었다?

불교의 보교와 관련해 '이차돈異次順의 순교' 하면 사람들은 언뜻 '하얀 피'를 떠올리는데, 그게 가능한 일일까? 하지만 어떻게 사람의 목에서 하얀 피가 나왔는가를 따지기보다 왜 이차돈의 목이 잘렸는가를 살피는 게 훨씬 바람직할 것이다.

인도의 석가모니가 창시한 불교는 점점 인도 바깥으로 전파되기 시작했고 중국을 통해 어느덧 한국에까지 전해졌다. 그런데 유독 신라에서만 불교 전파에 대한 반발이 심했고 이에 따른 순교의 이야기가 전해지는 게 특이하다. 똑같이 불교를 받아들인 고구려와 백제에서는 별다른 일이 없었음에도 말이다. 더욱이 신라는 고구려372년나 백제384년에 비해 무려 150년이나 늦게 불교가 전래되었다. 그렇다고 불교가

150년간 신라의 국경을 한 번도 넘지 못했던 것은 아니고, 몇 번 전해 졌으되 심한 반발로 뿌리를 내리지 못했을 뿐이다.

법흥왕과 이차돈 사이에 모종의 밀약이 있었다는데…

이를 뒤집는 계기가 된 것이 바로 법흥왕法興王 15년에 있던 이차돈의 순교이다. 신라의 법흥왕은 계속 불교를 받아들이고 싶어 했지만 신 하들의 반발로 뜻을 이루지 못하고 있었다. 이때 이차돈이 나서서 법 흥왕과 몰래 약속을 하고 절을 지었다. 그러자 신하들이 극렬히 반대 를 했고, 법흥왕은 이차돈이 왕명을 위조했다는 이유로 처형했다. 그 런데 이차돈의 잘린 목에서 하얀 피가 한 길이나 치솟고 하늘이 어두 워지며 꽃비가 내렸다. 이후로는 나라 안의 어느 누구도 절을 세우고 불사를 세우는 데 반대하지 않았다.

이것이 이차돈 순교의 전말이다. 이러한 이차돈의 이야기를 다루고 있는 것은 『삼국유사』이다. 『삼국유사』는 그 자체가 야사집野史集인데다 불교가 국교였던 고려시대의 승려 일연이 지은 것이다. 그러니 당연 히 불교의 입장에서 치장하는 윤색潤色이 있었을 법도 하다.

법흥왕이 이차돈과 비밀리에 약속을 했던 것은 사실이었을까? 이 를 알기 위해서는 먼저 이차돈의 신분을 생각해 볼 필요가 있다. 『삼 국사기』와 『삼국유사』는 이차돈에 대한 기록에서 조금 다르게 적고 있다. 『삼국사기』는 이차돈이 왕과 가까운 신하라고만 기록하고 있을 뿐이다. 하지만 여기에 덧붙여 이 내용은 김대문金大問이 쓴 『*계림잡전」의 기록을 옮긴 것이라 했고, 김용행金用行이 지은 「아도화상비我道和尚碑」와는 다르다는 사실을 후술하고 있다.

그렇다면 「아도화상비」에는 어떻게 기록되어 있을까? 그것을 알기 위해서는 『삼국유사』를 살펴볼 필요가 있다. 우선 『삼국유사』는 이차돈을 염촉厭髑이라 기록하고 있다. 이는 그의 이름 이차異次 혹은 이처伊處를 한자로 번역해 적은 것이다.

어쨌든 『삼국유사』는 이차돈이 사인舍人이라는 말직 벼슬에 있었고, 그의 실제 성은 박씨이며, 습보習寶 갈문왕葛文王의 손자라고 기록하고 있다. 습보의 또 다른 아들이 지증왕이었으니 이차돈은 법흥왕과는 5촌 간으로 꽤 지위가 높은 왕족이었던 셈이다. 그런 의미에서 이차돈은 혈연적으로는 물론 국가 행정에서 법흥왕과 긴밀한 관계였을 수도 있다.

이차돈을 희생 제물로 삼아 왕권 강화를 꾀한 법흥왕

법흥왕은 불교를 도입한 것 외에도 나라의 법이라고 할 수 있는 율령을 반포하고 관리제도 및 골품제를 정비했다. 또한 그는 연호를 사용해 신라라는 나라가 국가로서의 체계를 갖추도록 했다. 이러한 정책은 국가 정비는 물론 왕권 강화를 위한 것이었다. 그 이유는 왕권을 강화하지 않으면 제대로 왕 노릇을 할 수 없었기 때문이다. 귀족들이 힘을 얻으면 왕은 허수아비가 된다. 따라서 이차돈의 순교는 법흥왕과 이차돈의 비밀 약속이었다기보다 귀족들의 반대로 궁지에 몰린 법흥왕이 이차돈을 희생시킨 결과로 보는 게 자연스럽다.

불교는 세상 만물을 부처라는 절대적인 존재에 귀속되도록 한다. 왕이 노렸던 것은 바로 그 절대적인 존재에 왕을 투영하는 것이었다. 이제까지 자신의 고향이나 근거지를 중심으로 난립하던 귀족들을 부정하고, 부처의 이름으로 그들을 통합할 수 있다면 왕으로서는 더할 나위 없이 좋은 일 아닌가?

귀족들이 불교 도입에 완강히 저항한 까닭

그렇다면 귀족들은 왜 불교 전래를 반대했을까? 무엇보다 신라에서는 토속종교 혹은 토착신앙의 뿌리가 깊었기 때문이다. 처음에 6개의 부족이 모여 이루어진 신라는 하나로 묶이긴 했지만 각자 독립적인 성향을 가지고 있었다. 이들은 작게 나뉘어 나름대로의 신을 모시고 있었던 탓에 왕의 명령이 효과적으로 전해지고 시행되지 않았다. 바로 여기에서 신라의 불교 도입에 사람의 목을 베어야 할 만큼 커다란 반발이 일어났던 원인을 찾을 수 있다.

사실, 종교는 개인의 자유이지 국가나 단체가 강요할 수 있는 게 아니다. 그러니까 왕이 불교를 도입하는 과정에서 무리한 추진이 있었을 것으로 보인다. 이차돈이 절을 세웠던 천경림天鏡林은 단순한 숲이 아니라 귀족들, 나아가 민간신앙의 성지였던 것 같다. 그래서 불교의 도입은 귀족들의 강력한 반발에 부딪혔고 결국 이차돈이 순교를 할 수밖에 없었던 것이다. 즉, 불교 도입은 단순히 종교의 문제가 아니라 기득권을 지키려는 귀족과 왕권 중심의 체제로 개편하려는 왕 사이에

벌어진 전쟁이기도 했다.

　다른 나라도 마찬가지지만 특히 신라는 불교를 정치적으로 이용한 나라였다. 법흥왕은 울릉도와 금관가야를 정벌해 세력을 크게 떨쳤고 지방제도와 관복을 제정하는 등 나라의 체계를 세웠다. 여기에 더 필요로 했던 것은 바로 왕권을 강화하기 위한 철학이자 정신이었다. 그런 점에서 불교가 입맛에 딱 맞아떨어졌던 것이다.

실제로 법흥왕 이후의 신라왕들은 불교를 통한 왕권 강화를 시도했다. 특히 진평왕眞平王은 스스로 부처의 아버지임을 주장하며 왕비를 마야부인으로 부르도록 했다. 이렇게 나타나는 신라의 후진성은 그만큼 신라가 원시적인 나라였음을 보여준다. 그러나 이는 훗날 삼국통일을 성사시킬 만큼 강력한 잠재력이 있었다는 것을 의미하기도 한다.

삼국시대 전체를 혁명적으로 뒤바꿔 놓은 불교의 힘

신라의 불교 도입에는 단순히 종교적인 의미만 있었던 것은 아니다. 사실 그 이후의 영향은 역사의 큰 흐름을 바꿔놓을 정도로 강력했다. 아니, 불교를 빼놓고 삼국시대를 논하는 것 자체가 불가능할 정도로 중요하다.

불국사, 석굴암, 황룡사, 감은사 등 각종 불교 관련 문화재를 비롯해 죽은 사람을 위해 산 사람을 함께 묻던 순장제도가 사라지고 대신 토용이 대거 만들어진 것은 모두 살생을 엄금하는 불교의 영향 때문이다. 한마디로 불교는 통일신라시대는 물론 이후의 시대에

한국 역사의 중요한 흐름이었다.

수백 년을 갈고 닦아온 인도 철학에 뿌리를 두고 성립된 불교의 종교관은 토착 샤머니즘과 비교도 안 될 만큼 세련됐다. 더욱이 극락이라는 내세관은 사람들을 죽음의 공포로부터 벗어나게 해주었다. 이러한 종교관이 한 사람 한 사람에게 전해지다 보니 마침내 신라는 불교의 나라가 되었던 것이다.

계림잡전(鷄林雜傳) __ 신라 제33대 성덕왕(聖德王) 때 김대문(金大問)이 지은 설화집. 삼국시대의 이야기를 모은 것으로, 뒷날 『삼국사기』 편찬에 『화랑세기(花郎世紀)』, 『고승전(高僧傳)』 등과 함께 귀중한 자료가 되었다 하나 지금은 전하지 않는다.

무령왕이 한국보다 일본에서
더 유명한 까닭은?

1971년, 한국 고고학계에 길이 남을 만한 사건이 하나 있었으니 그것은 바로 무령왕릉의 발견 및 발굴이었다. 무령왕릉은 도굴이 되지 않은 최초의 백제 왕릉이라는 것과 12시간 만에 발굴이 끝났다는 기록을 보유하고 있다. 실제로 이 능은 발굴이라기보다 도굴에 가까울 만큼 초고속으로 발굴이 끝났다.

사실 고고학 발굴은 삽으로 뜨는 것조차 조심스러울 정도로 정밀하게 시행되어야 한다. 그런데 몰려드는 취재진과 구경꾼들로 인한 훼손을 막는다는 이유로 자세한 보고서도 없이 후다닥 발굴을 끝내 버렸다. 그것은 한국 고고학계에 전례가 없으며, 앞으로도 있어서는 안될 사건이었다.

한국판 투탕카멘, 무령왕릉

그렇다고 이런 발굴로 인해 무령왕릉의 귀중한 가치에 흠집이 가는 것은 아니다. 이제까지 우리나라의 많은 왕릉은 도굴꾼의 극심한 난립으로 도자기 파편 이상의 것이 남아 있으면 다행이다 싶을 만큼 싹싹 비워져 있었다. 하지만 도굴꾼의 손길이 미치지 않은 무령왕릉에서는 3천 점에 달하는 유물이 대거 쏟아져 나왔다. 무령왕릉이 아니었다면 공주박물관은 세워지지 못했을 거라는 우스갯소리가 있을 정도로 이 발견은 백제의 역사에 대한 대중의 관심을 끌어올리는 계기가 되었다.

규모가 웅장하지는 않지만 수천 장의 벽돌을 가지런히 쌓아 만든 무령왕릉은 당시 백제 미술의 우아함과 건축술의 정교함을 최대로 활용한 결과물이다. 무엇보다 훌륭한 고고학적 가치는 황금으로 된 유물이 아니라 왕과 왕비의 이름 및 무덤의 내력이 적힌 묘지석에 있다. 이것이 발굴됨으로써 우리는 무덤의 주인이 무령왕이라는 것과 더불어 백제인의 내세관까지 파악하게 되었다. 수많은 무덤이 아직도 누가 주인인지를 알 수 없다는 점을 감안하면 묘지석의 발굴은 굉장한 발견이라고 할 수 있다. 그런 의미에서 무령왕릉은 한국의 투탕카멘 묘소라고 해도 부족함이 없다.

무령왕릉 발견 이상으로 흥미진진한 무령왕의 일생

송산리 6호분의 배수로 공사를 하다가 우연히 발견했다는 무령왕릉의 발견 과정도 흥미롭지만, 사실 무령왕의 생애 자체도 한 편의 드라마였다. 『삼국사기』는 무령왕을 동성왕의 아들이라고 재미없고 간단하게 적고 있지만 『일본서기』에는 좀더 자세한 이야기가 적혀 있다. 그에 따르면 무령왕의 아버지는 고구려 첩자 도림에게 속아 국고를 탕진하고 장수왕에게 수도는 물론 목숨도 빼앗긴 개로왕이라고 한다.

백제의 한성이 점령되었을 때 왕비^{개로왕의 아내}는 임신 중이었다. 개로왕의 동생 곤지는 형수를 데리고 일본으로 떠났다. 그런데 배를 타고 가던 중 산통이 왔고 한 섬에서 아이를 낳아 이름을 사마^{斯摩}라고 지었다.

왜 왕비는 일본으로 달아난 것일까? 당시 백제는 수도가 함락되고 왕이 살해되는 등 멸망 직전의 상황이었기 때문에 가장 안전한 곳을 찾아간 것으로 이해할 수 있다. 이렇게 해서 무령왕은 일본에서 자라게 되었다.

한편 백제에서는 개로왕의 뒤를 이어 문주왕이 즉위해 수도를 웅진^{지금의 공주}으로 옮겼지만 나라 안은 불안정했다. 그것을 증명하듯 개로왕 이후의 문주왕, 삼근왕, 동성왕은 모두 암살당하고 말았다. 귀족 간의 치열한 세력 다툼이 계속되었기 때문이다.

그래서 일본에 머물고 있던 무령왕은 마흔한 살의 나이로 백제에 돌아와 왕이 되었다. 그는 백제의 위기를 극복하고 경제력을 회복시켰으며 왕권을 강화해 멸망 위기에 빠져 있던 백제를 살려냈다. 중국의 역사서 『*양서』는 "(무령왕 시기에) 백제는 다시 강한 나라가 되었다"라고 적고 있다. 무령왕릉은 그런 위대한 왕이 잠든 무덤인 것이다.

특히 무령왕은 일본과 매우 긴밀한 관계에 있었던 것으로 보인다. 그가 일본에서 지냈고 이름이 사마라는 것도 그렇지만 그가 잠들었던 관은 일본에서만 자생하는 금송金松으로 추정되고 있다.

글자 48개를 둘러싼 한일간의 뜨거운 논쟁

현재 일본 동경박물관에 가보면 우전팔번 인물화상경隅田八幡 人物畵像鏡이라는 거울이 전시되어 있는데, 흥미롭게도 여기에 무령왕의 이름이 적혀 있다. 하시모토의 어느 무덤에서 발굴되어 신공황후를 모신 우전팔번 신궁에 바쳐졌던 우전팔번경에 사마왕(무령왕은 사마왕으로도 불렸고 이는 무령왕릉 지석에서도 확인되었다)이 이 거울을 만들었다는 명문이 적혀 있는 것이다. 그런데 이 거울 역시 글자 48개를 어떻게 해석할 것인가를 두고 한일간에 큰 논란거리가 되고 있다.

무령왕릉의 발굴로 무령왕의 또 다른 이름이 사마왕이라는 사실이 확인되자, 일본 학계에서는 무령왕이 이 거울을 일본의 남제왕계체천황에게 헌상한 것이라고 주장하고 있다. 하지만 한국 학계에서는 무령왕이 일본 천황에게 하사한 것으로 보고 있다. 이는 어쩌면 한일관계사의 영원히 풀리지 않을 논란거리가 될지도 모를 칠지도와 비슷한 문제로, 글자가 선명하게 남아 있음에도 이처럼 판이한 해석이 나오고 있는 것이다. 사실 새겨진 글귀 자체는 "사마가 남제왕의 장수를 기원하며 백동 200한으로 청동거울을 만들었다"는 것이지 헌상한다거나 하사한다는 말은 없다. 그럼에도 현대인은 그 해석을 놓고 전혀 다른 주장을 펼치며 논쟁을 벌이고 있으니 무령왕이 이 모습을 본다면 뭐라고 할까?

양서(梁書) __ 629년 당나라 요사렴(姚思廉)이 편찬한 양(梁)나라의 정사(正史). 총 56권. 본기(本紀) 4(6권). 열전(列傳) 49(50권). 중국의 24사(史) 중의 하나로 남조(南朝) 양나라의 사대사적(四代事蹟)을 기록한 사서(史書)이다.

걸출한 인재였던 온달을 기득권을 쥔
귀족과 역사가들이 바보로 만들었다는데…?

고구려의 울보 공주님은 아버지가 농담으로 했던 "바보 온달에게 시집보낸다"는 말을 그대로 믿어버렸다. 그 후 장성한 평강공주는 아버지 평강왕의 뜻을 거역하고 바보 온달을 찾아 나섰다. 결국 두 사람은 부부의 연을 맺었고, 공주는 남편을 훌륭하게 가르쳐 뛰어난 인재로 키워냈다. 마침내 사냥터에서 그 훌륭한 솜씨를 보인 온달은 비로소 왕의 사위로 인정을 받고 장군에 임명되었다.

이후 온달 장군은 빼앗긴 고구려의 옛 땅을 되찾기 위해 신라와 전쟁을 벌였지만 안타깝게도 아단성에서 화살을 맞아 숨을 거두고 말았다. 그런데 아쉬움이 많이 남았던지 그의 관은 여러 장정이 끌어도 꼼짝도 하지 않다가 아내인 평강공주가 어루만지자 비로소 움직였다.

이것은 우리나라 사람이면 모르는 이가 없을 만큼 유명한 온달 장군 이야기의 줄거리이다. 어쩐지 이 이야기는『삼국유사』에 있어야 할 것 같지만 사실은『삼국사기』의 열전에 「온달전」으로 실려 있다.

온달과 평강공주를 둘러싼 몇 가지 의혹

어릴 때는 별 생각 없이 재미있게 읽은 이야기였지만 머리가 굵어지니 드문드문 이상한 곳이 눈에 띈다. 대체 얼마나 바보스러웠기에 나라의 지존인 임금마저 알 정도였을까? 그런데 정작 「온달전」에는 온달이 얼마나 바보스러웠는지에 대한 설명이 없다.

이상하기는 평강공주도 마찬가지이다. 평강왕의 딸이라 이름이 평강공주인가? 아니, 아버지의 이름을 따서 딸의 이름을 짓는 경우도 있던가? 더욱이 공주가 바보와 결혼하겠다고 고집을 피운다고 해서 공주를 내쫓는 것은 참으로 몰인정한 설정이다. 몰래 야반도주라도 했다면 또 모르겠다. 설사 그렇다고 해도 공주가 어떻게 혼자서 산골로 갈 수 있느냐는 말이다.

내용을 하나하나 짚어보면 어설픈 점이 하나둘 발견된다. 그래서 그런지 국문학계에서는 온달 이야기를 설화로 보고 있는데, 역사학계에서는 역사 사실로 보고 있어 논란이 끊이지 않는다. 온달과 관련되었다고 알려진 사적도 문제가 되기는 마찬가지이다. 대표적인 온달 유적지로는 그가 전사했다고 알려진 아차산성^{아단성}이 있고, 단양의 온달산성 역시 널리 알려져 있다.

특히 단양에는 온달과 관련한 여러 가지 사적이 남아 있다. 온달의 무덤태쟁이 묘이나 온달이 공기 삼아 갖고 놀았다는 바위, 온달의 누이동생이 온달이 죽었다는 소식을 듣고 놀라 던졌다는 선돌, 그리고 평강공주가 쉬었다는 공주굴이 대표적이다. 그러나 고고학적 발굴이 지지부진해서 아직 그것이 고구려인의 유적지인지 정확히 밝혀지지 않았다. 또한 온달의 무덤으로 알려진 곳은 결국 무덤이 아닌 것으로 판명되었다.

온달과 평강공주는 과연 실존 인물인가?

그렇다면 과연 온달이라는 인물이 있기는 했던 걸까? 인물 자체의 유무를 떠나 온달이 활동했던 역사적 배경이 있었던 것은 분명하다. 온달이 신라에게 잃은 고구려 영토를 되찾기 위해 싸우다 전사했다는 이단성 혹은 아차산성은 한반도에서 지리적, 경제적으로 가장 요충지라고 할 수 있는 한강 유역이다. 고구려가 내내 한강 유역을 되찾기 위해 애썼다는 점을 생각해 보면 온달의 이야기가 모두 허구라고 보기는 어렵다.

일부에서는 온달이 하급귀족이었고 뛰어난 전공을 세워 왕의 사위가 되었을 거라는 주장을 하고 있다.

그런데 벼락출세를 못마땅하게 생각한 다른 귀족들이 온달을 바보라고 폄하했다는 것이다. 결국 온달은 정말 바보가 아니라 바보로 놀림을 당한 인재였다는 얘기다. 다른 한편에서는 영양왕嬰陽王 14년에 신라를 공격한 고승高勝이라는 인물이 온달의 모델이라는 설도 제기되고 있다.

결국 아무리 온달의 이야기가 허구이고 평강공주가 세상에 없었다고 해도 그중에 역사적 사실이 전혀 없는 것은 아니라는 얘기이다. 무엇보다 온달 이야기는 고구려의 역사가 아니라 현대의 역사에서 누가 어떻게 이야기하느냐에 따라 다양한 변주로 나타나고 있다.

온달과 평강공주는 읽고 해석하는 사람에 따라 신분을 뛰어넘은 혁명전사가 되기도 하고(북한에서), 가부장적 권위에 맞서 싸운 페미니스트가 되기도 하는 것이다. 또한 사랑의 힘만으로 사회의 차별과 벽을 넘어선 로맨스의 주인공이 되기도 한다.

나라의 대들보가 될 큰 인물을 천하의 바보로 만들다

그런데 『삼국사기』 열전의 인물 중 하나에 불과했던 온달을 세상 밖으로 나오게 한 것은 사학자 이기백의 논문 「온달전의 검토」1967년라고 한다. 그렇다면 이기백은 왜 이 연구를 하게 되었을까?

5.16쿠데타 이후, 그의 스승인 사학자 함석헌咸錫憲은 5.16을 신랄하게 비판하는 글을 발표해 체포당하고 말았다. 이때 정부는 닥쳐올 사회적 파장을 염려해 함석헌을 죽이지도 가두지도 못하고 정신이상자

로 몰아버렸다. 이처럼 멀쩡한 스승이 미치광이 취급을 받으며 살아가는 것을 본 제자가 '온달이 왜 바보가 되었는지'를 깨닫고 연구를 했다는 말이 있다.

그러니 온달을 어찌 바보로만 생각할 수 있겠는가? 멀쩡한, 그것도 나라의 대들보가 될 법한 큰 인재를 신분제도에 얽매여 바보로 만들었다면, 당시 고구려 귀족들이야말로 진정한 바보들이 아니었을까!

화랑 중에 동성연애자가 많았다는데, 과연 사실일까?

'화랑' 하면 흔히 엄격히게 규칙을 지키고 나라를 위해 목숨을 초개처럼 버릴 줄 아는 용감한 청년들을 떠올린다. 이는 가야 정벌에 나섰던 사다함斯多含과 백제와의 싸움에서 목숨을 잃은 관창官昌에 대한 이야기가 깊은 인상을 주었기 때문일 것이다. 그들이 지켜야 했던 '세속오계' 중 네 번째가 전쟁터에서 물러서지 않는다는 '임전무퇴臨戰無退'였으니 용감하게 싸우는 전사들을 떠올리는 것도 무리는 아니다.

『삼국사기』를 보면 진흥왕 37년에 화랑의 전신인 원화源花가 만들어졌다가 폐해가 생기자 그것을 없애고 화랑을 만들었다고 한다. 하지만 그 이전의 기록에서 화랑이 언급되고 있는 것을 보면 제도 자체는 그 전부터 있었던 것으로 보인다. 다만 국가적으로 화랑제도를 권장하게 된 것은 진흥왕 시기로 보고 있다.

그런데 이처럼 무사 혹은 청소년 집단으로 이루어진 화랑이 옷을 곱게 차려 입는 것은 물론 화장까지 했다고 전해진다. 어쩌면 화랑에게 외모는 대단히 중요한 요소였을 수도 있다. 그것을 반영하듯 사다함, 관창, 미륵선화, 미시랑 등을 비롯해 대부분의 화랑이 용모와 자태가 준수하고 아름다웠다고 한다.

남자인 화랑들이 여자처럼 치장한 이유

그렇다면 화랑은 왜 얼굴에 분을 바르고 고운 옷을 차려 입었을까? 이 문제를 생각할 때는 먼저 화랑의 전신인 원화를 염두에 둘 필요가 있다. 『삼국사기』에 따르면 원화는 남모南毛와 준정俊貞이라는 두 여인을 받들던 청년 집단이었다. 그런데 두 여인이 서로를 시기하다가 준정이 남모를 죽이는 사건이 벌어졌다. 그리고 준정이 사형을 당하면서 원화 자체가 폐지되고 말았다. 이후 진흥왕이 이를 대신하기 위해 아름다운 남자를 중심으로 하는 화랑제도를 만들었다는 것이다.

하지만 이들의 '화장'은 여성처럼 외모를 꾸미기 위한 것이 아니라 특별한 목적을 가진 분장의 개념으로 이해해야 한다. 원시인이 재난이나 악귀를 몰아내려는 의도로 얼굴에 색을 칠하고 화사한 옷을 입었던 것처럼 화랑 역시 그런 의도가 있지 않았을까? 요즘에도 무당의 옷이 유난히 화려한 것은 이러한 관념이 남아 있기 때문이다.

본래 원화 자체가 종교적 의미를 지닌 우상idol을 중심으로 모여든 원시적 종교단체의 속성이 있었다. 화랑은 이런 단체를 모태로 해서 만들어진 집단이다. 신라시대는 물론 고려시대의 팔관회八關會에서 젊은 청년들이 무지개색의 아름다운 옷을 입고 춤을 추었던 것도 같은 맥락에서 이해할 수 있다.

조선시대에도 화랑이 있었다?

인류 사회에서 모계 사회의 종교적 지도자가 여성이었다가 남성으로 바뀌는 것은 일반적으로 나타나는 현상이다. 화랑과 낭도 사이의 친밀한 관계 역시 단순히 관료적인 상하관계가 아닌, 종교적인 추종을 기반으로 한 관계에서 시작했을 수도 있다. 실제로 화랑들의 수련이 신을 섬기며 제사를 지내는 수단이었다는 의견은 오래 전부터 제기되어 왔다. 그러나 다른 한편에서는 이런 의견이 화랑을 창녀나 화류, 샤머니즘과의 습합習合: 철학이나 종교 등에서, 서로 다른 학설이나 교리를 절충함 등으로 왜곡하거나 격하시킨다며 비판하고 있다.

흥미로운 점은 조선시대에 남자무당이나 배우들을 화랑이라 부르기도 했으며, 정약용이 이들과 신라시대 화랑의 연관성 유무를 논하기도 했다는 것이다. 물론 신라와 조선은 먼 시간 차이가 있어 '무당=화랑'이라는 공식은 성립하기가 어렵다. 하지만 '무당⊂화랑'이라는 공식은 충분히 성립할 수 있다.

시대별, 문헌별로 화랑의 모습이 다르게 표현되고 있는 것도 이 때문이다. 『삼국사기』에 나오는 화랑은 모두 관창이나 사다함, 품석品釋,

김춘추의 사위처럼 나라를 위해 전쟁터에서 싸운 사람들이다. 하지만 『삼국유사』로 넘어가면 얘기는 달라진다. 여기서는 화랑이 불교에 심취하고 도교적 소양을 지녔다는 것은 물론 승려들도 화랑의 낭도로 활약했음을 기록하고 있다. 또한 화랑과 국선國仙을 사실상 같은 말로 쓰기도 했다. 화랑의 세속오계가 불교, 도교의 사상을 포함하고 있었던 것은 이를 잘 대변한다. 그렇다면 『삼국사기』는 화랑에게서 불교와 선도의 면모를 모두 삭제해 버렸다는 얘기가 된다.

화랑과 낭도들이 동성연애자였다고?

사실 고려 이후의 화랑에 대한 언급을 보면, 화랑은 우리가 흔히 생각하는 것보다 훨씬 다채롭고 복잡한 존재였음을 알 수 있다. 정확히 말해 완전히 분화되지 않은 원초적인 존재에 가까웠던 것이다. 어느 때는 나라를 위해 싸우기도 했지만 또 어느 때는 산을 돌아다니면서 노래를 부르며 놀았다. 그리고 유교 경전을 공부하거나 승려들과 어울리는 한편, 권력을 얻기 위해 왕과 손을 잡기도 했다.

심지어 화랑과 낭도들이 동성애 관계였다는 주장도 있다. 정확한 진위야 알 수 없지만 이미 조선시대 역사가 이익이 화랑들이 남색을 한다며 비판했던 것을 보면 이러한 논란도 꽤 오래된 듯하다.

화랑의 진정한 모습은 무엇인가? 이제까지 기록으로 남아 있는 화랑은 저마다 다른 시대와 상황에 놓여 있었기 때문에 한두 마디로 정의하기가 어렵다. 고려, 조선시대부터 학자들이 나름대로의 화랑상花郎

像을 그려내고 또한 다른 주장을 비판해 왔기 때문이다. 그들은 자신이 보고 싶은 대로 화랑을 그려내 강조하고 그 외의 부분은 기록하지 않거나 혹은 돌아보지 않았던 것이다.

따라서 화랑의 실체를 밝히려면 앞으로도 길고 복잡한 연구가 필요하다. 무엇보다 화랑이라는 집단 자체가 수백 년에 걸쳐 존재했으므로 다양한 면모가 있었다는 것을 인정하는 자세가 필요하다. 초기의 화랑은 종교적인 집단에 바탕을 두고 성립된 것으로 보인다. 이것이 차츰 후대로 가면서 국가의 필요에 따른 집단으로 재정비되고, 시간이 흐르면서 때론 종교적인 또 때로는 정치적인 집단으로 세분화되었을 것이다. 이 중에서 하나의 특징만으로 화랑을 단정 짓는 것은 『삼국사기』와 마찬가지의 오류를 반복하는 게 아닐까?

희대의 로맨스 주인공 서동이
사실은 원효대사였다고?

"선화공주니믄 남 그즈지 얼어두고 맛둥바알 밤에 몰 안고가다."

(선화공주님은 남몰래 정을 통해 두고 맛둥도련님을 밤에 몰래 안고 간다.)

마薯를 파는 한 총각薯童, 薯童이 퍼뜨린 이 노래는 날개 돋친 듯 신라
의 금성에 퍼져나갔다. 장난기 많은 어린이들은 너나없이 이 노래를
불렀다. 공주의 행실이 나쁘다는 소문이 돌자 선화공주는 궁궐에서
쫓겨나고 말았다. 이때를 놓칠세라 서동은 울고 있는 그녀를 잘 구슬
려 백년가약을 맺고 백제로 데리고 갔다. 그런데 서동이 마를 캐던
장소는 황금이 돌처럼 굴러다니는 곳이었다. 이로써 서동은 장인어
른께 늦게나마 제대로 인사를 올렸고 차츰 인심을 얻어 백제의 왕이
되었다.

이처럼 서동과 선화공주의 이야기는 참으로 아기자기하다. 나쁜 소문을 퍼뜨려 한 나라의 공주를 곤경에 빠뜨린 서동의 심보가 고약하긴 하다. 하지만 결국 많이 고생시키지 않고 왕비님으로 귀하게 대접했으니 조금은 너그럽게 봐줘도 되지 않을까?

역사서 어디에도 나타나지 않는 선화공주

『삼국유사』에 따르면 서동은 본래 백제의 도읍 남쪽 연못가에 살던 과부가 못 속에 사는 용과 관계를 맺고 낳은 아이라고 한다. 그렇다고 용과 인간 사이에서 아이가 태어날 수 있느냐를 머리 아프게 따질 필요는 없다. 쉽게 말해 서동의 출생이 범상치 않다는 얘기가 아닌가?

훗날 서동이 왕이 되었으니 그 용은 당연히 백제의 왕이거나 그에 버금가는 권력을 가진 귀족을 암시하는 것이리라.

서동의 아버지인 용이 나타났다는 연못은 마룡지馬龍池, 익산 금마에 있음로 그곳에는 무왕武王과 그 왕비의 무덤이라는 쌍릉이 있다. 『삼국유사』는 선화공주가 신라 진평왕의 셋째 딸이라고 기록하고 있다. 하지만 『삼국사기』나 다른 역사서에서는 아무리 찾아보아도 선화공주라는 이름은 없다. 진평왕의 딸이라면 선덕여왕善德女王 그리고 김춘추金春秋의 어머니인 천명부인天明夫人과 자매지간이 아닌가? 아직까지 위서 논란이 일고 있는 『화랑세기花郎世記』에서조차 선화공주의 이름은 보이지 않는다.

사실, 서동이 백제의 왕이 될 만한 인물이었다면 정식으로 혼인을 하지 않고 유언비어를 유포해서 모함한 끝에 야합 혹은 보쌈을 했다는 것도 이상한 일이다.

애초에 서동을 무왕이라고 주장했던 사람은 『삼국유사』를 지은 일연이다. 그런데 무왕은 평생에 걸쳐 신라와 전쟁을 벌이고 영토를 빼앗은 사람이다. 만약 서동이 무왕이라면 배필인 선화공주의 마음에는 시커먼 대못이 수없이 박혔을 것이다. 이것은 또 하나의 비극이 아닐까?

서동이 사실은 원효대사였다고?

선화공주 이야기는 단순히 꾸며낸 것일까? 그리고 서동은 정말로 백제의 무왕이었을까? 여러 가지 학설 중 재미있는 것을 몇 가지 들자면 우선 서동이 백제의 동성왕이라는 주장이 있다. 그는 탐라제주도를 비롯한 각지의 정복에 나서는 한편 남진하는 고구려와 맞서기 위해 신라와 화약和約을 맺었고, 신라의 이찬 비지比智의 딸과 결혼함으로써 서로의 동맹을 굳게 했다. 역사적으로 백제와 신라는 사이가 매우 나빴는데, 이것을 초월한 백제 신랑과 신라 신부라면 동성왕이 가장 그럴 듯하지 않은가?

또한 서동이 무령왕이라는 주장도 있다. 『삼국유사』는 서동이 백제 무왕이라고 말하는 한편, 주註에서 "고기古記에는 서동이 무강왕武康王이라고 했으나 이는 잘못이다. 백제에는 무강왕이 없다"라고 기록했다. 따라서 혹시 무령왕을 무강왕으로 잘못 쓴 것은 아닐까 하는 의견이 있다. 사실 편안할 강康과 편안할 녕寧은 서로 통하는 점도 있다.

또 다른 서동 후보자는 약간 의외일 수도 있지만 원효대사元曉大師이다. 원효대사 역시 역사에 길이 남을 법한 로맨스의 주인공이었다. 화쟁사상和諍思想을 설파하며 노래와 가사를 지어 불렀던 그는 나라의 훌륭한 인재를 낳고자 '도끼날 없는 자루'를 찾는 노래도 불렀다. 덕분에 태종무열왕의 딸로 과부였던 요석瑤石공주와 인연을 맺어 유명한 유학자이자 이두의 정리자인 설총薛聰을 낳았다. 원효와 요석공주는 표면상으로는 자식을 낳기 위해 인연을 맺었지만 그야말로 세기의 스캔들이었으니 이런저런 전설이 생길 법도 하다. 더욱이 서동이 활동했던 장소가 신라의 수도였다는 것을 감안하면 원효일 가능성도 완전히 배제할 수 없는 형편이다.

선화공주는 사실 공주가 아니었다?

물론 일연이 무왕을 서동이라고 생각한 데도 그만한 이유가 있었을 것이다. 무왕의 선대인 28대 혜왕惠王과 29대 법왕法王은 모두 즉위한 지 1년 만에 죽었다. 『삼국사기』「백제본기」에 자세한 사정은 나와 있지 않지만 왕이 연달아 죽었다는 것은 심상치 않은 일이다. 병을 앓아 죽었다고 해도 정치가 불안정했을 것이고 정권 다툼으로 죽은 것이라면 최악이라고 할 수 있다. 그렇다면 서동이자 무왕은 본래 방계傍系의 혈통으로 중앙의 왕족들이 정권 다툼으로 죽고 사람이 없자 즉위한 것일 수도 있다. 조선시대의 강화도령 철종哲宗이 그랬던 것처럼 말이다. 이렇게 유추하면 서동이 어린 시절에 마를 캐며 가난하게 살아야 했고 신라로 숨어 들어간 것도 어느 정도 있을 수 있는 일이다.

이쯤에서 정말로 궁금한 것은 과연 서동이 선화공주를 데려갔을까 하는 것이다. 만약 선화공주가 실존 인물이라면 신라의 역사서가 그녀의 이름을 기록하지 않은 것은 적국인 백제로 시집을 갔기 때문일까? 어쩌면 서동은 공주가 아니라 신라의 어느 신분 높은 여성과 결혼을 했는데 그것이 공주로 부풀려진 것인지도 모른다.

그런데 이렇게 생각하니 왠지 재미가 없다. 가끔은 설화를 쫀쫀하게 분석하지 않고 있는 그대로 믿고 싶어진다. 익산에 있는 대표적인 백제 유적, 미륵사지를 좀더 조사해 보면 혹시 땅 속에서 천 년 넘게 잠들어 있던 선화공주의 이름이 적힌 비석이나 질그릇이 툭 튀어나오지 않을까 하는 희망을 품어본다.

고구려는 사실 육군 못지않게
막강한 해군력을 자랑하던 나라였다?

편견 중 하나이겠지만 '고구려' 하면 으레 메마르고 광활한 만주벌판을 달려가는 기병대가 생각난다. 아무래도 영토의 대부분이 한반도 북쪽에 있었고 남아 있는 유적도 대개 육지에 한정되어 있기 때문일 것이다. 그러나 고구려에도 해군은 있었다. 아니, 오히려 다른 어느 나라보다 바다에 힘을 쏟았다.

만약 고구려가 육지에만 몰두했다면 담징이 일본으로 가는 일은 없었을 것이다. 백제만큼은 아니지만 고구려도 일본에 많은 사신을 보냈고, 교역뿐 아니라 나라를 지키기 위해서라도 고구려에게 해군은 반드시 필요했다.

육군 못지않게 강력한 해군을 보유했던 나라, 고구려

사실 고구려의 해군력은 상당히 막강했다. 우선 광개토대왕 시기부터 고구려는 해군을 앞세워 백제와 왜를 공격했다. 이로 인해 왜는 당나라에게 고구려가 자신들을 공격하고 중국과의 국교를 막는다며 하소연했을 정도였다.

고구려의 해군이 가장 강력한 힘을 발휘한 것은 수隋나라와의 전쟁 때였다. 612년, 수 양제煬帝는 고구려 정벌을 준비하며 조서를 내렸다. 여기에는 고구려가 "거란의 무리와 함께 바다의 수군隋軍을 죽였다"라는 대목이 있다. 즉, 고구려가 바다로 공격해 들어갔던 것이다. 또한 김춘추가 중국에 사신으로 다녀오다 고구려의 순라군巡邏軍에게 잡힐 뻔한 사건도 있었다. 순라군이란 순찰을 도는 군사이니 이는 당시 고구려의 영해를 지키는 군사가 있었다는 얘기가 된다. 비록 고구려는 육지의 이미지가 강하지만 바다에서도 그에 못지않은 힘을 발휘하고 있었다. 이는 고구려가 진정한 강국으로 우뚝 섰던 비결이었다.

어쨌든 수 양제는 세계 전쟁 역사상 유례가 없을 정도로 엄청난 숫자, 즉 육군 113만 명(보급부대 제외)에다 수군 7만 명을 거느리고 고구려를 침략했다. 이는 군사들이 늘어선 거리만 해도 무려 960리384킬로미터에 달했을 정도로 엄청난 군세였다. 수나라는 고구려 정벌을 위해 두 가지 길을 선택했다. 하나는 우문술宇文述 장군이 이끄는 육군에게 육로를 통해 요동성을 거쳐 공격하게 했다. 다른 하나는 해군을 이끄는 내호아來護兒에게 패수浿水를 통해 육군과 합류해 평양성을 공격하게 했다. 이 중 가장 잘 알려진 것은 을지문덕乙支文德의 살수薩水대첩으로 대표되는 육지전이지만 해군의 역할도 무시할 수 없다.

당시 수군전에서 맹위를 떨친 인물이 바로 영양왕의 동생이던 건무建武, 홋날 영류왕이다. 처음 수나라 해군이 패수로 들어와 평양성에서 60리 떨어진 곳에 도착했을 때 고구려 해군은 크게 패배했다. 그러나 이것 자체가 전략일 가능성이 크다. 수나라 군대가 승리에 도취되어 약탈에 빠져 있는 사이, 건무는 특공대 500명을 모아 수나라와 맞서 싸워 패퇴시켰다. 이후 바다로 물러난 내호아는 다시 공격해 오지 못했다.

을지문덕 이상으로 큰 공을 세운 고건무의 해군

고구려 해군과 수나라 해군 사이의 전쟁은 『삼국사기』와 중국사서의 기록이 비슷하다. 『삼국사기』에는 건무의 이름이 실려 있지 않지만 『수서隋書』에는 기재되어 있다. 그러나 아쉽게도 고구려 해군이 어떤 체계였고 어떤 배를 탔으며 어떤 전법을 사용했는지는 자료 부족으로 알 수가 없다. 어쨌든 건무는 수나라 군대의 보급로를 차단하는 엄청난 성과로 전쟁의 판도를 바꾸는 데 큰 기여를 했다. 전쟁에서 수군은 한꺼번에 많은 짐을 나를 수 있다는 점에서 주로 군량미의 이송을 담당한다(물론 늘 그런 것은 아니다).

전쟁은 사람을 보내고 싸워서 이기는 것으로 끝나지 않는다. 막대한 인원을 움직이려면 명령체계는 물론 먹을 것과 쉴 곳을 충분히 공급해 전투력을 유지할 수 있어야 한다. 설령 병사가 10만 명이 있을지라도 그들이 굶주리거나 피폐한 상태라면 오합지졸일 뿐이다.

수나라의 고구려 정벌이 실패로 돌아간 것은 막대한 인원이 오히려 부담이 되어 발목을 잡았기 때문이다. 육군 113만 명이라면 이들이 하루에 먹는 식량만 해도 어마어마할 수밖에 없다. 물론 고구려 국경 안으로 진격한 수나라 군대는 30만 5천 명 뿐이었지만 이것도 결코 적은 숫자가 아니다.

수나라는 고구려 정벌을 준비하면서 보급 문제를 충분히 염두에 두고 있었다. 보급부대의 숫자가 본진보다 많았던 것은 물론 병사들에게 100일치의 군량미를 각자 지고 가게 했던 것이다. 하지만 그 무게가 지나치게 무거웠던 탓에 많은 병사가 식량을 땅에 묻거나 버리고 말았다. 그 와중에 고구려가 보급로인 해군을 차단하자 먹을 것이 없던 군사들은 굶주림에 시달리게 되었다.

더욱이 고구려의 을지문덕은 들판을 텅텅 비워 먹을 것을 일체 남기지 않는 *청야전술을 펼쳤다. 따라서 수나라 군사는 진군하면 할수록 굶주려야만 했다. 이후 을지문덕이 몸소 수나라 군영을 찾아가 둘러본 뒤 우중문에게 "꾀가 다했으니 돌아가는 게 어떻겠나?"라고 여유 있게 조롱하는 시를 남길 수 있을 만큼 수나라 군영이 피폐해진 것은 보급 부족 때문이었다.

을지문덕은 살수대첩으로 수나라 군대에 결정타를 날렸다. 수나라는 고작 2천여 명의 생존자만 이끌고 물러났다. 그렇다고 고구려의 이러한 군사적 우위가 계속된 것은 아니었다. 614년, 수나라가 다시 침략했을 때는 고구려도 지쳐 있었다. 설상가상으로 군사들이 제때 모이지 않아 내호아가 이끄는 해군이 고구려의 비사성卑沙城을 점령하고 말았다. 위기의식을 느낀 영양왕은 수나라에 항복을 청했지만 이를 받아들인 수양제가 군대를 돌이킨 뒤 입조를 요구하자 가지 않았다.

고수전쟁의 영웅이 대당관계에서 저자세로 일관한 이유

이후 수나라는 멸망하고 당나라가 뒤를 이었다. 고구려에서는 영양왕이 사망한 뒤 이복동생이던 건무가 영류왕으로 즉위했다. 영류왕은 즉위 기간 내내 당나라에 사신을 보내는 등 유화적인 태도를 보였다. 물론 중국과의 전쟁을 지휘했던 인물이 왜 당나라와 화친을 도모했는지 의아할 수도 있다. 그 자세한 이유는 기록이 없어 분명하게 알 수 없지만 아무래도 현실적인 이유에서였을 것이다.

고구려는 더 이상 젊은 나라가 아니었다. 연이은 수, 당과의 전쟁에서 가장 많은 피해를 입은 측은 원정을 온 당사자 중국이긴 했지만 그것을 막아낸 고구려도 많은 피해를 입었다. 외국과 맞서 싸우기 위한 청야전술은 전쟁에서 이기기 위한 방법이긴 해도 실은 그 지역에 사는 사람들의 생활기반을 파괴하는 것을 뜻했기 때문이다. 특히 614년에는 고구려 스스로 항복이란 말을 거론할 만큼 위태로운 지경까지 가게 되었다. 여기에 당나라는 고창, 돌궐 등 외방의 국가들을 점령하는 등 차츰 국력이 강력해지고 있었다. 이러한 상황에서 맺는 화친이란 새로운 싸움을 위한 재충전의 시기를 의미하기도 한다.

그러나 영류왕의 정권은 외부 세력이 아니라 내부 세력에 의해 무너져 내리고 말았다. 연개소문淵蓋蘇文의 쿠데타가 대 중국 정책에 대한 불만 때문이었는지, 아니면 단순히 정치적 견해 차이에서 비롯된 것이었는지는 알 수 없다. 어쨌든 연개소문은 영류왕과 귀족들을 살해하고 영류왕의 조카를 보장왕實藏王으로 세웠다. 이후로 고구려는 영류왕의 정책과 달리 외국에 대해 강경책으로 나섰고, 이는 곧 당나라의 고구려 정벌로 이어졌다. 물론 안시성의 눈부신 수비전으로 당나라 군대를 격퇴하긴 했지만 이렇다 할 휴식도 없이 전쟁을 거듭한 고구려는 차츰 쇠약해져 멸망하게 된다.

청야전술(淸野戰術) __ 주변에 적이 사용할 만한 모든 군수물자와 식량 등을 없애 적군을 지치게 만드는 전술. 견벽청야(堅壁淸野)라고도 한다. 한국에서는 고수 전쟁, 임진왜란과 병자호란 등에서 활용되었다. 세계적으로는 나폴레옹의 러시아 원정이나 독소전쟁에서 소련(러시아)이 활용하였다.

연개소문은 과연 고구려를 대표하는
영웅인가, 멸망을 초래한 독재자인가?

연개소문은 고구려의 마지막 위대한 인물이자 어쩌면 멸망을 초래했던 인물이기도 하다. 그는 살수대첩의 또 다른 주인공이었던 건무, 즉 영류왕을 살해하고 1인 독재체제를 만들었다.

그런데 바로 그 연개소문이 젊은 시절 꽤 오랜 시간 중국에서 살았다는 이야기가 있다. 특이한 것은 그것이 소설이나 드라마에 나오는 얘기가 아니라 오래된 중국의 전설에 등장하고 있다는 점이다. 과연 어떤 내용일까?

당나라 때 장열張說이란 사람이 쓴 『규염객전虯髥客傳』이라는 소설이 있는데, 이름 그대로 규염객이 주인공인 이야기이다. 규염객이라는 말을 풀이하자면 '규룡의 수염을 가진 사람' 이라는 뜻이 된다. 규룡은 실재하는 동물이 아니니 어떻게 생겼다고 말하기는 어렵지만 아마도 그 사람의 수염이 굉장히 멋져서 그런 이름이 붙은 것 같다.

10년 뒤 동남 수천 리 밖에서 이상한 일이 생기면…?

수나라가 멸망해가던 즈음, 마지막 황제인 양제가 사치와 향락에 빠져 있을 때 커다란 포부를 가지고 천하의 패권을 노리는 사람이 있었는데 그가 바로 장중견張仲堅이다. 장중견은 규염객이라는 별명으로 불렸으며 외모가 출중하고 위풍당당했다.

웅대한 꿈을 품은 채 이리저리 떠돌던 규염객은 영석靈石이라는 곳에서 훗날 당나라의 유명한 장군이자 『이위공병법李衛公兵法』의 저자가 되는 이정李靖을 만났다. 이정은 그를 데리고 태원으로 갔는데, 그곳에서 규염객은 훗날 당나라의 태종이 되는 이세민李世民을 만났다. 이세민이 후에 황제가 될 것을 즉각 알아차린 규염객은 자신의 집과 재산을 모두 이정에게 주고는 이런 말을 남기고 홀연히 떠나갔다.

"앞으로 10년 뒤 동남 수천 리 밖에서 이상한 일이 있을 테니 바로 내가 뜻을 얻는 때이다."

그 뒤 당나라가 세워지고 이세민이 태종으로 즉위해 정관貞觀시대를 맞자 멀리 떨어진 '부여扶餘'에서 왕을 죽이고 권력을 장악한 사람이 있다는 소문이 들려왔다. 이정은 그가 곧 규염객이라는 것을 눈치 채고 동남방을 향해 술을 뿌리며 축하했다.

이야기는 여기에서 끝난다. 뜻밖에도 부여라는 이름이 나오고 있지만 당나라 때 이미 부여는 멸망한 지 오래되었고, 때로 고구려나 백제가 부여라고 불렸다는 것을 생각한다면 아마도 고구려를 의미하는 듯하다.

규염객은 대조영인가, 그의 아버지 걸걸중상인가, 아니면 연개소문인가?

'규염객은 누구인가?'라는 논의는 이미 예전부터 있어 왔다. 『성호사설』의 저자 이익은 이 이야기를 옮겨 적으며 규염객의 정체에 대한 여러 가지 논의가 있음을 밝혔다. 그는 규염객이 발해를 세운 대조영大祚榮의 아버지 중상仲象 혹은 걸걸중상乞乞仲象이라고 보았다.

그러나 이익의 의견에 수긍하기엔 연도가 맞지 않는다. 고구려 27대 영류왕을 살해하고 보장왕을 즉위시킨 연개소문의 쿠데타는 642년에 벌어졌다. 그리고 당나라 태종이 정관 연호를 시작한 것은 627년이고 세상을 떠난 것은 649년이다. 그에 비해 걸걸중상은 이해고李楷固의 당나라군과 싸우다 전사한 인물이고, 아들 대조영이 발해를 세운 것은 698년의 일로 고구려가 멸망하고도 한참이 지난 뒤였다. 당시 당나라 황제는 태종의 손자 중종이었으니 그때는 이정도 살아있는 사람이 아니었다. 결국 규염객은 연개소문 말고는 다른 사람일 리가 없는 것이다.

그런데 고구려의 유명한 인물이 중국을 돌아다녔다는 이야기가 상당히 흥미진진하다. 특히 중국의 황제가 될 사람과 만났다는 것은 무

척 재미있는 설정이다. 물론 연개소문이 뛰어난 인물이기에 그런 말이 생긴 것일 수도 있다. 하지만 곰곰이 따져보면 이세민이 황제가 될 위대한 인물이라 규염객이 알아서 자리를 피해 다른 나라로 간 것이라는 얘기가 된다. 또한 당태종의 부하였던 이정과 규염객을 동급에 두고 이세민을 그 보다 위에 올려놓은 것이니 그리 기분 좋은 일만은 아니다.

사실 연개소문은 당나라에게 꽤 위협적인 인물이었고 뼈아픈 패배를 안겨주기도 했다. 그러니 중국 측에서는 어떻게든 깎아내리기 위해 이런 굴욕적인 설화를 만들어낸 것일 수도 있다.

다섯 자루의 칼을 차고 다니던 영웅 중의 영웅?

그렇다면 연개소문은 과연 어떤 사람일까? 웬일인지 『삼국사기』에 실린 연개소문 이야기는 온통 나쁜 내용뿐이다. 예를 들어 연개소문은 자신이 물속에서 태어났다고 말해 사람들을 홀렸다고 하는데, 그것은 그저 속이는 말만은 아니었던 것 같다. 그의 성씨인 연淵은 '냇물'을 뜻한다. 따라서 연개소문의 가문은 동명성왕의 고구려와 별개로 선조의 설화가 있는 유력한 귀족이었을 수도 있다. 더욱이 연개소문의 아버지는 대대로大對盧였고, 집안 대대代代로 중요한 벼슬을 차지하고 있었다. 이를 통해 연개소문의 가문이 강력한 입지와 세력을 유지했음을 엿볼 수 있다.

그만한 명문 집안의 자제가 중국에 가서 떠돌았다면 그 이전에 고구려가 발칵 뒤집힐 만한 거대한 음모나 정권 교체가 있었어야 앞뒤가 맞는다. 한마디로 연개소문이 중국을 떠돌 이유가 없었다는 얘기다. 그럼에도 각종 소설과 드라마가 이 설화를 차용하고 있는 것은 이것 말고는 연개소문의 자세한 내력이 전해지지 않기 때문일 것이다. 물론 고구려의 마지막 독재자가 젊은 시절에 전란으로 뒤흔들리는 중국 대륙을 활보하며 중국의 (예비)황제와 만났다는 것은 꽤 재미있는 이야기 소재이긴 하다.

이런 설화가 있다는 것 자체가 고구려 최후의 영웅 연개소문이 중국에서 얼마나 유명한 인물이었는지를 보여준다. 또한 연개소문이 왕을 시해하고 최고 벼슬인 막리지에 '대大' 자를 붙여 차지한 뒤 권력을 휘둘렀던 것은 그가 고구려 내의 유력 귀족이었음을 의미한다. 그가 포악했기 때문에 다섯 자루의 칼을 차고 다녔다거나 사람의 등을 밟고 말에 올라탔다는 등의 이야기는 당시 고구려의 풍습이 그러했다는 주장도 나오고 있다.

예로부터 독재자가 좋은 소리를 듣기는 힘든 노릇이다. 물론 외적과의 전쟁 같은 어려운 문제를 해결할 때 국론이 분열되는 것보다는 한 사람이 결정을 내리는 것이 훨씬 효율적일 수도 있다. 그러나 연개소문이 지나치게 권력을 독점한 탓에 그가 죽은 뒤로 고구려의 통치 권력에 커다란 공백이 생겼고, 그것이 내분으로 이어졌다는 점에서 그는 고구려 멸망의 책임을 피할 수 없다.

가장 약소국이었던 신라가 삼국통일의 주역이 될 수 있었던 진짜 이유는?

불과 10여 년 전만 해도 신라의 삼국통일은 '통일'로서 교과서에 당당하게 실려 있었다. 하지만 지금은 청천강 이북의 땅을 잃어버린, 혹은 외세에 넘겨준 불완전한 통일로 격하되었다. 또한 통일신라시대는 신라와 발해의 남북국시대로 새롭게 명명되었다. 이는 곧 그 통일을 지휘했던 김유신과 태종무열왕 김춘추의 위상이 크게 내려갔다는 것을 의미한다. 심지어 이들 두 사람을 노골적으로 외세를 끌어들여 같은 민족의 나라를 멸망시킨 매국노로 보는 입장도 있다. 과연 신라의 삼국통일은, 그리고 김유신과 김춘추는 비난받아 마땅한가?

김유신은 본래 가야의 왕족 출신이었으며 동시에 신라 왕족의 피도 이어받았다. 아버지 김서현金舒玄은 금관가야의 왕족 출신으로 비록 신라에 항복해서 우대를 받긴 했어도 멸망당한 가야 출신이 신라의 주류가 될 수는 없었다. 그런데 그는 우연히 입종갈문왕立宗葛文王의 손녀이자 숙흘종肅訖宗의 딸인 성골 출신 만명萬明부인과 만나 사랑에 빠졌는데, 부모의 반대에 부딪히고 말았다. 이때 만명부인은 짐을 싸들고 야반도주를 감행했고 두 사람 사이에 김유신이 태어나게 되었다. 결국 김유신은 가야계 진골인 아버지와 성골의 어머니 사이에서 태어난 미묘한 신분이었다.

상황이 그리 좋지 않았던 것은 김춘추도 마찬가지였다. 그의 할아버지는 신라 제25대 왕이던 진지왕眞智王으로 사실 그는 신라 왕가의 직계였다. 그런데 할아버지가 신하들과의 분쟁으로 퇴위당하면서 왕위 계승에서 한참 밀려나 진골 신분으로 깎이고 말았다.

골품제도의 원칙에서 벗어난 아웃사이더라는 점에서 김유신과 김춘추는 비슷한 입장이었다. 그렇다고 단순히 같은 처지라거나 우정만으로 두 사람이 힘을 합친 것은 아니었다. 그들은 모두 골품의 혜택에서 벗어난 불리한 입장이었기에 스스로의 실력으로 출세해야 했고, 그래서 서로 힘을 합치는 길을 선택한 것이다.

김유신이 옷이 찢어졌다는 핑계로 여동생 문희를 김춘추에게 접근시킨 것을 생각하면 김유신이 김춘추를 이용한 것처럼 보일 수도 있다. 그러나 그는 고구려에 억류된 김춘추를 구하기 위해 결사대를 이끌고 진군했을 정도였는데, 이렇듯 두 사람은 서로를 위해 목숨을 걸었던 맹우盟友였다. 무엇보다 김춘추는 외교에, 김유신은 전쟁에 소질을 보였으며 자신의 능력을 십분 발휘하며 서로를 도왔다.

신라가 삼국통일을 이끌어낸 원동력

비록 외세를 끌어들이긴 했지만 그 외세와 다시 싸워 독립을 유지해낸 것은 신라의 힘이었다. 신라가 아니었다면 삼국의 분열은 거듭 이어졌을지도 모른다. 물론 고구려가 삼국을 통일했으면 하는 마음 간절하지만 당시 고구려는 이미 힘을 잃고 쇠퇴의 길을 걷고 있었다.

다른 한편으로 김유신과 김춘추 두 사람의 삶의 궤적은 삼국통일의 원동력이 무엇인가를 다시 한 번 깨닫게 한다. 당시 신라에서 어떤 일에서든 사람의 발목을 잡아챘던 것은 신분제도였다. 아무리 능력이 뛰어나도 신분이 낮으면 말단 일을 해야 하고, 신분이 높으면 바보 천치도 높은 자리를 차지하는 불공평한 세상이었다. 그래서 그런지 사람들은 흔히 "신라는 골품제도 때문에 쇠퇴하고 망했다"라고 말한다.

물론 골품제도의 폐해가 컸던 것은 사실이지만 그것은 한참 뒤인 신라 말기의 상황이었다. 김춘추는 신라에서 왕으로 즉위한 첫 번째 진골 출신이다. 사실 진덕眞德여왕이 죽었을 때 그를 대신해서 왕이 될 사람이 아예 없었던 것은 아니다. 하지만 김알천金閼川은 왕위를 김춘추에게 양보했다. 혈통을 내세우기에는 김춘추가 쌓아 올린 업적은 물론 그를 후원하는 김유신의 세력이 엄청나게 컸기 때문이다. 다시 말해 김춘추는 실력으로 신분을 넘어선 것이다.

그리고 김유신은 비록 가야계 출신이었지만 그의 여동생은 왕비가 되었고 조카는 문무왕文武王이 되었다. 그러한 업적을 인정해 신라는 김유신이 세상을 떠나자 그를 흥무대왕興武大王에 추봉追封했다. 이로써 김유신은 왕이 아니면서 신라시대에 대왕이 된 유일한 인물이었다. 결국 신라에서도 실력이 있다면 신분제도를 뛰어넘을 수 있었던 것이다. 더욱이 이런 일은 두 사람에게만 한정된 것이 아니었던 듯 『일본서기』에 따르면 백제의 성왕을 살해한 신라의 비장裨將 도도都끼는 말을 키우는 노비 고도苦都였다고 한다. 평등사상이 존재하지도 않던 고대 사회에서 이것은 상당히 고무적인 일이라고 할 수 있다.

신라보다 신분의 벽이 높고 비주류에 대해 관대하지 못했던 고구려와 백제

그렇다면 고구려와 백제는 어떠했을까? 고구려는 신분이 낮거나 주류가 아니라는 이유만으로 호동왕자를 죽게 하고 온달을 바보로 만들었다. 특히 연개소문은 능력이 뛰어난 다른 누군가가 아닌, 자신의 아들에게 권력을 물려주었다가 그들의 분열로 나라를 망하게 했다.

백제의 마지막 왕인 의자왕義慈王은 자신의 여러 아들에게 백제의 2품 벼슬인 달솔達率을 한꺼번에 내리는 조치를 시행했다. 반면 능력 있고 총명했던 신하 성충成忠과 윤충允忠은 자기 능력을 제대로 쓰지도 못하고 각각 감옥과 전쟁터에서 세상을 떠났다. 상당한 성과를 거두었던 백제 부흥운동이 무너진 것도 왕과 신하가 서로를 질투하면서 내분을 일으켰기 때문이다.

하지만 신라는 달랐다. 김유신의 아들이자 태종무열왕의 조카이며 문무왕의 사촌이기도 한 원술元述은 귀한 신분임에도 전쟁터에서 달아났다는 이유로 집에서 쫓겨났다. 이후 그는 매소성 전투에서 당나라를 상대로 전공을 세워 설욕했지만 끝내 집으로 돌아가지 않았다. 귀한 혈통을 타고났어도 실력이 받쳐주지 못하면 용서받을 수 없었던 것이다.

신분제도와 그에 따른 특권은 그 사회가 오래되고 노쇠했을 때 특히 심해진다. 만약 능력 하나로 신분을 뛰어넘는다면 그 사회는 그만큼 역동적이고 새로운 피가 흘러 활기찰 수 있다. 김춘추와 김유신이 신분을 뛰어넘지 못하고 영원히 진골과 가야계라는 사슬에 묶여 있었다면 어떻게 되었을까? 또한 두 사람이 서로의 능력을 질투해 깎아내리려 싸웠다면…. 이들이 그저 그런 인물로 묻히게 되는 것은 물론 신라는 한반도 구석의 작은 나라로 끝나고 말았을 것이다.

한때 신라를 능가하는 세력을 자랑했던 고구려와 백제가 무너진 이유도 여기에 있지 않을까? 낡을 대로 낡은 신분제도 때문에 동맥경화에 걸렸던 것은 아닐까? 실력이 아닌 신분과 혈연으로 모든 것을 해결했던 것이야말로 두 나라가 끝내 통일을 이루지 못하고 패망했던 요인 중 하나일 것이다.

역사 가상 극장

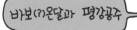

바보(?)온달과 평강공주

울보 평강공주는 밤이면 밤마다 울었다.

O아아앙!

뚝! 자꾸 울면 바보 온달에게 시집보낼 거야!

잠 좀 잡시다!

그렇게 세월이 흐른 후...

그 말을 진짜로 믿다니!

약속대로 온달님께 시집갈 테니 말리지 마삼~

공격~

이 마을에 산다고 들었는데, 어디에 있는 거지?

고구려 제일의 바보래요~

아야~ 헤헤헤~ 하지 말아유~

아...

야! 바보~ 춤 좀 춰봐!

온달은 사실 군대에 가기 싫어서 바보 행세를 한거라나 뭐라나... ㅋㅋ

3

무늬는 통일 실상은 분단
남북국시대

고구려의 계승자임을 주장한 발해가 고구려 때문에 잊혀졌다고?

원효는 실제로 해골 물을 마셨을까?

경순왕 김부가 견훤이 이끄는 후백제군의 포석정 습격 사건을 도모했다?

통일신라시대 최고의 문장가 최치원도 한때는 취업난에 시달리는 백수였다?

경문왕이 데리고 잤다는 뱀은 개혁세력인 '6두품'을 상징한다는데?

신라의 왕자라고 주장하던 궁예가 스스로 고구려의 계승자임을 내세운 까닭은?

후백제를 세운 견훤이 지렁이의 아들이라고?

남북국시대의 유물 · 유적

발해

석조불사

영광탑

용머리 기와

연화기와

통일신라

토기

금동여래입상

석굴암-보존불

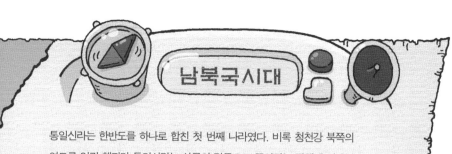

통일신라는 한반도를 하나로 합친 첫 번째 나라였다. 비록 청천강 북쪽의 영토를 잃긴 했지만 통일신라는 삼국의 갈등으로 끊임없는 전쟁에 시달리던 사람들에게 오랜 평화와 안식을 가져다주었다. 이로써 건축, 공예 등 다양한 분야에서 화려하고 높은 수준의 문화를 꽃피울 수 있었으며, 무엇보다 삼국시대 사람들에게 '하나의 나라'라는 인식을 갖게 해주었다. 하지만 발전의 정점에 다다른 신라는 진골 귀족의 정권 다툼과 골품제도의 폐단이 늘어나면서 차츰 생기를 잃고 쇠락하게 되었다.

한편 신라의 북쪽에는 고구려를 쏙 빼닮은 발해가 건국되었다. 한때 발해는 해동성국으로 이름을 날렸지만 불행히도 자신의 역사서를 남기는 데에는 실패했다. 그런 탓에 발해민이 위대한 나라를 건설했던 넓은 땅과 그 심장부는 쓸쓸한 폐허로 남게 되고 찬란했던 역사도 거의 잊혀지고 말았다.

통일신라와 발해는 서로 경쟁을 벌이기도 했지만 끝내 새로운 통일을 이뤄내지 못한 채 서로 다른 멸망의 길로 접어들었다. 통일신라는 내부 분열 끝에 지방 세력이 일어나 후백제·후고구려를 세웠고, 발해는 거란족의 요나라 태조 야율아보기의 침공에 멸망당했다. 그러나 두 나라의 쇠락과 멸망은 새로운 통일국가, 즉 고려의 시작이기도 했다.

고구려의 계승자임을 주장한 발해가
고구려 때문에 잊혀졌다고?

〈발해를 꿈꾸며〉라는 노래 제목도 있지만 발해는 꿈을 꿀 대상이 아니라 찾아내 연구해야 할 대상이다. 고구려보다 복잡하고 어려운 문제를 안고 있는 발해는 과연 어느 나라의 역사인가? 한국에서는 당연히 한국사라고 생각하지만, 중국에서는 말갈족이 중심이 된 지방정권이라고 주장한다. 왜 하나의 나라를 두고 이처럼 다른 이론이 나오게 된 것일까?

『고려사』에 실린 태조 연간의 기사에서는 발해를 두고 속말말갈粟末靺鞨, 송화강 유역의 시골 출신이라는 뜻이며 고구려인 대조영大祚榮이 세웠다고 적고 있다. 발해의 건국자가 고구려인이라는 것이다. 그리고 이제까지 밝혀진 발해의 지배 계층은 왕족인 대씨 다음으로 많은 것이 고구려 성인 고씨였다. 이것을 바탕으로 발해는 고구려계 유민이 건설하고 말갈족이 피지배인이었던 다민족 국가라는 주장도 제기되었다.

이처럼 제각각의 주장이 나오는 것은 그만큼 발해의 실체가 분명하지 않기 때문이다. 발해의 역사 역시 왕계 정도가 전해질 뿐 자세한 내력이나 지배 계층이 분명하지 않다. 특히 문제가 되는 것은, 사료가 부족한 것은 물론 그나마 있는 사료의 내용들도 상반된다는 점이다. 우선 건국자인 대조영의 출신부터 말갈인, 고구려의 장군, 고구려의 장군이되 말갈인 부족장이라는 등 다양한 주장이 나오고 있다.

발해의 멸망과 그 후계자들

926년, 발해는 세워진 지 200여 년 만에 거란의 요遼나라에게 멸망당했다. 이때 왕은 포로로 잡혀갔으며 요나라 황제가 타고 다니던 말의 이름으로 불리는 치욕을 당했다.

일부 역사학계에서는 발해의 멸망을 남북국사의 단절로 보고 있다. 발해 멸망 이후 발해의 영토를 차지한 금나라는 고려와 역사적, 문화적으로 크게 달랐기 때문이다. 하지만 멸망했어도 발해의 모든 것이 없어진 것은 아니었다.

우선 후발해後渤海의 존재를 생각해 볼 수 있다. 후발해에 대해서는 그렇게 많은 것이 전해지지 않으며 옛 발해의 수도였던 상경용천부上京龍泉府에 세워진 것으로 추정된다. 비록 100여 년 뒤 멸망했지만 이 나라는 자신들이 발해의 뒤를 이었다고 주장했다. 또한 압록강 유역에는 발해 유민들이 중심이 된 정안국定安國이 세워졌다.

그리고 요와 금나라가 교체될 즈음인 1116년에는 발해의 계승을 주장한 대발해大渤海가 세워졌다. 그러나 이들이 어떤 나라였는지, 어떻게 어떤 의미로 발해를 계승했는지는 자료 부족으로 알 수 없다. 이렇게 발해의 마지막이 애매한 까닭은 당시 고려와 요나라 중 어느 나라도 자신이 발해를 계승했다고 주장하지 않았고, 발해의 유산은 누구에게도 이어지지 않은 채 사멸되었기 때문이다.

발해 왕실의 세자가 고려에 귀순하여 왕씨 성을 하사받다

태조 17년, 발해의 세자 대광현大光顯이 수만 명을 이끌고 고려로 귀순해 오자 왕건은 그에게 왕계王繼라는 이름을 하사하고 왕실의 일원으로 대우해 주었다. 그리고 백주白州를 지키게 하면서 발해 왕실의 제사를 받들게 했다. 사실 왕건이 왕씨 성을 하사한 사람은 꽤 많지만 그것을 하사받은 대상이 발해의 세자라는 점에서 중요한 의미가 있다. 여기서 궁금한 것은 대광현이 들어가게 된 종적이 과연 발해의 것인지 고려의 것인지 알 수 없다는 점이다. 만약 발해의 것이라면 고려가 발해 왕실의 특별한 지위를 인정한 것이고, 고려의 것이라면 발해 왕실을 고려 왕실 내에 포괄하는 것이 된다. 특히 '왕통을 이어나간다'라는 의미인 왕계라는 이름의 의미도 중요하다고 할 수 있다.

하지만 왕건이 여기에서 그치지 않고 개국 당시 받아들인 수많은 발해의 유민을 통해 발해 역사를 정리해 책으로 남겼다면 얼마나 좋았을까? 하지만 안타깝게도 그러지 않았다. 덧붙이자면 『삼국사기』조차 발해 역사를 외면해 버렸다. 이로 인해 발해 역사 대부분이 사멸되었는데, 훗날 조선시대 역사가 유득공柳得恭은 『*발해고』를 정리하면서 이 점을 성토했다. 그리고 자신이 수집한 발해 역사를 책으로 정리하면서 이것은 정사正史가 아닌 초고에 불과하다며 '발해고' 라는 이름을 붙였다.

고려가 건국되던 무렵에는 발해가 갓 망했을 즈음이니 발해 역사를 기억하는 사람도 있고 서류나 책도 있었을 것이다. 만약 고려가 이러한 사료들을 모아 발해사渤海史를 정리했다면 발해에 대해 좀더 풍부하고 정확한 내용이 알려졌을 텐데 아쉬울 따름이다. 기록은 정말 중요하다. 그리고 그것을 정리해 후세에 전해주는 것은 훨씬 더 중요하다.

발해는 왜 잃어버린 역사가 되었는가?

발해의 역사가 사라진 것은 다분히 고려 태조만의 잘못은 아니었다. 500년의 고려 역사 동안 지식인들은 드문드문 발해를 이야기하기도 했다. 하지만 그보다는 고구려의 계승 의식을 좀더 분명히 강조하다 보니 발해의 이야기는 묻혀 버리고 말았다. 물론 고려의 입장에서는 어쩔 수 없는 측면도 있었을 것이다.

발해는 고구려의 계승자임을 자처했고 그것은 고려 역시 마찬가지였다. 거기다 고려 초기와 발해 말기는 서로 겹쳐져 발해를 인정하면 누가 고구려의 후계자인지 계승의 정통성이 애매해지기 때문에 자의 반 타의반으로 발해를 누락하게 되었고, 이로써 발해가 잊혀졌을 가능성도 있다.

기록이 없는 상황에서 우리가 발해를 알기 위해 유일하게 의존할 수 있는 것은 고고학적 발견뿐이다. 하지만 발해 땅이 국경 저 너머에 있어 이마저도 수월하지 않으니 한숨만 나올 뿐이다.

발해고(渤海考) __ 1784년(정조 8년) 실학자 유득공(柳得恭)이 한국·중국·일본의 사서 24종을 참고하여 발해의 역사를 기록한 책.

원효는 실제로 해골 물을 마셨을까?

원효는 역사적으로 참 특이한 인물이다. 그는 파계를 하고 자식까지 둔 승려였지만 누구도 그가 위인이라는 사실에 이의를 달지 않는다. 그와 관련된 일화 중 가장 유명한 것은 뭐니 뭐니 해도 해골 물을 마셨다는 이야기일 것이다.

젊은 시절, 원효는 같은 승려인 의상義湘과 함께 당나라로 유학길에 올랐다. 늦은 밤, 사람 사는 집이 보이지 않아 어느 토굴에서 잠을 청했는데 잠결에 목이 말랐던 원효는 주변에 있던 바가지의 물을 마셨다. 그런데 다음 날 아침 일어나 보니 두 사람이 잤던 곳은 오래된 무덤 안이었고, 원효가 밤에 마셨던 물은 해골에 담긴 썩은 물이었다.

보기에도 끔찍한 해골의 썩은 물이었지만, 잠결에 원효는 그 물을 아주 달게 마셨다. 그 자리에서 '세상일이란 결국 마음먹기에 달렸음'을 깨달은 원효는 당나라 유학을 포기하고 신라로 돌아와 백성들에게 쉬운 불법을 가르쳤다.

원효의 일생일대 라이벌, 의상

그는 글을 모르는 사람도 부처님의 가르침을 알고 귀의할 수 있도록 길거리를 돌아다니며 〈무애가無碍歌〉라는 노래를 지어 부르며 불교의 대중화에 평생을 바쳤다. 더불어 원효는 무려 150권에 달하는 책을 저술해 불교의 대중화뿐 아니라 신라 불교의 이론 정립에도 힘을 쏟았다. 더욱이 아들인 설총은 뛰어난 유학자이자 우리나라의 발음을 한자로 표기한 이두 정리자로서 유명한 인물이 되었다. 두 마리도 아니고 세 마리의 토끼를 한꺼번에 잡은 셈이다.

어쨌든 원효대사와 관련하여 가장 유명한 일화는 해골 물을 마신 이야기이다. 그런데 그 이야기를 잘 살펴보면 원효가 의상보다 나은 사람이라는 인상을 준다. 원효는 당나라에 가지 않고 도를 깨우쳤지만 의상은 결국 당나라까지 갔으니 말이다. 굳이 비유를 하자면 외국에 가지 않고 영어를 마스터한 사람과 어학연수를 다녀온 사람의 차이라고나 할까?

사실 의상은 원효에 비해 상대적으로 덜 유명할 뿐이지 신라 불교에 대한 업적 면에서는 결코 원효에게 뒤지지 않는다. 그가 당나라 유학에서 돌아와 개창한 화엄종華嚴宗은 교종敎宗의 대표적인 종파로 신라

하대에 강력한 힘을 발휘했다. 귀족들의 막대한 원조를 받은 교종 세력은 크게 확대되었고, 신라의 유명한 사찰들은 이 무렵에 크게 세워지고 발전했다.

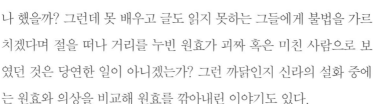

교종은 신라 왕실과 긴밀하게 연결되어 국교로서 신라 사회를 강력하게 지배하는 동시에 많은 특권을 누렸다. 그러니 당시의 승려나 귀족들이 보기에 원효는 그야말로 이상한 사람이었을지도 모른다. 그때는 평등은커녕 인권사상도 없던 옛날 옛적이다. 그 시대의 귀족들에게 평민이나 가난한 사람이 어디 사람으로 보이기나 했을까? 그런데 못 배우고 글도 읽지 못하는 그들에게 불법을 가르치겠다며 절을 떠나 거리를 누빈 원효가 괴짜 혹은 미친 사람으로 보였던 것은 당연한 일이 아니겠는가? 그런 까닭인지 신라의 설화 중에는 원효와 의상을 비교해 원효를 깎아내린 이야기도 있다.

그 대표적인 것이 강원도 낙산사洛山寺의 전설이다. 이 내용에 따르면, 의상은 관음보살의 진신眞身을 만나 절을 세울 곳을 점지받으면서 구슬까지 받았다고 한다. 그런데 이 설화에는 뒷이야기가 전해져 온다. 원효가 그 소식을 듣고 자신도 관음보살을 만나고자 낙산사에 왔지만, 여인의 모습으로 변한 관음보살이 두 번이나 나타났음에도 끝내 알아보지 못하고 망신만 당했다는 것이다.

이것은 해골 물 이야기와 정반대라고 할 수 있다. 어떻게 보면 무례하기까지 한 질문일 수도 있지만 그 두 사람은 왜 겨루게 된 것일까?

사실 원효와 의상을 경쟁자로 만든 것은 그들 자신이 아니라 제3자들이다. 두 사람이 당나라로 유학을 가고자 마음먹었을 때는 삼국통일 이전, 그러니까 신라와 당나라 사이를 고구려가 가로막고 있던 때였다. 당시 당나라에 가려면 두 가지 길이 있었다. 하나는 한강 유역에서 배를 타고 가는 것이고, 다른 하나는 고구려를 통해 육로로 가는 것이었다. 그러나 어느 쪽이든 멀고 고생스러운 길이라는 점에서는 마찬가지였다.

본래 국경을 넘는 것은 무거운 죄였고 자칫 잘못하면 첩자로 몰릴 수도 있었다. 또한 배를 타고 가도 풍랑으로 배가 가라앉으면 고기밥이 될 수도 있었다. 그들은 그 전에도 고구려를 통해 당나라로 가려다 고구려 군사에게 잡혀 신라로 보내진 적이 있었다. 하지만 포기하지 않고 두 번째로 길을 떠났던 것이다. 그런 그들이 오래된 무덤에서 잠이 들었다면 사람의 그림자조차 보이지 않는 깊은 산길을 얼마나 오래 걸었을지 짐작이 간다.

그런 힘든 길을 함께한 두 사람인데 서로 얼마나 깊은 우정과 믿음이 쌓여 있었을까? 원효가 먼저 도를 깨우쳤다고는 하지만, 의상은 혼자가 되었음에도 먼 길을 떠나 몇 년간 힘든 유학생활을 마치고 돌아왔으니 그 역시 존경받아 마땅한 인물이 아니겠는가? 비록 서로 가는 길이 달랐을지라도 누가 낫다 못하다를 판명할 수는 없다.

요석공주와의 소설 같은 로맨스

한편 원효와 관련된 또 다른 이야기로 요석공주와의 로맨스를 빼놓을 수 없다. 역사서는 그들의 인연이 원효가 이런 노래를 지어 부르고 다니면서부터 시작되었다고 전하고 있다.

"누가 자루 없는 도끼를 빌려주겠는가? 나는 하늘을 떠받칠 기둥을 찍으리라."

아무도 이 노래의 의미를 알아듣지 못했다. 그러나 태종무열왕은 원효가 나라에 도움이 될 큰 인재를 얻으려 한다는 것을 깨닫고 과부가 된 자신의 딸 요석공주를 만나게 해주었다고 한다. 물론 요석공주가 정말로 과감한 연애 내력으로 유명한 김유신의 조카딸인지 아니면 다른 여인의 소생인지는 알 수 없다. 하지만 원래 사랑에 목숨을 걸었던 신라인이다 보니 굳이 태종무열왕의 주선이 없었어도 서로 사랑하지 않았을까 하는 생각이 든다. 설사 그것이 하룻밤의 인연으로 끝났다 하더라도 말이다.

원효는 유학을 포기하고 파계를 하면서까지 자신이 옳다고 생각하는 것을 몸소 실천했다. 그야말로 모든 것은 마음에 달렸다는 것을 직접 보여준 것이다. 그는 요석공주와 사랑을 했어도, 또한 아들을 두었어도 부처님을 따르며 그 뜻을 전파하는 것에는 변함이 없었다. 그런 인물을 두고 어찌 평범한 도덕의 잣대로 옳고 그름을 나눌 수 있을까?

『화랑세기』 필사본은 진본인가, 가짜인가?

1989년, 김해김씨 가문에서 『화랑세기』의 필사본으로 추정되는 문서
가 발견되었다. 물론 그 전에도 『화랑세기』라는 책의 이름이 전해지기
는 했다. 그러던 것이 1,200년 동안 종적을 감춰 그 내용이 무엇인지
알려지지 않다가 홀연히 필사본이 등장한 것이다. 이후 1995년에 또
다른 『화랑세기』가 발견되었는데 이를 각각 발췌본, 모본模本이라 부르
고 있다. 만약 이 『화랑세기』가 진짜라면 신라인이 기록한 신라의 기
록이라는 점에서 그 가치는 엄청난 것이다.

그런데 이 사본이 진짜 『화랑세기』냐 아니냐를 놓고 논쟁이 치열하
게 벌어지고 있다. 물론 그 이유는 그것이 진짜인지 아닌지를 구분하
기 어렵기 때문이다. 차라리 결정적인 모순이라도 드러난다면 논쟁이

필요 없을 테지만 그렇지도 못한 상황이다.

한국 고대사에 대한 자료가 무척 희귀한 지금, 사료에 목이 마른 사람들이 『화랑세기』의 존재에 솔깃해하는 것은 당연한 일이다. 연구자라면 누구라도 그럴 것이다. 하지만 자료의 내용을 완전히 검증하는 작업은 학자로서의 양심은 물론 정확한 역사 공부를 위해 반드시 필요하다.

『화랑세기』의 진위 여부에 대한 논란

우선 『화랑세기』의 저자 김대문金大問은 신라 중기의 진골 귀족으로 『고승전高僧傳』을 비롯한 여러 저술을 남겼다. 저술 시기는 대략 서기 700년경으로 추정되며, 아마도 그 자신이 화랑이나 승려와 관련이 있었던 듯하다. 그리고 『삼국사기』가 편찬될 때 『화랑세기』가 참고자료로 쓰였던 것만은 분명하다.

필사본의 진위를 의심하는 쪽에서는 그 안에 실려 있는 신라인의 파격적인 성생활에 주목한다. 그러나 그 외에도 위서라는 주장을 뒷받침하는 근거는 여러 가지가 있다.

우선 필사본 『화랑세기』에 적힌 이름은 주로 경덕왕 이후의 신라인인데, 모두 신라식 이름을 한문으로 기재하고 있다. 예를 들어 거칠부는 황종荒宗, 거칠부의 한자 번역 이름, 이사부는 태종苔宗으로 쓰고 있는 것이다. 그런데 정작 김대문의 다른 책인 『계림잡전鷄林雜傳』을 인용한 『삼국사기』는 신라 이름을 발음대로 적고 있어 『화랑세기』 필사본과 다르다.

또한『화랑세기』의 필사본에는 고려시대 이후에나 등장하는 궁주宮主 등의 관명이 버젓이 사용되고 있다. 그뿐 아니라『화랑세기』에 등장하는 인물의 절반 이상은『삼국사기』,『삼국유사』그리고 금석문金石文에서 확인되지 않는 이름이다. 그나마도 부모의 이름 중 한 글자를 따서 붙여진 이름이 많다. 이것은 신라 사람이 자식의 작명에 정말로 무성의했음을 보여주는 것이 아닐까? 아니면 이들이 실제 인물이라기에는 어딘지 미심쩍다고 할 수 있다.

나아가 필사본에는 적지 않은 오자와 탈자 그리고 몇몇 인물의 내력에 모순이 있다. 특히 위작설에 결정적인 역할을 한 것은『화랑세기』모본의 발견이었다.

앞서의 필사본은 박창화가 적은 것이다. 1995년에 발견된 모본은 내용의 군데군데 오탈자 교정이 들어가 있고 빨간 글씨로 추가 내용이 적혀 있으며 화이트로 지워진 부분마저 있다. 만약 이 모본이 정말로 역사적인『화랑세기』를 옮겨 적은 것이라면 옮긴이가 자기 마음대로 빼고 덧붙였다는 것이니 사료 자체를 훼손한 셈이다. 그러나 소설이라면 고치는 것은 작가의 마음에 달린 일이다.

그래서 일부 학자는『화랑세기』필사본이 위서 이전에 한문소설이라고 주장하고 있다. 또 다른 학자는 발췌본이 먼저 쓰인 것이고, 모본은 이를 바탕으로 소설적 상상력을 추가해 쓴 것이라고 주장하고 있다. 과연 누구의 주장이 더 타당할까?

『화랑세기』 필사본은 진본인가 가짜인가?

그렇다면 『화랑세기』의 모든 것이 위작일까? 그것 역시 쉽게 단정할 수 없다. 박창화가 『화랑세기』 필사본을 마음대로 옮겨 적었다고 가정해보자. 그것이 100퍼센트 창작인지, 정말로 있었던 『화랑세기』의 내용에 자신의 상상력을 덧붙인 것인지 누가 알겠는가!

『화랑세기』 필사본의 모든 내용을 순수한 창작으로 보기 어려운 이유는 바로 투철한 역사성 때문이다. 만약 그것이 소설이라면 신라의 역사를 속속들이 알고 그 문화와 풍습까지 통달한 사람이 아니면 쓰기 불가능한 결과물이기 때문이다.

사실, 필사본은 약간의 모순을 안고 있긴 하지만 이제까지 알려진 신라사의 원칙과 상식에서 크게 벗어나지 않고 있다. 그뿐 아니라 지금까지 이해하기 어려웠던 신라사의 수수께끼도 일부 알려주고 있다. 예를 들어 지금까지는 화랑을 만든 사람이 진흥왕이라고 알려져 왔다. 그러나 필사본에는 그의 어머니 지소태후의 역할이 기록되어 있는 것이다. 또한 원광圓光의 집안 내력과 여러 화랑에 관한 세세하고 풍부한 내용은 『화랑세기』 필사본의 모든 것을 위작으로 치부할 수 없게 만들어버린다. 만약 이것이 소설이라면 거의 완벽에 가까운 고증을 해낸 것이라고 할 수 있다.

솔직히 필사본 『화랑세기』는 신라의 남녀 간의 상당히 복잡한 인간관계(좋게 표현해서)를 서술하고 있다. 한데 이런 관계들이 서로 중복되거나 혼란을 주는 부분이 없다는 것도 대단한 일이라고 할 수 있다. 그런데 정작 박창화는 필사본 『화랑세기』에 대해 이렇다 할 말을 남기지 않은 채 사망하고 말았다.

따라서 『화랑세기』의 어디까지가 진실인지를 밝히는 길고 지루한 작업은 우리의 몫일 수밖에 없다. 그렇다고 논란이 길어지는 것을 그리 애석해할 필요는 없다. 더 많은 의심과 질문 그리고 해답을 짜내는 과정을 통해 한층 더 진실에 가까워질 수 있기 때문이다.

이제까지의 복잡한 진위 논쟁을 이해하기가 어려웠다면 좀더 쉽게 알아볼 방법이 하나 있다. 『삼국사기』와 『삼국유사』 그리고 『화랑세기』 필사본을 나란히 놓고 읽어 보는 것이다. 그리고 자기 자신에게 질문을 해보면 된다.

"『화랑세기』 필사본은 진본인가 아니면 가짜인가? 혹은 일부가 첨삭된 것인가?"

남들이 뭐라고 하든 스스로의 해답은 그렇게 내리는 것이다.

일본의 목조사유상과 우리의 금동미륵보살 반가사유상이 쌍둥이처럼 닮은 까닭은?

일본의 국보로 유명한 것 중 하나가 광륭사廣隆寺의 목조반가사유상이다(흔히 국보 1호로 알려져 있지만 사실 일본은 국보에 숫자를 매기지 않는다). 일본 아스카시대 불상의 대표작으로 일컬어지는 이 반가상의 아름다움은 독일의 유명한 철학자 칼 야스퍼스Karl Theodor Jaspers를 비롯한 많은 이로부터 극찬을 받아왔다. 문학가 앙드레 말로가 만약 일본열도가 가라앉고 단 하나의 물건만 가져올 수 있다면 이 목조사유상을 선택하겠다는 말을 해서 더욱 유명해지기도 했다.

하지만 이 목조사유상은 유명한 만큼 많은 수난을 겪기도 했다. 대표적으로 수십 년 전 교토대학 학생이 이 불상의 아름다움에 반해 끌어안고 입을 맞추려다 손가락을 부러뜨리는 바람에 대소동이 벌어지

동양판
'생각하는 사람'
이로군~

🇯🇵 일본 목조반가사유상

한국 금동미륵보살반가사유상

기도 했다(이것은 윤색된 이야기이고, 그냥 장난을 치다가 부러뜨렸다는 말도 있다). 어쨌든 1,000년 넘게 간직되어 온 불상의 아름다움은 볼수록 신비롭다. 이 목조사유상이 우리의 눈길을 끄는 또 다른 이유는 그것이 우리나라의 국보 83호인 금동미륵보살반가사유상과 많이 닮았기 때문이다.

싯다르타의 고뇌를 고스란히 담고 있는 불상

불교와 불상에 관심이 있는 사람이 아니면 잘 모를 수도 있지만, 불상을 꼼꼼히 뜯어보면 똑같지는 않다. 사실 불상은 손동작, 머리모양, 몸에 걸친 장식 하나하나가 각각의 의미를 지니고 있다.

미륵보살반가사유상이란 말 그대로 미륵보살이 반가의 자세를 취하고 생각을 하고 있는 상이라는 뜻이다. 본래 불상은 가부좌를 틀고 앉아 있거나 서 있는데, 반가상은 가부좌를 반만 틀었으니 흘러내린 발은 아래로 향하게 된다. 왼손을 들어 뺨에 손을 댄 것은 깊은 생각을 하고 있기 때문이다.

불교의 교리에 따르면, 고타마국의 태자였던 싯다르타는 모자란 것 하나 없는 행복한 생활을 하다가 난생 처음 성 밖에 나가 고통에 찌들어 있는 사람들의 모습을 보게 되었다고 한다. 늙고 병든 채 고통스럽게 죽어가는 그들을 보면서 싯다르타는 왜 사람들은 저토록 괴로워하는가, 나 역시 그 굴레에서 벗어날 수 없는가 하고 깊은 고뇌에 빠져들었다. 바로 그 모습을 상像으로 만들어낸 것이 반가사유상 혹은 태자사유상이다.

이후 싯다르타는 스스로 고귀한 자리를 버리고 도를 깨닫기 위해 힘든 수도승 생활을 하다가 깨달음을 얻어 부처가 된다. 그리고 그것을 기리기 위해 만들어진 반가사유상은 인간의 고뇌와 부처의 자비로움을 함께 담아내고 있다.

일본의 목조사유상이 한반도에서 만들어져 헌상된 것이라고?

그런데 언제부터인가 우리는 일본의 사유상을 '백제불상'이라 부르고 있다. 물론 이것은 한국 내에서만 통용되는 이름이다. 엄밀히 따지자면 한국의 반가사유상조차 국적이 불분명하다. 애초에 신라에서 만들어졌다는 주장도 있고 백제의 것이라는 주장도 있는 것이다. 또는 통일신라시대에 백제인이 만든 게 아니냐는 의견도 있다. 그 이유는 한국의 반가상을 기록한 문헌이 전혀 없기 때문이다.

반면 일본에는 광륭사의 기록과 『일본서기』, 그리고 여러 문헌자료에 목조반가상으로 추정되는 불상의 기록이 남아 있다. 하지만 문헌별로 '백제에서 왔다' 혹은 '신라에서 온 것이다'라고 다르게 적고 있어 혼란스럽긴 마찬가지이다. 따라서 만약 불상이 한반도에서 만들어진 것이라면 헌상된 것이냐 선물한 것이냐를 놓고 또 지겨운 논쟁을 벌여야 한다.

두 불상은 얼핏 보면 '앗, 쌍둥이처럼 닮았다'라고 생각될 만큼 비슷하다. 하지만 자세히 뜯어보면 의외로 닮지 않은 구석도 많이 있다.

그리고 일본의 반가상은 예전 그대로의 모습이 아니다. 메이지시대 초기, 일본의 이름난 조각가가 이 불상을 수리했다. 물론 심하게 뜯어고치거나 바꾼 것은 아니지만 근대적인 감각이 많이 반영된 것만은 분명하다. 그래서 그런지 수정 전에 찍어둔 사진과 지금의 불상을 비교하면 어딘지 모르게 많이 다른 느낌이 든다.

쌍둥이처럼 닮은 두 불상의 국적을 둘러싼 끊이지 않는 논란

어쨌든 두 불상이 닮아 보이는 이유는 같은 종류인데다 크기가 비슷하기도 하고 옷자락의 흐름이나 손과 발의 자세, 인상에 이르기까지 많은 것이 유사하기 때문이다. 똑같은 불상이긴 해도 인도는 물론 한국, 중국, 일본의 불상은 많이 다르다. 그런데 이렇게까지 닮은 불상이 있다는 것은 참으로 불가사의한 일이다.

하지만 누가 그 불상을 만들었는가에 대해서는 아직까지 복잡한 논쟁과 토론이 오고 있다. 한국의 반가상은 동을 녹여 만들고 금으로 도금한 것이다. 일본의 반가상은 적송赤松으로 만들어졌다. 그 시대의 다른 불상들이 보통 녹나무로 만들어진 것과 다르고 나무 자체도 한반도에서 자생하던 것이다. 더욱이 통으로 된 나무를 깎아 하나의 상으로 만든 것이라 고도의 조각기술이 집약되어 있다.

그렇지만 이 불상의 국적(?)을 정하는 것은 쉬운 일이 아니다. 왜냐하면 그것은 이름 없는 조각가가 만든 것이기 때문이다. 더욱이 목조 반가사유상의 재질이 한반도의 나무라고 해도 그 상을 깎아낸 곳이 한국인지 일본인지 알 수 없다. 나아가 상을 만들어낸 도구가 어느 나라의 것인지도 불분명하다.

영원히 결판나지 않을 불상의 국적을 놓고 벌어지는 논쟁을 보면 한국과 일본의 두 반가상이 새로운 고뇌를 하고 있을 것만 같다.

경순왕 김부가 견훤이 이끄는
후백제군의 포석정 습격 사건을 도모했다?

927년, 이미 멸망의 길을 걷고 있던 신라에게 사실상 치명타라고 할수 있는 커다란 사건이 벌어졌다. 신라의 제55대 왕인 경애왕景哀王이 *포석정에서 연회를 하다가 견훤甄萱의 급습을 받아 죽고 만 것이다. 경애왕이 고려와 화친을 도모하자 이에 분개한 후백제의 왕 견훤이 군대를 이끌고 쳐들어와 경애왕이 자살하도록 만들었다고 전해진다.

『삼국사기』는 이때 견훤이 신라의 왕비를 강제로 욕보이고 궁녀들또한 견훤의 부하들에게 겁탈을 당했다고 적고 있다. 그날의 포석정은 그야말로 아비규환 그 자체였을 것이다. 이런 참혹한 일은 나라가 완전히 망하는 순간에나 벌어질 만한 사건이다. 그렇지만 신라는 아직 망하지 않았다. 견훤은 신라를 후백제에 병합하지 않고 김부金傅를 임시 왕으로 세운 뒤 돌아갔는데, 그가 바로 신라의 마지막 왕인 경순왕敬順王이다.

포석정 습격 사건의 풀리지 않는 수수께끼

『삼국사기』는 경애왕에 대한 기록과 「신라본기」의 마지막에서 경애왕이 적군이 몰려오는 줄도 모르고 술을 마시며 놀다가 참혹한 일을 당했다고 비난하고 있다. 이후로 오랫동안 경애왕은 교만하고 어리석은 왕의 대표격이 되어 왔다.

그런데 몇 가지 이상한 점이 있다. 경애왕이 포석정에서 견훤의 습격을 받았던 때는 11월의 겨울이었다. 흔히 포석정은 물에 술잔을 띄우고 시를 지으며 노는 곳으로 알려져 있다. 정말 그렇다면 아무리 노는 것을 좋아해도 추운 11월에 그렇게 놀 수 있었을까? 당시의 겨울이 지금과 비교도 안 될 만큼 추웠다는 것은 다 아는 사실이다. 포석정의 물도 당연히 꽁꽁 얼어붙었을 것이다. 그렇다고 얼린 물을 녹여서 술잔을 올려 띄우는 것이 신라 귀족들의 풍류라는 말은 이제까지 들어본 적이 없다.

애초부터 포석정의 위치가 문제였다. 포석정은 지금의 경주 남산에 있고 이는 나라의 수도 한복판이었다. 아무리 신라가 쇠약해졌다고는 하나 엄연히 영토가 있는 나라였다. 그런데 나라의 수도에까지 적군이 쳐들어왔다면, 그런데도 아무런 눈치를 채지 못했다면 그 나라는 더 이상 나라라고 할 수도 없다. 후백제군이 그토록 강력했다는 말인가, 아니면 신라군이 그 정도로 무력했다는 것인가? 더구나 경애왕은 명색이 한 나라의 왕인데 그런 위기상황을 제대로 전달받지도 못한 이유는 무엇일까?

최근 들어 경애왕이 단순히 놀기 위해 포석정에 간 것이 아니라는 주장이 대두되고 있다. 포석정은 신라의 주요 성지가 있는 곳이고 경애왕은 놀러 간 것이 아니라 제사를 지내던 중 후백제의 습격을 받았다는 설이 제기되고 있는 것이다.

그렇다고 해도 여전히 하나의 의문이 남는다. 경애왕이 제사를 지냈든 놀이를 했든 수도 한복판까지 적군이 쳐들어온 이변을 어떻게 볼 것인가 하는 문제이다. 이때 자연스럽게 떠오르는 생각은 바로 '배신자가 있었다'는 것이다. 만약 신라 내의 누군가가 견훤과 내통해 군사를 끌어들였다면 모든 애매한 부분이 말끔히 해결된다. 섣불리 단정할 순 없지만 그 문제의 열쇠를 쥐고 있는 사람은 경순왕으로 보인다.

나중에 경순왕이 된 김부가 견훤의 후백제군을 끌어들였다?

처음에 신라는 박, 석, 김의 세 성씨가 돌아가며 왕이 되었다. 이를 뒤집어 말하면 왕권이 하나로 모이지 않고 그때그때 힘 있는 세력이 왕위를 가져갔다는 뜻이 된다. 실제로 신라가 어느 정도 나라의 모양새를 갖추게 되면서 다른 성씨들끼리 왕위를 주고받는 일은 사라졌다. 김씨 성이 왕위를 독점하게 된 것이다. 이후로 오랫동안 박씨나 석씨 성의 왕은 볼 수 없었다.

그런데 경문왕景文王의 손자이자 경문왕계의 마지막 임금이던 효공왕孝恭王 요嶢가 죽은 뒤 갑자기 신라에 박씨 왕이 등장하게 되었다. 신라의 제53대 신덕왕神德王으로 즉위한 사람은 경휘景暉로 성이 박씨였다. 신라 제8대 아달라阿達羅이사금尼師今. 신라에서 사용한 임금의 칭호의 23대손으로 알려진 그는 비록 왕족이긴 하지만 비상식적으로 즉위한 것만은 분명했다.

신덕왕의 아버지 박예겸朴乂兼은 효공왕의 장인이었는데, 정황으로 볼 때 경문왕계가 힘을 잃은 사이 박씨 성이 왕위를 가져간 것으로 보인다. 설사 효공왕에게 아들이 없었을지라도 다른 친척까지 없었다는 말은 아니다. 멀리 갈 것도 없이 고모인 진성여왕에게는 여러 아들이 있었다. 그럼에도 왜 그들은 왕위에 오르지 못했던 것일까?

아무래도 신라 후기 박씨 왕의 즉위는 박씨에 의한 왕위 찬탈의 결과인 것 같다. 하지만 왕위를 차지한 박씨는 신덕왕과 경명왕景明王, 경애왕으로 겨우 3명의 왕을 배출했을 뿐이다. 그리고 마지막 박씨 왕인 경애왕은 고려와 화친을 하는 한편, 후당後唐에게도 조공을 바쳐 왕권을 강화하려 애쓰던 중 후백제의 습격으로 죽고 만 것이다.

그 뒤를 이은 경순왕은 신라의 왕권을 다시 김씨로 되돌린 왕이자 신라의 마지막 왕이 되고 말았다. 그의 아버지는 문성대왕文聖大王의 후손으로 이찬 효종孝宗의 아들이었다. 어머니는 계아태후桂娥太后로 경문왕의 손녀이자 헌강왕憲康王의 딸로, 따지고 보면 경순왕은 경애왕과는 이종사촌 사이였다. 이러한 사실로 볼 때 『삼국사기』에서 김부金傅, 즉 경순왕을 경애왕의 족제族弟라고 표현한 것도 그리 이상하지만은 않다.

어디까지나 족보가 그렇다는 얘기다. 아무리 친척관계가 가까워도 김부의 성씨는 김씨였다. 정말로 김부가 김씨의 나라로 되돌리기 위해 견훤과 손을 잡고 박씨 왕조를 결딴낸 것일까? 분명한 것은 고려가 들어선 이후 김부의 후손, 즉 경주김씨가 막강한 세력을 자랑하는 호족으로 남게 되었다는 것이다.

포석정(鮑石亭) __ 경상북도 경주시 배동에 있는 신라의 석구(石構). 1963년 1월 21일 사적 제1호로 지정되었다. 경주 남산 서쪽 기슭에 있는데 전체 면적이 7,432㎡에 이른다.

일본 승려 엔닌이 당나라에서
신라인인 척한 까닭은?

한국 고대사에 대한 자료는 솔직히 한국보다 중국이나 일본 쪽에 더 많이 남아 있다. 그 대표적인 예가 통일신라 말에 엄청난 활약을 했던 장보고張保皐이다. 일본의 엔닌圓仁이라는 승려가 남긴 「*입당구법순례행기」에 보면 통일신라인과 장보고가 당시 바다에서 얼마나 막강한 영향력을 행사했는지 자세히 알 수 있다.

당나라에 가서 경經을 구하고 공부를 하겠다는 일념으로 유학길에 오른 엔닌은 힘들고 오랜 여행 끝에 일본으로 돌아왔다. 그는 그 과정에서 겪은 일을 문서로 정리해 후세에 남겼는데, 그것이 바로 「입당구법순례행기」이다. 엔닌은 바다 건너 당나라의 항구로 갔던 일과 그곳에서 수도 장안에 도착하기까지의 과정을 자세히 기록하고 있다. 당

시의 바닷길과 여행 방법 그리고 문물에 이르기까지 다양한 내용이 기록된 아주 중요한 역사 자료인 것이다.

당나라 관리에게 붙잡힌 일본의 승려 엔닌이 신라인인 척한 이유

엔닌이 무사히 당나라에 도착하는 데는 신라의 도움이 컸다. 당시 바다에는 해적이 들끓고 있었는데, 장보고와 그의 청해진 덕분에 한결 안전하게 여행을 할 수 있었던 것이다. 일본의 배는 한 번 바다를 항해하고 나면 썩어서 못쓰게 되곤 했다. 그러나 신라의 배는 몇 번이나 바다를 왕복해도 튼튼했다고 적혀 있다. 이는 신라의 해양 기술이 탁월했음을 엿보게 한다.

눈에 띄는 에피소드는 엔닌이 당나라 관리에게 붙잡혔을 때 일부러 신라인인 척하는 촌극을 벌였다는 것이다. 사실 엔닌은 요즘 말로 불법입국자였다. 공부를 하겠다는 것은 갸륵한 생각이었지만 당시에는 국경을 넘는 것만으로도 큰 죄가 되었다. 들키면 본국으로 돌려보내지는 게 당연했다. 그런 위기 상황에서 엔닌은 신라인이라면 돌려보내지 않을지도 모른다는 기대를 했던 것이다.

다행히 그는 검문을 무사히 빠져나왔고 장안으로 향하는 동안 당나라 곳곳에 살고 있던 신라인의 도움을 받기도 했다. 그렇게 해서 유학을 마치고 일본으로 돌아간 엔닌이 장보고에게 특별한 감사를 표했던 것은 당연한 일이라고 할 수 있다.

그런데 이처럼 국제적으로 세력을 떨친 장보고였지만 그에 대한 이미지는 무척 흐릿하다. 우리가 그의 생애에 대해 알고 있는 것은 고작 몇 줄의 설명에 지나지 않는 것이다.

본래 장보고는 신분이 낮았지만 당나라로 건너가 그곳에서 출세를 했다. 또한 해적들에게 사로잡혀 노예로 팔려가는 신라인을 돕다가 마침내 신라로 돌아와 청해진을 건립했다. 그 후 중앙정부의 정권 다툼에 휘말려 예전에 자신의 부하였던 염장閻長에게 암살당했다.

그러나 엔닌의 기록을 보면 장보고는 나라만 세우지 않았을 뿐이지 바다를 오가는 이들에게는 그 어떤 나라보다 믿을 만한 대상이었다. 어쩌면 그 때문에 장보고는 신라의 반역자로 몰려 허무하게 암살을 당하고 말았다.

장보고의 딸이 못생겨서 왕이 아내로 맞아들이기 싫어했다?

장보고가 처음으로 청해진에 세력을 구축한 것은 신라 흥덕왕興德王, 신라 42대 왕의 허가를 통해서였다. 하지만 흥덕왕이 죽고 난 뒤 신라에서는 왕족끼리의 정권 다툼이 계속되었고 왕위를 놓고 무력 전쟁까지 벌어졌다. 그 와중에 희강왕僖康王, 신라 제43대 왕과의 왕위 다툼에서 밀려난 우징祐徵, 훗날 신무왕이 장보고에게 도움을 요청했다. 장보고는 이미 청해진을 기반으로 신라 내의 최대 군벌로 성장해 있었던 것이다.

838년, 장보고는 우징과 함께 반란을 일으켜 민애왕閔哀王, 신라 제44대 왕을 죽이고 우징을 왕위에 오르게 했다. 장보고와 우징이 손을 잡게 된 이유는, 우징은 군대가 필요했고 장보고는 정치력을 필요로 했기 때문이다. 하지만 신무왕(우징)은 고작 6개월 만에 세상을 떠났고 그 뒤를 이어 문성왕이 즉위했다. 이때, 장보고는 자신의 딸을 왕의 차비次妃로 보내려 했지만 섬 출신의 딸을 비妃로 들일 수 없다는 신하들의 반대로 무산되고 말았다.

야사에서는 장보고의 딸이 못생겼기 때문에 문성왕이 아내로 맞아들이기 싫어했다고 전한다. 그러나 고작 그런 이유로 장보고의 반발과 정권 전복의 위험을 감수한다면 문성왕 쪽이야말로 바보라고 할수 있다. 사료에서는 장보고나 그 딸의 외모에 대한 어떠한 묘사도 찾아볼 수 없다. 결국 당시의 신라 귀족들은 장보고에게 도움을 받았지만 그와 권력을 나눠가질 마음이 전혀 없었음을 알 수 있다. 일본인이 감탄할 정도로 막강한 세력을 자랑했던 청해진의 주인도 신라의 귀족들에게는 한낱 섬 출신이라고 비하당하는 입장이었다는 얘기이다.

그러나 이렇게 장보고의 속을 뒤집어놓았으니 조정에서 마음이 편할 리는 없었을 것이다. 더욱이 외국에서까지 알아줄 만큼 장보고의 세력이 막강하지 않았던가? 결국 조정은 846년 자객 염장을 보내 장보고를 살해하고 말았다. 물론 장보고의 죽음으로 청해진이 금방 사라진 것은 아니었다. 장보고를 암살한 염장이 청해진의 지휘자임을 자처해 일본으로 문서를 보낸 기록이 아직까지 남아 있다. 그렇다면 청해진은 장보고가 암살된 이후에도 어느 정도 운영이 되었던 것 같다. 또한 그것은 장보고를 암살하기 위해 염장을 파견한 신라 왕실의 의지이기도 했을 것이다. 지방의 강력해진 세력의 우두머리를 제거하고 그것을 왕실이 장악하는 것 말이다. 그런데 자세한 내막은 알 수 없지만 신라 왕실의 의도는 무산되었고 청해진 사람들은 다른 내륙 지역으로 강제 이주되었다.

엔닌이 그토록 극찬했던 청해진은 그렇게 허물어졌고, 이제 우리는 그들을 알기 위해 일본의 사료를 뒤져야만 한다. 청해진이 허무하게 사라진 것도 그렇지만, 왜 그런 기록들이 한반도에 남아 있지 않고 외국에만 있는지 다시금 서글퍼진다.

입당구법순례행기(入唐求法巡禮行記) __ 일본 승려 엔닌(圓仁)이 당나라의 불교 성지를 돌아보고 기록한 여행기. 9세기 전반 동북아시아의 정세를 기록한 정치사 문헌이자, 불교사의 한 측면을 전하는 귀중한 문헌이다. 838~847년까지의 기록을 모두 4권으로 엮었다.

통일신라시대 최고의 문장가 최치원도 한때는 취업난에 시달리는 백수였다?

통일신라시대 때 가장 뛰어난 인재였으면서도 그 빛을 제대로 발하지 못한 인물 중 하나가 최치원崔致遠이다. 그는 뛰어난 재능으로 당나라 유학까지 다녀왔지만 6두품이라는 신분의 한계를 끝내 넘어서지 못했다. 절망한 끝에 그는 스스로 세상을 버린 채 해인사에서 쓸쓸히 숨을 거두고 말았다. 사실은 그가 당나라에서조차 극심한 취업난에 시달렸다는 것을 알고 있는가?

최치원이 한때 당나라에서 '동사무소 직원'으로 일했다고?

최치원의 아버지 견일肩逸은 열두 살 된 최치원을 당나라에 유학 보내면서 10년 내에 과거에 합격하지 못하면 자신의 아들이 아니라고 말했다. 이는 비정한 말이지만 골품제도의 한계에 부딪혔던 6두품의 피맺힌 한이기도 했다.

최치원은 아버지의 뜻을 저버리지 않고 남이 백을 하면 자신은 천을 해 결국 874년 외국인을 대상으로 한 과거빈공과, 實貢科에 합격했다. 그 후 2년 만에 얻은 관직이 선주宣州의 율수현위溧水縣尉였다. 이렇게 말하면 뭔가 굉장하게 들리지만 사실은 지금의 안휘성 일대 율수현이라는 동네의 위라는 벼슬에 지나지 않는다. 조금 과장해서 말한다면 동사무소 직원쯤 되는 자리였다.

최치원이 왜 그 정도의 벼슬밖에 못했는가 하고 의아하게 생각될 것이다. 그러나 그도 그럴 것이 당시 빈공과 출신이 할 수 있는 벼슬에는 상한선이 존재했다. 지금도 외국인 출신을 나라의 중요한 관직에 앉히려고 하지 않는데, 그때는 오죽했겠는가? 최치원은 1년 만에 벼슬자리를 차버리고 더 높은 단계의 과거인 굉사과宏詞科를 준비했지만 끝내 합격하지 못했다.

이후 최치원은 극도의 가난에 시달리며 남의 글을 대신 써주는 아르바이트로 간신히 입에 풀칠을 했다. 그러다가 회남군 절도사淮南軍節度使 고변高駢이 그를 고용하면서 겨우 기회를 잡았다. 고변은 그 선조가 발해인이었던 사람으로 당나라 절도사 중 한 사람이었다.

당시 최치원이 고변에게 보냈던 이력서 내지 자기소개서가 『동문선東文選』에 남아 있다. 그런데 그 내용이 얼마나 처절한지 취업으로 고생해 본 사람이면 누구나 절절히 동감할 정도이다. 주요 내용은 자신

을 써달라는 것이며 몸이 비쩍 마르고 아직 어리다는 말까지 하고 있다. 불행 중 다행으로 고변은 최치원을 자신의 종사관, 즉 비서로 채용했다. 최치원 하면 곧장 나오는 「*토황소격문」은 바로 이때 쓰인 것이다.

그러나 최치원이 황소와 직접 만났던 적은 없었던 것 같다. 황소의 난이 벌어졌을 때 고변은 황소와 대결하는 것을 피해 달아났다. 그러다가 오히려 반란을 일으켜 당의 멸망에 일조했으며 이후 처형되었던 것이다. 다행히 최치원은 고변이 몰락하기 얼마 전에 사표를 쓰고 그를 떠나온 덕분에 무사할 수 있었다. 당나라 생활이 이처럼 고생스러웠으니 최치원이 고향으로 돌아가고 싶은 것도 당연한 노릇이 아니겠는가?

6두품들에게 희망이자 빛이었던 최치원

그가 돌아온 고향은 그리던 고향이 아니었다. 당나라에서는 외국인이라는 벽이 가로막았지만 신라에서는 골품제도가 앞을 가로막았던 것이다. 최치원은 또 다른 좌절을 맛볼 수밖에 없었다. 물론 그가 진골 귀족에게 몰려 은퇴를 했을지라도 마냥 초야에 묻혀 살았던 것은 아니다.

이후 신라가 망하고 고려가 들어서자 태조 왕건은 최치원이 양성한 사람들이 고려의 초석이 되었다 해서 그에게 문창후文昌侯라는 시호를 내렸다. 이는 어쩌면 당시의 뛰어난 인재들을 끌어들이기 위한 하나의 명분이었을 수도 있다. 그러나 골품제도에 막혀 울분을 삼켰던 6두품들에게 최치원은 희망이자 빛이었다. 그렇게 해서 최치원은 한 시대를 움직인 위인으로 기록될 수 있었다.

지금까지의 이야기로 위인 최치원에 대한 환상이 깨졌다고 말하는 사람이 있을지도 모르겠다. 그러나 분명히 말하건대 우리나라 역사상 최치원 만한 명문장가는 드물다. 최치원의 글은 평생 그의 능력을 인정해 주었던 얼마 안 되는 사람과 진성여왕을 위해 썼던 문장,『동문선』에 수록된 것, 그리고 각지의 비문에 남아 있다.

지금 보아도 그의 문장은 감정이 풍부하되 속되지 않고 표현이 지극히 세련되었으며 물 흐르는 듯한 논조가 그야말로 명문 중의 명문이다. 그의 가장 큰 활약은 시행되지 못한 시무10조^{時務十條}가 아니라『동문선』에 실린 신라-당간에 주고받은 외교 문서에 잘 나타나고 있다.

신라 역사상 이처럼 빼어난 글 솜씨에 당나라의 실정을 훤히 알고 있는 인물이 몇이나 되었겠는가? 신라 후기의 외교에서 최치원의 기여도는 다시 평가받아야 한다. 더불어 그의 뛰어난 능력을 가로막은 신라의 골품제도는 물론 당나라의 폐쇄성 역시 비난받아 마땅하다.

『동문선』에는 최치원이 신세 한탄을 하는 시가 몇 수 남아 있다. 그 중 하나가 자신이 머물던 여인숙 옆에 살고 있는 우신미^{于愼微} 장관에게 보낸 것이다.

상국중국에 와 객지생활 하도 오래니   上國羈棲久
만 리 타향의 부끄러운 사람   多慙萬里人

안자의 누항 같은 살림으로써 那堪顔氏巷

맹자처럼 좋은 이웃에 살게 되다니 得接孟家隣

도 지키어 옛글 공부뿐 守道唯稽古

사귀는 깊은 정은 가난하다고 싫어하리 交情豈憚貧

타향에 알아줄 이 없으니 他鄕少知己

그대를 자주 찾아감 싫다 마소 莫厭訪君頻

최치원은 외국인이라 내내 취업도 못하고 하는 일 없이 세월을 보내면서 주변 사람들의 괄시를 받는 자기 신세를 비관하고 있다. 혹시 현실에 좌절해 괴로워하고 있다면 한번 골라 읽어보며 위안을 얻는 것도 좋을 것이다.

그렇게 고생하고도 최치원은 끝내 공부를 포기하지 않았고, 마침내 신라시대의 손꼽히는 위인이 되었다. 최치원은 세상이 절망적인 것만은 아니라는 것을 몸소 보여주고 있는 셈이다.

토황소격문(討黃巢檄文) __ 신라 제49대 헌강왕 때 최치원(崔致遠)이 중국 당(唐)나라에서 벼슬하며 황소(黃巢)를 치기 위하여 지은 격문(檄文). 황소가 이 격문을 읽다가 저도 모르게 침상에서 내려앉았다는 일화가 전할 만큼 뛰어난 명문이었다고 한다. 그의 시문집인 『계원필경(桂苑筆耕)』에 실려 전한다.

경문왕이 데리고 잤다는 뱀은
개혁세력인 '6두품'을 상징한다는데?

신라의 경문왕 하면 사람들은 으레 '당나귀 귀'를 떠올린다.

경문왕은 점점 귀가 커지자 복건을 써서 귀를 가렸다. 임금님은 복건장이에게 이 사실을 누설하지 말라고 명령했다. 옛부터 하지 말라면 더욱 하고 싶어지는 것은 인지상정. 복건장이는 말하고 싶어 견딜 수가 없었다. 참고 또 참던 복건장이는 결국 대나무 숲으로 달려가 "임금님 귀는 당나귀 귀"라고 외쳤다. 이후 바람이 불 때마다 대나무는 임금님의 비밀을 속삭였다. 화가 난 경문왕은 대나무를 베고 그 자리에 산수유를 심게 했다.

그런데 산수유가 자라나자 또 다시 바람이 불 때마다 임금님의 귀가 길다는 말을 속삭였다고 한다. 이 이야기는 우리나라 역사 최초로 언론의 자유가 얼마나 소중한지를 전해 주고 있다.

경문왕은 본래 화랑으로 이름은 응렴膺廉이었다. 다시 말해 왕자가 아니었던 것이다. 그런 그에게는 이런 전설도 있다.

응렴을 특별히 마음에 들어 한 헌안왕憲安王은 못생긴 첫째 공주와 아름다운 둘째 공주 중 한 사람을 신부로 택하라고 했다. 이때 응렴은 세 가지 좋은 일이 생길 것이라는 승려의 조언을 받아들여 첫째 공주를 아내로 맞이했다. 이후 헌안왕이 아들을 낳지 못하고 죽자 첫째 사위인 응렴은 왕의 유언에 따라 다음 왕으로 추대되었다. 즉위한 후에는 둘째 공주도 아내로 삼았다. 결국 승려의 말대로 헌안왕에게 효도도 하고 왕이 될 수 있었다. 더구나 아름다운 둘째 공주도 맞이했으니 세 가지 좋은 일이 모두 이루어진 셈이다.

신라 하대에 마지막으로 빛을 발한 경문왕

이것 말고도 경문왕은 몸에 열이 많아 잠을 잘 때 뱀을 데리고 자는 바람에 사람들이 무서워했다는 이상한 이야기도 있다.

이렇게 많은 이야기가 전해지는 경문왕은 신라 하대에 마지막으로 빛을 발한 뛰어난 왕이었다. 비록 왕의 아들이 아니라 사위로 즉위하긴 했지만, 경문왕의 할아버지가 희강왕이었으니 그 역시 왕족이었다. 또한 헌안왕의 딸들은 촌수가 복잡하긴 해도 그와 친척 사이였다. 그러니까 경문왕이 헌안왕의 뒤를 이은 것은 그냥 행운아였기 때문이 아니라 정치적인 결합의 산물일 가능성이 있다.

진골 왕족이면서 화랑이었던 경문왕은 신라 하대의 개혁 군주로 젊은 화랑들을 총애했고 그들을 통해 정치를 주도했다. 반면 진골 귀족은 배척하거나 제거했다. 당시 신라 곳곳에 유행하던 미륵신앙을 주도하는 승려들을 수도로 초빙하고 6두품 세력과 손을 잡았던 것도 그였다. 또한 최치원을 비롯한 6두품 출신이 당나라로 대거 유학을 갔던 것도 경문왕의 시대였다. 최치원의 아버지 최견일은 경문왕이 주도했던 숭복사 증축 문제에 관여했던 것으로 보아 경문왕의 근신이었던 것으로 보인다.

하지만 경문왕의 개혁 정책은 강력한 반발을 초래했다. 비록 성공적으로 진압되긴 했지만 그의 치세에 세 번이나 반란이 일어났다. 설화에서도 그가 귀족에게 미움을 샀다는 것이 드러난다.

당나귀는 고집이 센 동물이다. 왕이 당나귀 귀를 가졌다고 놀림의 대상이 된 것은 진골 귀족을 배척하며 마음대로 정책을 시행하는 왕을 밉살스럽게 생각했던 결과가 아니었을까? 뱀을 데리고 잤다고 하는 것도 경문왕 주변에 모여 들어 개혁을 꿈꾸던 젊은 화랑들과 6두품을 혐오스런 뱀에 빗댄 것인지도 모른다.

경문왕의 자식이라면 딸이어도 왕으로 OK?

어쨌든 경문왕의 정책은 효과적이었다. 사실 신라 하대에는 권력 다툼으로 수많은 왕이 살해당하고 왕의 권위가 땅에 떨어져 있었다. 그러나 경문왕은 여러 가지 개혁 정책을 통해 무너져가는 신라를 일으켜 세웠고 왕다운 왕으로 존립했다.

경문왕이 얼마나 위대한 왕이었는지를 알게 해주는 것은 그 자신보다 자식들이다. 그중 하나가 진성여왕으로, 그녀는 두 오빠^{헌강왕, 정강왕}가 죽자 신라의 세 번째 여왕으로 즉위했다. 경문왕에게 왕위를 물려준 헌안왕은 "암탉이 울면 나라가 망한다"라며 딸이 아닌 사위를 왕으로 삼았다. 그러나 경문왕은 딸에게도 계승 순위를 부여해 진성여왕이 즉위한 것이다.

어떻게 해서 딸이 왕위를 계승하게 되었을까? 그렇다고 진성여왕의 오빠들에게 아들이 없었던 것도 아니다. 훗날 진성여왕의 뒤를 이어 효공왕으로 즉위한 조카 요는 설화에서 초야에 묻혀 있던 것을 찾아냈다고 전해진다. 허나 이미 진성여왕 1년의 기록부터 그의 이름이 나오고 있다. 이를 통해 우리는 경문왕의 딸인 진성여왕이 그의 조카보다 계승 순위기 앞서 있었음을 알 수 있다.

불과 수십 년 만에 왜 이런 변화가 나타났던 것일까? 이는 진성여왕이 '위대한 경문왕'의 딸이었기에 가능했을 것으로 추정된다. 경문왕은 왕위는 물론 최치원이라는 훌륭한 인재까지 유산으로 물려주었다. 그러나 진성여왕을 포함한 그녀의 두 오빠는 아버지에게 이처럼 많은 혜택을 받고도 아버지의 업적을 더 발전시키지 못했다. 아니, 오히려 퇴보의 길을 걸었다.

경문왕 시절에 간신히 왕권을 세워 나라가 안정되었건만 아들 헌강왕^{憲康王}은 흥청망청 사치스러운 연회를 거듭했다. 설상가상으로 후사마저 남기지 못하고 죽었다. 또 다른 아들 정강왕^{定康王}도 이렇다 할 업적을 세우지 못하고 일찍 죽기는 마찬가지였다. 진성여왕 역시 아버지의 뒤를 이을 만큼 역량이 뛰어난 군주는 아니었다.

결국 경문왕이 어렵게 이룩해 놓은 왕권 강화의 위업은 물거품으로 돌아갔다. 그러자 신라 각지에서는 궁예, 견훤 등을 중심으로 우후죽순처럼 반란이 일어났다. 이후 신라는 완전히 멸망의 길로 들어서게 된다.

후고구려의 궁예가 경문왕의 자식이라고?

이건 좀 뜻밖의 이야기일지도 모르지만 경문왕에게는 또 다른 자식이 있었다고 한다. 그가 바로 후고구려의 창시자 궁예이다. 궁예는 본래 신라왕의 자식이었지만 불길한 날에 태어났다고 해서 죽게 된 것을 유모가 빼돌렸다는 설화가 있다. 이러한 전설이 사실인지 꾸며낸 이야기인지는 알 수 없다. 만약 사실이라면 궁예의 아버지는 경문왕이나 헌강왕 중 하나가 된다. 그런데 궁예의 활동 시기를 따져 나이를 추산해 보면 경문왕 쪽이 훨씬 더 타당성이 있다.

어쩌면 이것은 궁예가 지어낸 이야기에 불과할 지도 모른다. 그러나 경문왕이 신라 하대에 드리웠던 그림자가 생각 이상으로 강력했다는 것을 암시하는 또 하나의 사실일 수도 있다. 궁예는 자신이 미륵이라고 주장했다. 경문왕은 미륵신앙의 중심이 되는 승려들을 끊임없이 회유해 종교마저 왕 아래로 끌어들이려 노력했던 사람이 아닌가? 그는 커다란 귀 만큼이나 후세에 크나큰 영향을 남긴 인물이었다.

신라의 왕자라고 주장하던 궁예가 스스로 고구려의 계승자임을 내세운 까닭은?

후고구려의 건국지, 궁예에게는 드라마의 한 장면 같은 설화가 있다. 본래 신라의 왕자로 태어난 몸이지만 불길한 날에 태어났다는 점괘가 나와 갓난아기 때 살해당할 뻔했다가 유모의 기지로 눈 하나만 잃고 민가에 숨어 자라났다는 것이다. 그런데 이런 궁예의 설화는 하늘이 돕고 온갖 기적이 일어나는 건국 영웅의 전설처럼 신비롭지 않아 오히려 있을 법한 이야기로 들린다.

궁예가 그토록 빠른 시일 내에 세력을 구축할 수 있었던 비결

궁예는 정말로 신라의 왕자였을까? 앞서 말했지만 궁예가 정말로 신라의 왕자라면 아버지는 경문왕일 가능성이 크다. 경문왕은 신라 하대에 마지막으로 강력한 왕권을 세운 인물이고, 무엇보다 그의 딸인 진성여왕 때 궁예가 반란을 일으켰으니 시간대가 비슷하게 맞아떨어진다.

설화가 사실이든 아니든 궁예의 연고지는 신라에서 멀리 떨어져 있었다. 처음으로 궁예가 세력을 일으킨 것은 북원原州에서 있었던 양길梁吉의 반란 세력을 토대로 한 것으로, 신라보다 옛 고구려의 영토를 세력 기반으로 두고 있었다. 처음에 후고구려라는 국명을 지은 것도 당시의 고구려를 기억하고 그리워하는 사람들의 호응을 염두에 둔 것이라고 할 수 있다.

사실 궁예는 이렇다 할 귀족 세력이 아니라 반란 세력, 즉 도둑 떼를 기반으로 시작했다. 신라의 왕자였다는 전설이 있긴 하지만 본래 떠돌이 승려에 불과했던 궁예가 불과 수십 년 만에 나라를 세운 것은 그 유례를 찾아보기 힘들 정도로 놀라운 성공이었다. 그가 그럴 수 있었던 데에는 두 가지 요인이 있었다.

하나는 신라 하대에 유행했던 미륵신앙이다. 경문왕도 미륵신앙을 왕권의 범위 내에 끌어들이려 했을 만큼 당시 미륵신앙은 강력한 힘을 발휘하고 있었다. 궁예는 스스로를 미륵불이라 주장하며 외출을 할 때는 금관을 쓰고 비단으로 치장한 백마에 올랐다. 또한 소년소녀들에게 깃발과 꽃을 들고 인도하게 하고 승려들에게는 범패를 부르며 따르게 했다. 이는 평범한 사람이 누릴 수 없는 화려함과 위엄으로 자신이 특별한 사람임을 드러내 보이고 사람들을 복종하게 하려는 궁예의 의도라고 할 수 있다.

또한 그가 주장했던 관심觀心, 사람의 마음속을 들여다봄법도 자신이 신비한 능력을 가졌다고 부풀린 것이었다. 훗날 후고구려라는 이름 대신 새롭게 지은 나라의 이름마진도 불교경전에서 따온 것으로 미륵신앙은 궁예 정권의 사상적 기반이었다.

다른 하나는 고구려, 백제라는 옛 삼국 유민들이 신라에게 가졌던 적대심이다. 옛 나라가 망한 지 100년이 훨씬 지났지만 궁예는 물론 견훤도 신라에 대한 원한을 노골적으로 드러냈다. 특히 궁예는 "신라가 고구려를 멸망시켜 이제 평양이 황폐해졌으니 원수를 갚겠다"라고 말했다. 기록에 따르면, 그는 부석사에서 신라왕의 초상을 보고 칼로 쳤으며 신라를 멸도滅都라고 부르고 신라인을 살해했다고 한다. 이는 궁예는 물론 옛 고구려 유민들이 신라에게 가졌던 적개심과 무관하지 않을 것이다.

초심을 잃어 28년 만에 왕건을 비롯한 호족 세력에게 멸망하다

궁예는 적어도 초반에는 성공적으로 왕권을 강화했던 것 같다. 예를 들어 궁예가 나라의 이름을 태봉泰封으로 바꾸었던 것은, 자신감을 얻은 궁예가 고구려의 그림자에서 벗어나 단독의 나라를 세우려 했던 시도로 볼 수 있다. 처음에 수도로 삼았던 송악을 떠나 철원으로 천도하려 한 것도 마찬가지로 해석할 수 있다. 그러나 당시 궁예의 나라는 호족들을 완전히 제압할 만큼 정비되지 않았다. 더욱이 나라 이름을 거듭 바꾸고 수도를 옮기는 작업은 국력을 빠르게 소모시키는 것은 물론 사람들의 반발을 불러일으켰다.

조급함은 늘 문제를 불러오게 마련이다. 성급하게 왕권을 강화하려한 궁예 역시 그로 인해 패배의 나락으로 내리닫게 되었다. 무엇보다 말기의 궁예는 사람들을 잔인무도하게 죽였다고 한다. 이는 그가 사졸들과 고락을 함께하며 전리품을 공평하게 나누었던 젊은 시절과 크게 달라진 것이다.

결국 일관성을 유지하지 못한 궁예 정권은 세워진 지 28년 만에 왕건을 중심으로 한 호족들의 반격으로 실패로 돌아가고 말았다.

삼국이 통일되고 수백 년이 흐른 뒤 또 다시 이 땅에 후삼국이 들어섰다. 수백 년간 치열하게 싸워온 삼국 사람들이 스스로를 한 뿌리 혹은 한 민족에서 나왔다고 생각했을 가능성은 희박하다. 그런 의미에서 삼국통일은 적국의 정벌과 통합에 가까웠다.

그래서 통일 이후 피정복자, 곧 고구려인과 백제인의 처우는 상당히 열악했다. 대표적인 예로 통일신라 이후 중앙정계에 진출한 백제계, 고구려계 사람은 거의 기록에 없으며 장보고마저 제거당하고 말았다. 이는 통일신라시대에 옛 고구려와 백제 출신이 차별받았음을 간접적으로 보여준다. 그리고 그 불만이 후삼국 성립으로 이어졌을 것이다.

궁예의 실패를 반면교사로 삼아 고려왕조를 성공적으로 연 왕건

궁예가 죽고 송도개성를 근거지로 하는 왕건이 후고구려를 계승한 것은 그 세력의 중심에 옛 고구려 영토의 호족들이 있었다는 것을 의미한다. 알고 있다시피 고려 태조 왕건은 옛 삼국의 영토를 모두 아우르면서 6명의 왕후와 23명의 부인을 두면서까지 전국에 있는 호족을 달래기에 바빴다. 그 이유는 고려가 완전히 갖춰진 나라라기보다 귀족연합 정권으로서의 성격이 강했기 때문이다. 궁예가 호족들을 강제로 억압하고 제거하려 했던 것에 비하면 온건하되 어쩌면 비굴하기까지 한 정책이었다. 그래도 왕건은 이로써 전국의 각 호족들을 고르게 대우하면서 통일을 성사시킬 수 있었다.

왕건이 살아 있던 시기는 결혼정책으로 그럭저럭 평화로웠다. 그러나 그 이후 호족들의 분열과 대립으로 한동안 나라가 혼란스러웠다. 그러다가 4대 왕인 광종光宗이 귀족들을 대거 숙청해서 나라 안을 피바다로 만들고 난 다음에야 비로소 고려는 나라꼴을 갖출 수 있었다.

그렇다고 중앙집권체제가 가장 훌륭한 것이라는 얘기는 아니다. 그럼에도 삼국시대 이래 모든 나라가 귀족간의 다툼과 혼란으로 힘을 소모해 제풀에 무너지는 경우가 허다했으므로 적절한 왕권 강화는 필요한 조치였던 게 사실이다.

어쩌면 궁예는 너무 빨리 칼을 뽑아든 것인지도 모른다. 몇 대 뒤의 자손이 해야 할 일을 서둘러 시행하다가 스스로 발목을 잡아채 마침내 폭군의 대명사로 남고 만 것이다.

후백제를 세운 견훤이 지렁이의 아들이라고?

후백제는 고작 36년 만에 역사 속으로 사라져버린 탓에 그다지 주목받지 못하고 있다. 하지만 건국자인 견훤에게는 많은 전설이 전해진다. 부모가 아기를 혼자 두고 밭에서 김을 매는 동안 암호랑이가 내려와 아기 견훤에게 젖을 먹였다는 전설이 전해내려온다. 또한 광주 북촌에서 자주색 옷을 입은 인간으로 둔갑한 큰 지렁이가 부잣집 딸과 동침해 낳은 아이라는 전설도 있다.

견훤은 과연 평범한 농민의 아들이었을까?

어쨌든 후백제를 세운 견훤은 스스로 백제의 계승자임을 자청했고 의

자왕의 원한을 갚겠다며 공공연히 신라에 반감을 표명했다. 그러나 정작 견훤은 백제나 전라도가 아닌 신라 상주 출신이다. 『삼국사기』와 『삼국유사』에는 그의 아버지 아자개阿慈介가 농민이라고 기록되어 있다. 이는 사실이 아닐 가능성이 크다. 최근의 연구 결과에 따르면, 그는 상주 일대에 세력을 가지고 있던 호족이었다고 한다.

또한 『삼국유사』에는 아자개의 원래 성이 이李씨이고 차후에 상주 일대에서 장군을 자칭했다고 적고 있다. 신라 말기에 나라가 어지러워지자 각지의 호족들이 성주城主 혹은 장군을 자칭했다는 것을 생각하면 얘기가 좀더 명확해진다. 설사 아자개가 농사를 지었더라도 어느 정도 세력 기반이 있던 호족 혹은 촌주였을 가능성이 큰 것이다.

최근의 금석문을 통한 연구 결과도 이러한 추론을 뒷받침한다. 924년에 만들어진 봉암사지증대사적조탑비鳳巖寺智證大師寂照塔碑에는 서□대장군西□大將軍 이질미阿叱彌리는 이름이 적혀 있는데, 이것이 아자개와 동일인이라고 한다.

만약 견훤이 평범한 농민의 아들이었다면 후백제 정권은 성립되기 어려웠을 것이다. 견훤이 신라의 중앙군으로 진출했던 것이나 이후 전주, 광주 등 전라도 일대의 호족들과 연합한 것은 그 역시 호족 세력이었음을 간접적으로 증명한다.

한 달 만에 5천 명의 세력을 이루다

사실 후백제와 견훤의 근거지가 되었던 상주 일대는 여러 가지 역사적 내력을 가진 땅이었다. 아자개가 장군, 즉 호족으로서 세력을 굳힌 뒤 원종元宗과 애노哀奴의 반란889년, 진성여왕 3년이 일어나 정치적으로 큰 변화가 찾아왔다. 반란군들은 사벌주를 근거지로 반란을 일으켰는데 상황으로 보아 주동자들의 신분은 호족으로 추정된다. 진성여왕은 토벌대를 보냈지만 그들은 오히려 반란군의 세력에 기세가 눌려 도망치기에 바빴다.

이 사건은 신라 골품제 사회에 큰 타격을 입혔고 국가의 통치력과 위신 역시 크게 떨어졌다. 이후 견훤 가문은 상주 일대의 반란 농민들을 이끌었던 것으로 추정된다.

그런데 후백제의 건국에는 호족 세력뿐 아니라 농민들도 적극 참여했다는 주장도 있다. 당시 신라는 쇠약해진 상태였음에도 각 지방에 세금을 독촉했다. 물론 이것은 진성여왕이나 그녀 오빠들의 사치로 인한 재정난 때문으로 해석되는 게 일반적이다. 반면 신라가 지방 호족의 세력 확대를 억제하기 위해 조세권을 박탈하려 한 시도라는 의견도 있다. 그 결과 불만이 쌓인 호족과 농민층이 서로 결탁했고, 마침내 농민반란과 더불어 후백제 건국의 원인이 되었다는 것이다.

경주에서 서남해 방수군防戍軍의 비장으로 싸웠던 기간이 고작 몇 년에 불과했던 견훤은 어떻게 한 달 만에 5천 명의 세력을 구축할 수 있었을까? 이는 아버지 아자개가 장군을 칭했던 사실과 무관하다고 볼 수 없다. 이후 견훤은 광주, 진주 일대를 근거지로 후백제를 세웠으며 고려군을 격퇴하고 신라의 왕을 갈아 치울 정도로 막강한 세력을 떨쳤다. 결국 후백제는 불세출의 영웅이 맨주먹으로 일어서거나 기적을

일으킨 것이 아니다. 오랜 시간의 원인과 결과물이 쌓이고 쌓인 끝에 강하게 흔든 탄산음료가 폭발하듯 일어난 나라였던 것이다.

아버지에게 배신당하고 아들과 갈라선 불운의 사나이, 견훤

그런데 아이러니하게도 건국자 견훤은 후백제를 멸망시키는 데도 크게 기여를 하고 만다. 물론 다른 한편에서는 건국에 기여한 호족 세력들이 분열하면서 나라의 종말을 맞게 되었다고 주장하기도 한다.

후백제 멸망의 직접적인 원인은 내부의 권력 다툼이었다. 이것은 견훤의 큰아들 신검과 넷째아들 금강의 후계자 다툼으로 잘 알려져 있지만, 좀더 자세한 내력을 살펴볼 필요가 있다.

먼저 신검, 양검, 용검 등 신검 계열의 외척들은 광주지방의 호족 세력으로 견훤 정권 전반기에 세력을 떨쳤고 특히 고려에 공격적이었다. 그러나 금강계의 외척들은 견훤 후기에 권력을 잡았고 전주의 세력가로 고려에 대해 온건적인 태도를 보였다. 결국 이 두 세력이 대립하면서 신검의 쿠데타가 일어나고 말았다. 그 결과 금강은 죽고 견훤은 금산사에 유폐되고 말았다. 이후 견훤은 3개월 만에 고려로 달아났으며 나중에 후백제를 멸망시키는 군대를 일으킬 것을 요청했다.

이렇게만 본다면 신검은 동생을 죽이고 아버지를 가둔 천하의 불효자이다. 그러나 따지고 보면 견훤도 효자와는 거리가 멀었다. 견훤이 세력을 쌓아올릴 때 그는 분명 지방 호족인 아버지의 덕을 보았을 것이다. 하지만 아자개는 후백제를 세운 자식과 다른 길을 걸어 고려로

귀부歸附: 스스로 와서 복종함해 버렸다. 『고려사』 태조 원년918년에 보면 상주 적
사賊師 아자개라는 인물이 고려에 귀부하는 내용이 나오는데, 그가 견
훤의 아버지와 동일 인물이라는 것이 널리 받아들여지고 있다.

아자개와 견훤은 왜 갈라섰을까?

견훤이 신라에게 반기를 들고 나라를 세운 것은 889년의 일이다. 이
후 견훤은 그의 지렁이 전설과 연결되는 광주에 새로이 근거지를 두
었고, 차츰 아버지의 상주와 다른 길을 걸었던 것으로 추정된다. 견훤
과 신검의 싸움이 워낙 유명했던 탓에 이들 부자의 분쟁이 가려지는
감도 있지만 견훤과 아자개의 갈등도 그에 못지않았던 것 같다. 사서
는 그 이유가 무엇인지 말해 주지 않고 있지만 견훤과 신검이 전쟁을
벌였던 것을 생각하면 집안 내력이었을까?

역사 가상 극장

싱어송라이터(?) 원효대사~

나무아미타불~ 관세음보살~ ♪
나무아미타불~ 관세음보살~ ♪♫

와아~ 와아~

불교 믿으세요~!

누군데 온종일 노래를 부르나?

원효대사 아니신가…

아! 마시면 도를 깨우친다는 을 상표 등록 해서 떼돈 벌었다는 그 원효?

맞아~. 그런데 그 돈을 몽땅 불교 대중화에 쓰시니… 얼마나 훌륭한 분이신가?

씨익

그런 원효에게도 고민이 있었으니…

꽁~

내 여인을 얻어 나라에 도움이 될 큰 인재를 얻고 싶은데, 승려 체면에 가 놓고 말할 수도 없고…

무슨 좋은 수가 없을까?

옳거니! 그렇게 하면 되겠구나!

따악

만약 이랬다면, 설총의 이두는 만들어지지 못했을지도...

4

호족이 세운 나라를
천민이 지키다
고려시대

고려시대 사람들도 공무원이 되기 위해 무진 애를 썼다는데?

고려 문인들 사이에 팬클럽을 몰고 다니던 소동파가 사실은 반고려주의자였다?

김부식이 정지상의 유령에게 살해당했다는 게 사실일까?

『동국이상국집』의 저자 이규보는 둘째가라면 서러울 어용지식인이었다는데…?

정권을 틀어 쥔 무신들은 왜 스스로 왕이 되지 않았을까?

세계 최강의 몽골군을 천민으로 이루어진 군대가 꺾었다는데…?

문익점이 원나라에서 붓두껍에 목화씨를 숨겨와 퍼뜨렸다는 것은 사실이 아니다?

고려시대의 유물 · 유적

용미리 석불입상

철불

고려청자

관촉사
석조미륵보살입상

팔만대장경

고려시대

고려 태조 왕건은 호족들과의 결혼과 동맹을 통해 왕의 자리에 올랐다. 고려의 호족은 관직과 재산을 독점해 문벌귀족으로 발전했는데, 이들의 권력 다툼으로 이자겸의 난 같은 내란이 일어나기도 했다. 하지만 귀족들의 수요로 불교문화가 크게 융성하면서 동시에 사치스럽고 세련된 문화유산이 많이 만들어졌다. 그 대표적인 예가 고려청자이다.

고려는 역사상 가장 많은 외적의 침입에 시달렸다. 거란을 시작으로 몽골, 여진, 홍건적, 왜구 등이 몇 번이나 침입해 왔고, 고려는 이에 맞서 계속되는 위기를 극복해 나갔다. 그러나 외침의 위기보다 더 심각한 문제는 고려 사회 내부의 고질적인 모순과 심각한 부패였다. 그로 인해 마침내 무신정변이라는 쿠데타가 일어났던 것이다.

권력에만 눈이 멀었을 뿐 책임을 알지 못했던 무신정권은 고려의 병폐를 더욱 부채질했고, 허수아비가 되어 버린 고려 왕실은 무신정권을 제압하기 위해 몽골 세력을 끌어들였다. 실속이야 어떠했든 외견상 고려는 몽골 제국이 만들어낸 국제 세계의 일부로 참여하게 된 셈이었다. 하지만 동시에 독립국으로서의 자주성을 잃었으며 탐욕스런 권문세족을 만드는 결과를 초래했다.

공민왕을 마지막으로 고려는 천천히 삭아서 무너져 내렸고, 새로운 시대정신인 성리학과 함께 신진 사대부의 나라 조선이 열리게 되었다.

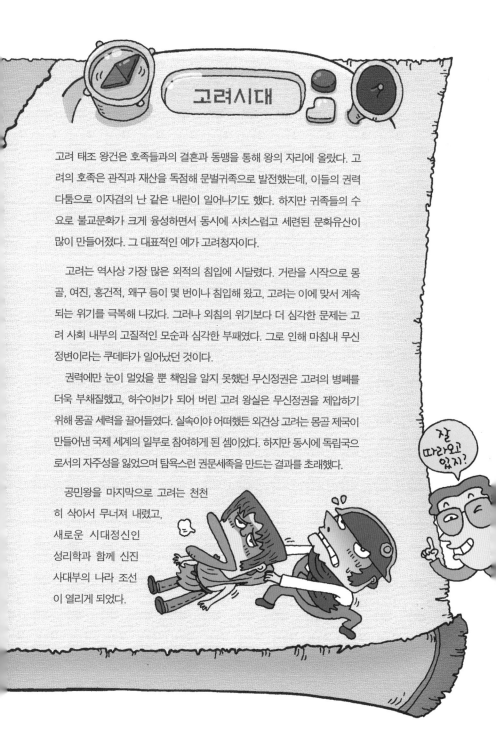

잘 따라오고 있지?

왕건의 유언을 기록한 훈요십조는
누군가에 의해 위조되었다?

흔히 "인간은 누구나 평등하다"라고 말하지만 사실은 평등하지 않기 때문에 그런 말이 있는 게 아닐까! 그러나 '너와 나는 다를 수밖에 없다'는 것이 지나치면 차별이 되고 만다. 아마도 인류가 존재하는 한 정도의 차이가 있을 뿐 차별이 완전히 사라지지는 않을 것이다.

*훈요십조는 『고려사』 태조 26년 4월의 기록에 등장하며 왕건이 세상을 떠나면서 후손에게 유언으로 남긴 말이다. 왕건은 여기에서 고려가 불교 국가라는 것과 풍수지리설, 왕위 계승의 원칙 등 여러 조항을 말하고 있지만 이것은 이후로 여러 가지 논란의 시초가 되었다. 지역감정의 발단이라고 주장하는 사람도 있다.

혼요십조가 지역차별을 불러일으켰다고?

가장 문제가 된 것은 제8조로 '차현 이남과 공주강 바깥車峴以南公州江外에는 반역의 조짐이 있으니 그곳 사람을 등용하지 말라'는 내용이다. 사실 8조의 내용에는 그밖에도 관리와 노비 등의 신분제도를 유지해 반란을 막으라는 것도 포함되어 있다. 그래도 가장 쟁점이 된 것은 '등용 금지'의 내용이었다.

먼저 차현 이남과 공주강 바깥이 어디인가가 문제가 되었다. 고려인은 그곳이 어디인지 알았을 테지만 이미 조선시대부터 거기가 어디인지 모호한 지경이었다.

결국 이익은 『성호사설』에서 『감여록堪輿錄』에 실린 풍수지리설의 지식을 토대로 이곳이 호남 일대를 말하는 것이라고 추정했다. 이 말을 계기로 해서 현재로서는 전라도와 충청도 일부를 뜻한다는 것이 통설로 되어 있다.

설사 그곳이 호남을 가리킨 것일지라도 그 내실을 보면 훈요십조의 제8조가 제대로 지켜진 것 같지도 않다. 예를 들어 나주 출신의 장화왕후莊和王后 오씨의 소생인 혜종惠宗이 다음 대 고려의 왕이 되지 않았던가? 또한 왕건의 탄생을 점쳤다던 풍수지리설의 대가 도선道詵의 고향도 호남지역이며 견훤의 외손녀 동산원東山院부인은 왕건과 혼인을 했다. 그리고 왕건의 심복이자 혜종의 후견인이던 박술희朴述熙나 태사 최지몽崔知夢 등 호남 일대에서 난 인재들은 여전히 고려시대에 많은 활약을 했다.

과연 훈요십조는 어디까지 믿을 수 있을까? 왕건은 평생에 걸쳐 후

삼국 사람들을 끌어들이고 후하게 대접함으로써 나라를 하나로 모으려 애를 썼다. 그런 그가 유언에서 특정 지역을 차별하라는 말을 남긴 것은 어딘지 이상하다. 더욱이 만약 차현 이남과 공주강 바깥이 호남이라면 당시 고려 땅의 1/3에 해당하는 상당한 영토였다. 이곳에서 나오는 인재를 모두 배격한다면 나라를 다스리기 힘들었을 텐데, 어딘가 이상하지 않은가?

훈요십조는 현종 때 귀족들에 의해 위조되었다는데…

훈요십조에 대해 여러 가지 의문이 제기된 것은 오래되었지만, 본격적으로 위작설이 제기된 것은 일본의 교토대학 교수이자 동양사학자인 이마니시 류今西龍로부터였다. 그는 『고려사』 열전의 최승로崔承老조에서 "거란의 침입으로 역사서가 불타버렸기에 최항崔沆의 집에 간직해뒀던 왕건의 유서를 실록에 끼워 넣고 다시 만들었다"는 기록을 통해 훈요십조가 위조되었다고 주장했다. 또한 이것이 만들어진 것은 거란의 침입으로 나주까지 피난을 갔던 현종 때였다고 했다.

피난 간 현종이 나주 출신의 왕비 세 명을 맞아들이는 등 나주의 호족 세력이 힘을 얻자, 이를 경계하던 개경-경주의 귀족들이 태조의 유언이라고 꾸며 만들어냈다는 것이다. 이마니시는 한국사 외에도 다양한 분야를 연구한 학자이지만, 그가 이런 주장을 할 당시 일본의 학계에 의고론疑古論이 유행했다는 것도 감안해야 할 것 같다.

훈요십조 위작설을 둘러싼 뜨거운 논란

해방 이후, 한국 학자들은 일본 학자들의 한국사 해석에 일제히 반박하기 시작했다. 훈요십조 조작설에 처음 반박을 제기한 것은 이병도李丙燾다. 당시는 후백제를 마지막으로 정벌하고 마침내 삼국통일을 이룩한 특별한 시기였고, 후백제 인물의 등용은 그 지역을 위로하기 위해서였다는 것이다. 고로 훈요십조는 진짜라는 얘기이다.

김상기 역시 새로운 해석을 했다. 훈요십조는 왕실에서 비장秘藏한 것이지 사람들에게 공공연히 알리기 위한 것은 아니라는 주장을 제기한 것이다. 하지만 이들의 의견은 일본 학설에 일단 반박하기 위한 것이라는 인상이 있고, 주장의 근거가 확실하거나 설득력이 분명한 것은 아니다. 문제는 이러한 주장이 거듭되다 보니 훈요십조의 사료적 가치가 아예 의심받는 부작용을 낳았다는 것이다.

이후 다른 연구(김성준)에서 고려시대 때 인물 중 호남 출신을 통계 및 표로 정리해 연구했다. 이에 따르면, 호남 출신은 벼슬을 하긴 했지만 다른 지역에 비해 상대적으로 그 수가 적었다고 한다. 또한 등용된 사람들이 대부분 왕건이 왕이 되기 이전부터 인연을 맺어온 나주 사람들이라고 한다. 그밖에 충주, 청주에서 등용된 사람들도 있었는데 이곳은 본래 신라 때부터 5소경의 일부로써 중요한 장소로 받아들여졌다.

다른 한편으로 8조에서 말하는 등용 금지 구역은 호남 전체가 아니라 왕건에게 반역을 했던 차령 이남과 공주 일대의 좁은 장소를 의미한다는 주장도 있다. 어쨌든 훈요십조의 위작설은 지금까지도 꾸준히 제기되고 있다. 무엇보다 현대사에서 전라도 차별 문제의 역사적 근거로 활용하고 있어 앞으로도 많은 논란이 예상된다.

훈요십조(訓要十條) __ 943년 고려 태조가 그의 자손들에게 귀감으로 남긴 10가지의 유훈(遺訓). 신서 10조(信書十條)·십훈(十訓)이라고도 한다. 태조가 총애하던 중신(重臣)인 박술희(朴述熙)를 내전(內殿)으로 불러들여 그에게 주었다고 하며 『고려사』,『고려사절요(高麗史節要)』에 전한다.

허약하다고 알려진 고려 혜종은 어떻게
맨손으로 자객을 때려죽일 수 있었을까?

고려의 2대왕 혜종은 존재감이 매우 흐릿하다. 즉위 기간이 짧았기 때문인지 태조 왕건이나 서경 천도를 꿈꿨던 정종 그리고 노비안검법이나 과거제도 등 굵직한 조치를 시행했던 광종에 비하면 그저 있는 듯 없는 듯 미미하다. 더욱이 즉위한 지 3년 만에 별다른 업적 없이 갑자기 병으로 죽었다는(뒤를 이은 3대왕 정종도 마찬가지이다) 사실만으로도 왠지 혜종은 병약한 군주로만 보인다. 과연 그랬을까?

노련한 자객을 맨손으로 때려죽인 혜종

혜종은 왕건의 큰아들로 왕건이 죽은 뒤 왕위를 물려받았다. 하지만

26명에 달하는 왕건의 장인 중 하나인 왕규王規가 왕위를 자신의 외손자에게 물려주려는 음모를 꾸미고 혜종에게 자객을 보냈다. 그런데 혜종이 잠든 틈을 노려 밤에 궁궐로 들어간 자객은 오히려 혜종의 손에 맞아 죽고 말았다. 이처럼 몰래 숨어든 자객을 맨손으로 제압한 혜종이 병약하다면 사자를 목 졸라 죽인 삼손은 청순가련하다고 해야 할 것이다.

혜종의 진면모는 어땠을까? 안타깝게도 그에 대해 알 수 있는 사료가 별로 없다. 그의 어머니 장화왕후 오씨에 대해서도 나주의 한미寒微: 가난하고 지체가 변변하지 못함한 가문이라고만 말하고 있을 뿐이다. 왕건은 알려진 대로 각 지역 호족의 딸과 29번이나 결혼을 했다. 그 이유는 각지에 흩어져 있던 호족 세력을 한데 묶고자 했기 때문이다. 그렇게 많은 아내를 두었다고 부러워하는 사람이 있을지도 모르지만 사실은 호족 세력이 너무 강대했던 탓이니 왕건은 수많은 처가의 눈치를 보아야 하는 불안한 입장이기도 했다. 그나마 왕건이 살아있을 때는 상관없었지만 그가 죽은 이후에는 본격적인 정권 다툼이 시작되었다.

『고려사』의 기록에 따르면 오씨는 유일하게 정략결혼이 아니었다고 한다. 당시 궁예의 부하였던 왕건은 명령에 따라 지금의 나주를 공격했는데, 그 와중에 빨래터에서 오씨를 만났다는 것이다. 그런데 왕건은 오씨의 가문이 별 볼일 없다는 이유로 아이를 갖지 않으려 했고, 동침을 하되 체외사정을 했다고 전해진다. 그런데 오씨가 이를 주워 담아 임신을 했고 그렇게 해서 낳은 아들이 혜종이라는 것이다. 이때 잠자리를 했던 곳이 돗자리였는데, 혜종의 얼굴에 돗자리 자국이 있어 '돗자리 임금'이라 불리기도 했다고 한다. 여기서 의학 상식 하나를 말해 두자면, 체외사정을 한다고 임신이 안 되는 것은 아니며 사람의 얼굴에 무늬가 생기지도 않는다.

알고 있다시피 왕건은 평생을 전쟁터에서 살았다. 왕건의 장남 혜종은 후백제 정벌 이후 공신으로 봉해졌다. 아버지의 심복이자 오른팔로서 전장을 돌아다니고 무예를 닦았다면 불시에 찾아든 자객을 때려죽이는 완력을 발휘하는 것도 그리 이상하지는 않다. 아마도 태조 왕건에게는 큰아들이 믿음직한 자식이자 부하였을 것이다. 그런 의미에서 어쩌면 혜종이야말로 왕건의 진정한 후계자가 아니었을까?

혜종에게 자객을 보낸 사람은 왕규일까, 정종일까?

문제는 혜종의 외가가 힘이 약했다는 사실이다. 아니, 다른 이복동생들의 외가가 지나치게 강력했던 것인지도 모른다. 그래서 왕건은 태자를 확정하지 못한 채 장화왕후 오씨에게 값비싼 비단을 보냈다. 이는 혜종을 후사로 세우고 싶어도 현실적으로 그럴 수 없는 사실을 은밀히 표현한 것이라고 한다. 왕건은 자신이 후계자로 삼고 싶은 자식을 밀어주지도 못하는 가련한 신세였던 셈이다.

하지만 오씨는 총명했다. 그녀는 왕건이 하사한 비단으로 주요 무신 중 하나였던 박술희를 끌어들였다. 이로써 혜종은 자신의 입지를 굳히고 왕건의 후계자임을 인정받을 수 있었다.

그럼에도 이복동생들은 여전히 막강했다. 이들을 무마하기 위해서

인지 모르지만 혜종은 자신의 딸을 훗날 정종이 되는 이복동생과 결혼시키기도 했다. 이 경우 촌수가 무척 복잡해지지만 고려시대에 이러한 족내혼族內婚은 흔히 벌어졌다.

그렇다고 혜종의 반대 세력이 완전히 수그러든 것은 아니다. 만약 그랬다면 혜종이 한밤중에 자객의 습격을 받는 일은 없었을 것이다. 자객을 보낸 사람은 정말로 왕규일까? 혜종은 죽기 전 몇 번이나 거처를 옮겼다고 한다. 일반적으로 병으로 인한 휴양이라고 생각하지만, 사실은 자객의 위협 때문이었을 수도 있다.

근래에는 혜종 제거와 암살의 배후에 있던 사람이 왕규가 아니라 오히려 3대 왕으로 즉위한 이복동생 정종이었다는 설이 있다. 본래 왕규는 박술희와 더불어 왕건으로부터 세자를 보필해 달라는 부탁을 받은 신하였다. 또한『고려사』에서는 왕규가 자신의 외손자 광주원군廣州院君을 왕으로 세우려 했다고 기록하고 있지만 광주원군우 무려 열여섯째 왕건의 아들로 나이가 어렸다. 그리고 다른 왕자들도 제각각 든든한 외가를 배경으로 두고 있었다. 그런 상황에서 왕규가 진정 자신의 외손자를 왕으로 삼으려 했다면 지나치게 무모한 일이라고 할 수 있다.

무엇보다 왕규가 정말로 반란을 도모하고자 했다면 먼저 충분한 군사적 역량을 갖추지 않았을까? 하지만 서경에서 왕식렴王式廉의 군대가 도착하자 왕규는 별다른 저항을 하지 못했다. 그는 결국 귀양을 갔다가 죽고 말았다. 이런 사례들을 정리해 본다면 반란을 일으킨 것은 오히려 정종이었을 가능성이 크다. 역사의 승리자인 정종이 모든 악업을 왕규에게 둘러씌운 것인지도 모른다.

이러한 정쟁의 진정한 피해자는 혜종이 아니었을까? 눈에 보이는 적이 아니라 가까이 숨어 어둠을 틈타 살해하려는 적과 싸우는 것이 몇 배 더 어려운 법이다. 잠들면 살해당할지도 모른다는 불안은 사람을 좀먹고 병들게 만든다. 아니, 어쩌면 혜종의 죽음은 자연스러운 것이 아닐지도 모른다는 생각마저 든다.

고려의 세 번째 왕 정종은 혜종에게서 왕위를 넘겨받은 것이 아니라 군신들의 추대를 받아 즉위했다. 이러한 계승도 그렇지만 힘도 세고 용맹하며 배짱도 있었을 혜종이 돗자리 임금으로 놀림을 받았던 것을 보면, 이후의 고려왕들이 혜종을 심하게 깎아 내린 것만은 틀림없는 사실이다.

고려시대 사람들도 공무원이 되기 위해 무진 애를 썼다는데?

요즘에 가장 인기 있는 직업은 바로 공무원이라고 한다. 그러면 공무원은 언제부터 인기가 있었던 것일까?

따지고 보면 먼 옛날 사람들도 공무원이 되기 위해 무진 애를 썼다. 과거에 급제를 하겠다고 수십 년을 매달려 공부하고 매번 낙방을 하면서도 또 다시 도전했던 선비들은 모두 공무원 지망생이었다.

한국 역사상 최초의 공무원 시험은 고려 광종고려 4대 왕 때부터 치러지기 시작했다. 이후의 고려는 물론 조선시대 사람들까지도 힘들게 했던 시험은 어떻게 시작된 것일까? 여기에는 고려의 격변기를 헤쳐 나가며 왕권 강화를 이루고 국가의 기틀을 다져야 했던 광종의 고뇌가 서려 있다.

광종의 딜레마와 그 타개책

태조 왕건이 세운 고려의 본질은 호족연합 정권이었다. 그가 6명의 왕후와 23명의 부인을 둔 것은 왕으로서의 권위가 강력하고 위세가 당당했기 때문이 아니었다. 오히려 그 반대로 호족 중 어느 누구도 거스르지 않으며 비위를 맞춰야 했기 때문이다. 한마디로 굴욕적인 관계라고 할 수 있는데, 이를 두고 중폐비사重幣卑辭라고 한다.

실제로 왕건이 결혼한 여인은 황주, 장주, 충주, 상주, 경주, 완산주, 나주 등 전국의 요충지를 차지하고 있던 호족의 딸들이었다. 왕건은 혼인동맹으로 각 지역의 호족들을 무마시켰을 뿐 왕으로서 확실한 통치력을 행사하지 못했던 것이다.

이러한 상황은 혜종은 물론 정종 때도 마찬가지였다. 대표적인 예로 보고서를 통해 청주 일대를 구체적으로 파악할 수 있었던 것이 바로 광종대에 이르러서였다. 이는 역으로 그때까지도 고려 정부가 제대로 장악하지 못한 지방이 있었음을 의미한다. 실제로 광종 때까지도 청주에는 중앙에서 파견한 지방관이 있었는지조차 불분명한 걸로 보아 왕조는 세워졌지만 지방은 역시 따로 놀고 있었던 것 같다.

이런 상황에서 국가체제를 만드는 것이 고려 조정이 가장 시급히 해결해야 할 문제였는데, 이것을 방해하는 것이 바로 호족들이었다. 이미 지방에서 입지를 굳히고 있던 그들은 결코 기득권을 버리고 싶어 하지 않았다. 더욱이 왕건이 죽은 뒤 각 호족은 자신의 딸이 낳은 자식으로 후사를 잇고 싶어 했다. 이로 인해 혜종-정종기에 극심한 혼란이 빚어졌다. 결국 이들 두 왕이 병으로 급사한 것은 정말로 몸이 허약했다기보다 계속되는 암살 위협으로 인한 노이로제 때문이었는지도 모른다. 제4대 왕 광종은 그런 정종의 뒤를 이어 즉위했다.

초기에 광종은 온건하게 호족들을 무마하며 힘을 길렀다. 하지만 7년째가 되자 광종은 갑자기 노선을 바꿔 왕권 강화책을 시행했다. 그중 하나가 노비안검법奴婢按檢法, 본래 양인이었다가 노비가 된 사람이 다시 양인이 될 수 있도록 조처한 법이고 다른 하나는 과거제도이다. 이러한 광종의 개혁을 이론적으로 뒷받침한 사람은 중국 후주의 사신이었다가 고려로 귀화한 쌍기雙冀이다. 최승로를 비롯한 고려 사람들은 귀화 중국인의 채용에 거부감을 드러냈다. 그러나 광종은 쌍기를 신임해 중책을 맡기는 한편 그의 건의를 받아들여 광종 9년에 처음으로 과거를 실시했다.

중국 후주 사람 쌍기를 발탁해 과거제도를 시행한 이유

그런데 왜 하필이면 후주 사람이었을까? 그것은 후주의 세종世宗 역시 광종과 비슷한 문제로 고심하다가 중앙집권을 강화하는 개혁을 시행했기 때문이다. 쌍기는 바로 그 개혁 과정을 밀도 있게 경험한 사람이었던 것이다. 더욱이 쌍기는 중국에서 자영농민을 육성하는 정책에 관여한 터라 노비안검법 실시에도 개입했을 것으로 보인다. 하지만 그가 정말로 깊이 관여했던 것은 과거제도이다. 그런 탓에 고려의 과거제도는 중국(후주) 제도의 영향을 깊이 받을 수밖에 없었다.

이미 중국은 수나라 때부터 과거를 시행해 왔는데 광종은 이를 전격 도입해 쌍기를 지공거知貢擧, 즉 시험관으로 임명했다. 이때 광종은 몸소 과거시험장에 나가 문제를 발표하는 등 시행에 많은 관심을 보였다. 처음에 과거는 그냥 한 번만 보면 끝나는 간단한 것이었다. 그러던 것이 차츰 여러 번으로 나뉘어지고 절차도 꽤나 복잡해져 지금 우리가 알고 있는 과거제도로 정착되었다.

과거제도 실시는 고려는 물론 우리나라 역사에서 매우 중요한 사건이었다. 이로써 호족 및 집안 배경과 상관없이 시험을 통해 실력으로 뽑힐 길이 열렸고, 점점 고려 사회가 호족 중심 체제로부터 관료제 사회로 변해갔기 때문이다.

고려 사람들은 과거제도를 비롯한 광종의 개혁에 대단히 비판적이었다. 하지만 역설적으로 바로 그렇기 때문에 당시의 정치적 실태를 좀더 분명히 파악할 수 있다. 광종은 치세 기간에 많은 호족을 제거했고 새로운 인재를 등용하기 위한 여러 가지 방법을 찾았다. 이로 인해 당시는 물론 후대의 고려 사람들은 귀화한 중국인이 고려의 높은 관직을 받았고, 공을 세우지도 않은 젊은 무리가 왕의 총애를 받았다며 노골적으로 비난했다. 그러나 이런 비판자들은 최승로나 서필徐弼 등으로 모두 지방의 유력한 호족 출신이었다. 이미 기득권을 쥐고 있던 그들로서는 이렇다 할 가문의 배경도 없는, 다시 말해 실력 말고는 아무것도 없는 사람들이 조정에 등용되는 것이 무척이나 못마땅했을 것이다.

물론 과거제도가 실시된 이후에도 귀족들의 권리는 여전히 인정을 받았다. 왕족, 공신의 후손 그리고 정5품 이상의 자제는 음서蔭敍를 통해 과거를 보지 않고도 관리가 될 수 있는 길이 열려 있었던 것이다.

그래도 과거를 통해서나마 유력 귀족이 아닌 사람들에게 출세할 길이 열리게 된 것은 한국 역사상 실로 혁명적인 조치였다. 언제나 신분이 높은 사람은 자연스럽게 혜택을 받았지만 그렇지 못한 사람은 혜택은 커녕 기회조차 얻지 못했기 때문이다.

서희는 어떻게 세 치 혀만으로 거란의 80만 대군을 물리칠 수 있었을까?

우리나라 역사를 통틀어 '유능한 외교의 귀재'를 꼽으라면 누구도 서희徐熙를 추천하는 데 주저하지 않을 것이다. 요의 1차 침입 때 그는 평양 이북의 땅을 포기하자는 조정 중신들의 의견에 맞서 유일하게 물러서지 않을 것을 주장했다. 더 나아가 요의 장군 소손녕蕭遜寧을 상대로 당당히 담판을 벌여 강동6주를 얻어냈다. 그야말로 세 치 혀로 거란의 80만 대군을 물리친 것이다.

서희, 요나라의 장군 소손녕에게 맞장 뜨다

그런데 『고려사高麗史』에 기록된 서희의 담판 과정을 보면 어쩐지 기대

하던 것과 많이 다른 풍경이 펼쳐진다. 가장 먼저 벌어진 충돌은 등급 문제였다. 소손녕은 자신이 요 황제의 대리이니 무릎을 꿇고 절할 것을 요구했고 서희는 대등한 신하로서 예를 갖추자고 했다. 소손녕이 거절하자 서희는 그 자리에서 냉큼 숙소로 돌아가 버렸다. 그것도 아예 침소에 드러누워 상대도 하지 않았다.

결국 소손녕이 굽히고 나서야 비로소 담판이 시작될 수 있었다. 하지만 회담에서 소손녕이 서희의 말에 승복하거나 감동을 받았던 것 같지는 않다. "고려는 고구려의 옛 땅이다"라는 말은 고려 사람이라면 고개를 끄덕이겠지만 거란 사람인 소손녕에게는 먹히지 않았을 것이다. 실제로 요나라의 역사서 『요사遼史』는 "소손녕이 군사를 이끌고 변경의 성들을 정벌하자 고려의 왕이 두려워 항복을 청하는 글을 올렸다"라고 간결하게 적고 있다.

그런 정황으로 볼 때 담판 때는 아무래도 서희의 말이 청산유수라 소손녕이 미처 끼어들 새가 없었거나 그의 말재간이 서희를 따라가지 못했던 것 같다. 무엇보다 서희는 여진이 고려와 거란을 가로막고 있다는 말로 화제를 전환했고, 이로써 전쟁을 끝내는 것은 물론 거란이 여진을 공격하게 만들어 강동6주를 차지하게 되었다.

하긴 당시의 국제 정세를 생각하면 서희의 그런 배짱이 어디에서 나왔나 싶기도 하다. 당시 송나라는 일찌감치 요의 기세에 눌려 요와 형제관계를 맺는 대가로 엄청난 양의 공물을 매년 갖다 바쳐야 했다. 그러면서도 끊임없이 공격을 받으며 시달렸다.

그 비밀의 열쇠는 바로 담판이 벌어지기 전의 전선 상황에 있다. 고려군은 안융진安戎鎮에서 거란이 자랑하는 기병대를 검차劒車를 이용해 격파했던 것이다. 거란은 본래 유목민족으로 말을 타고 싸우는 기마전술이 장기였다. 검차는 말을 상대로 싸우는 데 유용한 무기로 수레에 꽂아놓은 칼과 창을 이용해 효과적으로 말을 공격할 수 있었다.

이로써 요의 정예기병대는 심각한 타격을 입었고 이제까지 거침없이 몰아치던 기세가 한풀 꺾이게 되었다. 그 결과 지휘관 소손녕은 크게 위축되었던 것으로 보인다. 사실 요나라의 원정은 기세야 당당했지만 엄청난 위험이 따르는 모험이었다. 이미 그들의 보급선은 길어졌고 적들에게 사방으로 둘러싸인 형국이 되었다. 더욱이 그토록 자랑하던 기마대가 격파당하면서 심리적 부담이 가해졌음은 두말할 필요조차 없다. 바로 그 시점에서 고려와 요나라의 담판이 벌어지게 되었다.

아마도 소손녕은 더 이상 전쟁을 계속할 마음이 없었을 것이다. 그러나 만약 담판이 결렬되면 소손녕은 다시 지친 병사들을 일으켜 세워 싸워야만 했다. 더욱이 고려군에게는 거란군에게 타격을 입힐 수 있는 전력이 남아 있었고, 안융진에서의 승전으로 한층 기세가 올라 있었다. 그런 상황에서 싸움을 벌이면 불리한 쪽은 요나라였다. 설령 운이 좋아 요나라가 이길지라도 심각한 상처뿐인 승리를 얻게 될 판이었다. 서희에게는 이러한 위험부담을 안은 소손녕이 담판을 깨지 않으리라는 확신이 있었을 것이다.

고려는 하루빨리 거란을 내쫓기를 원했고, 거란은 더 이상 손해를 보기 전에 발을 빼고 고향으로 돌아가고 싶어 했다. 그렇다면 이제 남은 문제는 어떻게 하면 서로 체면을 구기지 않고 모양 좋게 종전을 하느냐에 있었다.

더욱이 소손녕은 무인 출신이라 서희에 비하면 말재간이 떨어졌다. 서희는 소손녕의 어줍잖은 트집을 하나하나 개념을 짚어가며 논리적으로 따졌다. 그러면서도 요나라의 체면을 세워주는 것도 잊지 않았다.

무모해 보이는 서희의 담판이 뜻밖의 성공을 거둔 비결

애초에 요나라가 고려에 쳐들어온 이유는 고려가 송나라와 친하게 지내고 자신들을 배척한다는 데 있었다. 그런데 서희는 그 모든 분란의 원인을 여진족에게 돌렸다. 아무리 고려가 요나라와 친하게 지내고 싶어도 여진족이 가로막아 어쩔 수 없다고 한 것이다. 그리고 고려-거란 간의 확실한 교류를 위한다는 핑계로 강동6주를 요구했다.

담판 결과, 소손녕은 고려를 거란의 편으로 되돌렸다는 명분을 얻었다. 고려는 요나라 군대가 고려 땅 안에서 철병하도록 하는 것은 물론 강동6주의 땅까지 얻어냈다. 요는 명분을 얻고 고려는 실리를 얻는 담판이었던 것이다. 하지만 그 내면으로 들어가 보면 요의 손해가 막심했다.

소손녕의 목적은 본래 송나라와 친한 고려를 혼쭐내 거란의 편이 되게 하는 데 있었다. 결코 고려의 영토를 빼앗고자 한 것이 아니었기 때문에 그로서는 싸움을 오래 끌 이유가 없었다. 따라서 과감하게 땅까지 선뜻 내주며 선심을 쓴 것이다. 요는 자신의 배후에 송과 동맹을 맺은 나라가 있기를 바라지 않았고, 가능한 한 고려를 잘 구슬리고자 했다. 그 마음을 읽지 못한 고려의 왕과 신하들은 땅을 내주느니 마느니 법석을 떨었던 것이다. 하지만 그것을 알아챈 서희는 배짱 좋게 나서서 문제를 해결했다.

그러나 소손녕이 물러간 이후로도 고려는 비밀리에 송과의 외교를 유지했다. 그런 까닭에 결과적으로 2차, 3차 침입을 초래하고 말았다. 그때 고려의 영토로 굳어진 강동6주는 철통같은 요새가 되었고, 특히 강감찬 장군이 요의 3차 침입을 막아내는 요새로 요긴하게 활용했다. 그런 상황이었으니 소손녕은 거란에게 더할 나위없는 바보짓을 해버린 셈이다.

결국 서희는 말만으로 담판을 성공시킨 것이 아니다. 국제 정세를 꿰뚫어보는 탁월한 눈과 거란군의 약점을 찌르는 말재간 그리고 적장을 상대로 배짱을 부리는 강심장이 서희 외교의 바탕이었다. 언뜻 무모해 보이기도 하는 서희의 담판에는 이런 비밀이 있었던 것이다.

지금이라고 해서 다를 것이 없다. 외교의 진가는 '적을 알고 나를 아는 것'으로부터 나오는 것이지 무조건 저자세를 보이거나 고집을 부린다고 통하는 게 아니다.

고려 문인들 사이에 팬클럽을 몰고 다니던
소동파가 사실은 반고려주의자였다?

요나라가 몇 번이나 고려를 침입하는 빌미가 된 것은 고려가 송나라와 국교를 맺고 있다는 점이었다. 사실 요나라는 나중에 금나라에게 멸망하기 전까지 계속해서 송나라와 전쟁을 벌였다. 따라서 송나라와 국교를 맺고 있는 고려가 부담스러울 수밖에 없었다. 요는 어떻게든 송과 고려의 관계를 끊어놓아야 했다. 하지만 고려는 이를 무시하고 계속 송나라와 교역을 주고받았기에 전쟁이 벌어진 것이다.

소동파가 송나라와 고려의 해상무역을 반대한 이유

그렇다면 고려와 송나라는 내내 우호적이었을까? 반드시 그런 것은 아니었다. 송나라의 문인 겸 정치가였던 소식蘇軾은 호가 동파東坡라 흔히 소동파라고 부른다. 동생 소철蘇轍과 더불어 유명한 시인이자 미식가로 동파육의 유래가 되었다. 그뿐 아니라 그는 당나라의 역사서 『신당서』의 편찬에도 참여했고, 거란과 고려 두 나라 사람들에게 인기가 있었다.

특히 고려 사람들은 소동파의 시를 무척이나 좋아했다. 그의 인기를 확인해 주는 인물 중 하나가 『삼국사기』의 김부식이다. 김부식의 동생은 이름이 김부철이었는데 이는 소식, 소철 형제의 이름을 하나씩 따온 것이다. 더욱이 고려 후기로 가면서 소동파 풍의 시가 유행해 이규보李奎報를 비롯한 유명한 문인들의 기본 교양으로 자리 잡았다.

그런데 그처럼 인기가 있던 소동파가 송나라와 고려의 교역을 적극 반대했던 일이 있었다. 덧붙이자면, 그는 고려를 그다지 좋아하지 않았던 것 같다. 1093년 2월 1일, 예부상서로 있던 소식은 「논고려매서이해論高麗賣書利害」라는 글을 올려 고려에 책을 수출하는 것을 강하게 반대했다. 소동파가 주장했던 고려무역의 폐해는 다음의 다섯 가지이다.

첫째, 고려로부터 들어오는 물건은 모두 사치품으로 유용한 것이 아니므로 비용만 많이 들고 백성만 괴롭다. 둘째, 물건을 나르기 위해 사람과 말을 빌리고 어지러이 사고팔며 사신과 상인이 거처할 숙소를 꾸미니 그들이 거쳐 가는 곳에 사는 백성의 부담이 크다. 셋째, 고려에게 내준 물건은 결국 거란으로 흘러 들어간다. 넷째, 고려는 의로운 정부에 내조하러 온다고 핑계를 대지만 실은 이익 때문이다. 다섯째,

거란과 손잡고 송나라의 실정을 염탐할 수 있다. 각각의 폐해에는 나름의 이유까지 자세히 적고 있어 꽤 그럴 듯하다는 느낌이 든다.

고려 입장에서 조공은 따지고 보면 남는 장사?

흔히 사신이 중국에 가는 것을 *조공이라 하여 중국의 신하노릇을 하러 가는 것쯤으로 생각하기 쉽다. 하지만 당시에는 사신의 파견 자체가 일종의 무역이었다. 황제에게 선물을 바치되 그에 상응하는 답례를 받았던 것이다. 실제로 사신과 그 수행원들은 물건을 사고팔기도 했으니 조공이란 곧 무역을 겸한 것이기도 했다.

고려 사신들은 대개 6, 7월 즈음에 중국에 건너가 1년간 머물다 떠났다. 그 이유는 계절풍을 이용해 항해를 했기 때문이다. 항해 기간은 대략 한 달로, 한 번 파견하는 데 인원은 수백 명에 달했다. 특히 고려 선종 7년1090년 송나라에 보낸 사신은 수행원만 269명이나 되었다.

이때 사신들이 고려로 실어 나른 물품은 그야말로 어마어마했다. 물론 고려의 사신이 송나라에 바친 물품금화허리띠, 비단, 종이 등의 양도 적지 않았다. 반면 송나라는 대국의 체면을 차리느라 고려가 바친 선물보다 종류와 양에서 단연 압도적인 답례를 해야 했다. 그러니 고려의 사신이 오면 올수록 송나라에게는 부담이고 적자였던 것이다.

소동파 외에도 소철, 송연宋彦 등의 관리들 역시 대고려 무역의 폐해를 열거하며 상소를 올렸다. 하지만 당시 송나라 황제였던 신종神宗은 이를 묵살하고 오히려 고려 사신의 지위를 올려 **서하西夏와 동격이 되게 했고, 휘종徽宗 때는 다시 고려 사신을 국신사國信使로 대우했다. 마찬가지로 송에서 고려로 파견하는 사신은 종4품 벼슬이던 것이 신종을 기점으로 종3품 혹은 정4품으로 올라갔다. 이는 세계의 외교관계에서 고려의 위상이 한층 올라갔다는 것을 의미한다.

명분보다 실리를 중시했던 고려와 송의 관계

송나라가 고려를 이처럼 우대한 까닭은 무엇일까? 아마도 여기에는 당시 거란과 대치하고 있던 송나라의 국제 정세가 큰 역할을 했을 것이다. 송나라로서는 하나의 동맹국가라도 무척 아쉬운 형편이었다. 물론 처음에는 고려와 송나라 모두 군사적인 원조를 받는 것을 목표로 했다.

986년, 송은 기구관歧溝關에서 거란군과의 싸움을 앞두고 고려에게 군사 출병을 요청했지만 고려는 핑계를 대며 차일피일 미루었다(병사를 일으켰는지 아닌지는 기록이 없다). 고려는 훗날의 조선과 달리 명분보다 실리를 중요시했던 것 같다. 반대로 고려에 대한 거란의 압력이 한층 심해진 현종 때1006년, 고려는 송나라에게 거란을 견제하는 차원에서 군사를 일으켜 달라고 부탁했다. 그러나 송은 들어주지 않았다. 아무리 동맹관계에 있을지라도 모든 외교 문제에서는 실익이 무시될 수 없는 법이다. 결국 두 나라는 서로 적이 되지 않는 것만으로 만족했던 것 같다.

한편, 고려에 많은 양이 수입된 송나라의 물품은 소수에 불과한 귀족들의 사치와 호화로움을 조장하기도 했다. 다행히 고려는 사치품 이상으로 서적 수입에 몰두했다. 고려에 들어온 서적 중에는 고려왕의 요청으로 송의 황제가 직접 선물한 것도 있었지만 누구보다 사신들이 서적을 사들이는 데 열을 올렸다. 구입하는 것이 여의치 않으면 그 자리에서 직접 베껴올 정도였다.

이에 따라 대장경과 의서, 역서를 비롯해 송나라에서 들여온 서적을 통해 고려의 학문 세계는 한층 발달하게 되었다. 이를 바탕으로 성리학이 도입되었으며 고려 문화는 더욱 높은 수준으로 나아가게 되었다.

고려를 싫어했던 소동파를 고려인이 좋아했던 이유가 무엇인지 궁금할 수도 있다. 아마도 그것은 고려 사람들이 그 사람 자체보다 소동파의 뛰어난 글을 높이 평가했기 때문일 것이다.

조공(朝貢) __ 속국(屬國)이나 제후(諸侯)가 종주국(宗主國)에 공물(貢物)을 바침으로써 이루어지는 물물의 교역(交易) 관계.

서하(西夏) __ 11~13세기에 중국 서북부의 오르도스(Ordos)와 간쑤(甘肅) 지역에서 티베트 계통의 탕구트족이 세운 나라이다. 본래의 명칭은 대하(大夏)이지만, 송(宋)에서 '서하(西夏)'라고 불러 이 명칭으로 널리 알려졌다.

거란의 2차 침입은 패배한 전쟁이었나?

요나라는 여섯 번에 걸쳐 고려를 공격했다. 그중 첫 번째와 세 번째는 그런대로 알려져 있지만 상대적으로 두 번째 전쟁은 잘 알려져 있지 않다. 아무래도 고려가 처참하게 패배했기 때문일 것이다. 하지만 그 전쟁의 내막을 자세히 살펴보면 그것을 과연 패배한 전쟁이라고 해야 할지 의문이 생긴다. 처절하고 살벌했던 당시의 상황 속으로 한번 들어가 보자.

1010년 11월 17일, 거란의 성종聖宗은 친히 40만 대군을 이끌고 압록강을 넘어 고려를 공격했다. 정벌의 표면적인 이유는 당시 고려에서 강조康兆가 목종穆宗을 폐위시키고 살해한 뒤 현종顯宗을 세웠기 때문에 의군義軍을 일으켰다는 것이다. 그러나 진짜 원인은 송나라를 굴복시키고 '전연의 맹澶淵之盟: 1004년'을 맺은 자긍심을 안고 동방으로 진출해서 전공을 떨치고 싶은 욕구에 있었던 것 같다.

하지만 고려군은 완강히 저항했다. 이미 전쟁이 일어나기 전부터 외교와 군사 모든 면에서 준비한 것이 그 성과를 보였던 것이다. 우선 강동6주의 입구인 흥화진興化鎭, 영주을 지키고 있던 서북면도순검사 양규楊規는 1주일간의 맹렬한 공격에도 끝까지 성을 지켜냈다. 결국 거란은 흥화진 함락을 포기하고 진군했는데, 뒤에서 공격받을 위험이 있던 터라 20만의 군사를 남겨두고 통주로 향했다.

이때 고려군의 결정적인 패전 원인은 전쟁의 원인이기도 한 강조에게서 나왔다. 그는 총사령관인 행영도통사의 직책을 맡아 30만의 고려군을 이끌고 통주에 진을 쳤다. 『고려사』에 따르면, 강조는 흥화진에서 거란이 고전했다는 소식을 듣고 상대를 과소평가한 나머지 전쟁을 준비하기보다 장기를 두며 척후병의 보고에도 관심을 기울이지 않았다고 한다. 그러다가 그는 갑작스런 거란의 기습을 받고 사로잡히고 말았다. 이것이 바로 '삼수채三水砦' 전투였다. 거란군은 강조를 회유하려 애를 썼다. 하지만 강조는 자신은 고려의 신하라며 끝내 이를 거절했고 마침내 무참히 살해당하고 말았다.

나라의 최고 통수권자가 사로잡히고 30만 대군이 거의 전멸하다시피 했으니 이는 고려에게 엄청난 타격이었다. 실제로 이 전투 이후로 곽주, 안주, 숙주에서는 별다른 저항도 못하고 방어선이 무너졌으며 많은 장수가 달아나 거란군의 앞길은 훤히 뚫려 있는 것처럼 보였다.

하지만 진정한 고려의 저력은 이후부터 나타나기 시작했다. 삼수채를 점령한 거란은 승리의 기세를 몰아 통주성을 공격했다. 방어사 이원귀, 부사 최탁, 대장군 채온겸 등은 이를 적극 막아냈고 거란은 통주성 함락에 실패했다. 거란군은 이번에도 통주성을 지나쳐 곽주성을 함락시켰다. 그러나 그로부터 열하루가 지난 뒤 양규가 흥화진과 통주의 군사를 이끌고 와 곽주를 탈환했다. 도중에 거란은 강조의 것이라며 위조문서를 보내기도 했지만 양규는 "나는 강조의 명령이 아니라 왕명을 받든다"며 거절했다.

이처럼 등 뒤에 부담스런 적군을 두고도 거란군은 계속 남하해 서경에 도착했다. 당시 서경부유수 원종석은 거란에게 항복할 것을 결정하고 이미 문서까지 작성해 두고 있었다. 동북면에서 고려의 증원군이 속속 도착했다. 허나 원종석은 이미 항복을 결정했다며 그들을 서경의 성문 안으로 들이지도 않았다. 그러자 지채문, 최창 등 고려의 증원군은 서경의 성문을 뚫고 들어가 거란의 사신들을 죽이고 결사항전을 준비했다.

이 서경 전투는 접전이 벌어진 것을 기준으로 나흘간 지속되었다. 당시 고려에서 처음으로 강화 제의를 받은 거란은 방심하고 있었다. 이 틈을 탄 고려의 증원군은 서경의 북쪽과 임원, 마탄에서 접전을 벌였다. 승승장구하던 고려군은 마탄에서 역습을 받았는데, 이때 대장군 탁사정은 달아나고 대도수는 항복했다.

이후 거란의 성종이 친히 서경을 공격해 들어올 때 동요하는 백성들을 다독이며 서경 수비를 지휘한 것은 통군녹사 조원과 강민첨이었다(훗날 부원수가 되어 강감찬과 더불어 3차 침입을 막아냈다). 이로써 결국 서경도 함락되지 않았다. 그러자 거란은 또 다시 서경을 포기하고 그곳을 우회해 개경으로 진격하기로 결정했다. 사실 거란으로서는 전진 말고는 달리 선택할 길이 없었다. 거란군이 서경의 전투에 몰두하는 동안 뒤쫓아 온 양규가 곽주성을 지키고 있던 거란의 병사들을 전멸시켰기 때문에 앞으로 나아가는 수밖에 없었던 것이다.

거란군이 몰려오자 고려 현종은 개경을 버리고 나주로 피난을 떠났고, 거란은 비어 있는 개경을 불태우고 약탈을 자행했다. 결국 현종이 하공진을 보내 강화를 제의했다. 거란의 왕 성종은 이를 받아들였다. 때는 전쟁이 시작된 지 한 달 열흘 만인 1월 3일이었다.

잘 나가던 성종의 앞길에 재를 뿌린 고려군

만약 고려군이 조금만 더 버텼다면 이겼을까? 그것은 알 수 없다. 거란이 지나치게 무리한 전진을 계속한 것은 사실이다. 그러나 고려 역시 이미 주력군이 무너진 상태였다. 더구나 대항하고 있던 고려군은 이렇다 할 지휘를 받거나 후방의 보급, 지원을 기대하지 못하고 독자적으로 싸우고 있었으니 위태로운 건 마찬가지였다.

이로써 강화가 맺어지고 거란은 하공진 등을 인질로 잡은 채 회군했다. 하지만 거란군이 선택한 퇴로는 진군했던 길이 아니라 북쪽의 산등성이를 타는 험한 길목이었던 것으로 추정된다. 그도 그럴 것이 배후의 요충지인 고려의 진지 상당수가 함락되지 않았기 때문에 그대로 회군했다가는 고려군의 공격을 받을 수 있었던 것이다. 실제로 고려군은 퇴각하는 거란군을 집요하게 공격했다.

1월 17일 김숙흥, 보량이 거란군 1만 명을 격멸한 것을 시작으로 29일에는 고려군이 압록강에서 끈질기게 거란군을 공격해 타격을 입히는 한편 포로를 구출하는 등의 전공을 세웠다. 이중 가장 눈부신 활약을 보인 사람은 양규였는데, 하루에 세 번이나 거란군과 싸워 이길 정도로 맹활약했다. 하지만 28일 선발대 1천 명과 싸우던 중 갑작스럽게 거란의 본진이 도착해 포위하는 바람에 양규는 중과부적으로 싸우다 부장 김숙흥과 함께 전사했다. 그래도 현종은 이들의 노고를 잊지 않고 전사한 두 사람을 삼한후벽상공신三韓後壁上功臣으로 임명했고 그 외에 9,472명의 공신을 치하했다.

사실 성종은 거란에서 손꼽히는 명군이었다. 고려와의 전쟁이 있기 6년 전, 그는 송나라를 계속 공격한 끝에 결국 형제관계라는 형태로 강화조약을 맺었는데 이것이 전연의 맹이다. 형식상으로는 송나라가 형이고 거란이 동생이었다. 그러나 송나라는 그 대가로 거란의 태후를 숙모라 부르며 막대한 선물을 바쳐야 했다. 사실상 송나라가 많은 것을 양보하는 굴욕적인 동맹이었던 것이다. 그렇게 송나라를 굴복시키며 잘 나가던 성종의 앞길에 재를 뿌린 전쟁이 바로 고려 2차 침입이었다.

반란을 일으킨 이자겸의 집안이 고려 말까지 세력을 유지할 수 있었던 까닭은?

우리 조상들은 서로 양보하고 싸우지 않으며 풍속이 아름답고 예절이 바르다고 하여 옛 중국인들로부터 동방예의지국이라는 말을 들었다. 그렇다면 우리는 언제부터 풍속과 예절을 바르게 지켰던 것일까?

호족들의 결합을 막기 위해 근친혼을 권장한 광종

정작 신라시대만 해도 삼촌과 조카와의 결혼은 아주 흔했고, 고려의 근친혼 풍습은 두고두고 조선의 선비들에게 지탄을 받았다. 심지어 고려 광종은 왕씨 성을 가진 사람끼리 결혼해서 낳은 자식만이 왕의 자격이 있다는 이상한 규칙을 만들었다. 일부에서는 고려는 용의 자손이라 겨드랑이에 용의 비늘이 돋아 있어 이것을 숨기기 위해 근친혼을 했다고 말한다. 하지만 고려 역사를 연구해 보면 사실 왕씨 성을 가진 왕비보다 그렇지 않은 왕비가 더 많다는 것을 알 수 있다.

광종의 근친혼 권장은 호족들의 결합을 막는 한 방법이기도 했다. 서로 다른 두 개의 호족 가문이 결혼이라는 연결고리로 묶이면 새로운 세력이 형성될 수 있었기 때문이다. 광종은 평생 호족 견제와 왕권 강화에 집중했다. 그 결과 아내 대목왕후^{이복누이}와 아들 경종에게까지 반발을 사기도 했다. 하지만 그러한 광종의 노력에도 불구하고 고려의 외척이 등장하는 것은 시간 문제였다.

처음으로 왕실의 외척으로 등장했던 사람은 안산김씨^{安山金氏}의 김은부^{金殷傅}이다. 그는 거란의 공격을 피해 나주로 피난 온 현종에게 세 딸을 연이어 바쳤다. 그들이 바로 원성왕후^{元成王后}, 원혜왕후^{元惠王后}, 원평왕후^{元平王后}이다. 이후도 자름 유력한 귀족이 왕비의 자리를 독점하는 세태가 나타났다.

경원이씨^{慶源李氏}의 이자연^{李子淵} 역시 세 딸을 문종의 비로 바치면서 본격적인 세도를 떨치기 시작했다. 이자연은 김은부의 처조카였고, 현종의 다음 대 왕인 순종의 왕비 중 한 사람은 이자연의 아들인 이호의 딸이었다. 그리고 다음 대 선종의 왕비 세 명은 이자연의 아들과 그 친척의 딸로 정신현비^{貞信賢妃}, 사숙태후^{思肅太后}, 원신궁주^{元信宮主}이다. 그런데 선종이 죽고 난 뒤 어린 헌종^{사숙태후의 아들}이 왕위에 오르자 그를 밀어내려 했다. 또한 자신의 친조카인 왕균을 옹립하기 위해 이자의^{이자연의 손자}가 난을 일으키려 했다가 계림공^{鷄林公} 희熙에게 진압당했다.

결과적으로 이자의는 죽임을 당했지만 헌종의 뒤를 이어 즉위한 숙종의 어머니 인예순덕태후仁睿順德太后 역시 이자연의 딸로 경원이씨 출신이었다. 따라서 이씨 집안이 축출당하는 일은 없었고, 오히려 숙종도 경원이씨 사람들을 등용했다.

반란을 일으킨 이자겸의 집안이 고려 말까지 세력을 유지할 수 있었던 이유

그렇다면 왜 고려 왕실은 그렇게까지 한 집안과 결혼을 했던 것일까?

우선 경원이씨 측에서는 왕비의 집안이라는 특권을 누리기 위해 반드시 왕실과 결혼해야 했다. 고려 왕실 역시 다른 성씨와 결혼해 권력을 분산시키기보다 근친끼리의 결혼으로 세력의 결속을 굳건히 하려는 의도가 있었을 것이다. 그렇기는 해도 경원이씨의 여러 계파에서 돌아가며 비를 맞아들였던 것으로 보아 한 집안에만 왕비가 집중되는 것을 막으려 했던 것 같다.

결과적으로 경원이씨 집안은 문종에서부터 인종 때까지 계속해서 왕의 처가이자 외가였다. 뿐만 아니라 경원 이씨 집안의 자손들은 과거를 거치지 않고도 높은 벼슬자리에 올랐다. 결국 왕실과 통혼하는 것은 권력을 잡는 지름길이었던 셈이다.

더욱 놀라운 것은, 경원이씨가 고려 말까지 세족으로 남아 있었다는 사실이다. 이자겸은 물론 그 선대인 이자의도 반란을 일으켰고 그로 인해 심각한 타격을 받았음에도 불구하고 말이다. 이는 반란을 일

으키면 '삼족을 멸한다'는 상식과 전혀 다른 결과이자 조금은 납득하기 어려운 일이다.

하지만 그 내막을 들여다보면 전혀 이해하지 못할 것도 없다. 당대 권세가 중에서 경원이씨와 혼인한 사람이 워낙 많아 반란이 일어나도 경원이씨를 모두 몰아내기가 어려웠던 것이다. 고려시대의 친척관계는 그저 하나의 인연으로 연결된 것이 아니었다. 만약 고려의 왕과 귀족 그리고 귀족과 귀족 간의 혼인관계를 그림으로 그린다면 아마도 송사리 한 마리 빠져나갈 틈이 없는 그물이 만들어질 것이다. 요즘의 촌수로 표현하기 어려울 정도로 근친혼이 성행했기 때문이다.

반역자에게 내려진 솜방망이 처벌

인종시대에 이자겸이 난을 일으켰다가 실패한 뒤, 그의 아들들은 모두 귀양을 갔고 사위 중 일부도 처벌을 받았다. 그러나 정작 그의 형제 중에 처벌을 받은 사람은 이자원뿐이었다. 『고려사』에 따르면 이자겸은 사위이자 외손자였던 인종을 독살하려고까지 했다. 그랬음에도 그는 사형에 처해지는 대신 영광으로 귀양을 갔다고 한다. 물론 이자겸의 셋째, 넷째 딸이던 왕비들은 자리에서 쫓겨났다.

그러나 이자겸이 죽자 인종은 친친親親의 뜻을 잊을 수 없다며 이자겸의 아내 최씨를 돌아오게 했다. 또한 죽은 이자겸을 검교태사檢校太師 한양공漢陽公으로, 최씨는 변한국대부인卞韓國大夫人으로 봉하고 외삼촌이자 처남이기도 한 이자겸의 아들들에게 곡식을 내려주었다. 아무리 고려의 왕이라고 해도, 그리고 상대가 반란을 일으켰을지라도 외가이자 처가 그리고 당대의 귀족들과 긴밀한 혼인관계를 맺은 이자겸에게 특혜를 베풀 수밖에 없었던 것이다.

또한 이자겸의 난에 연루되어 강등되었던 사람들도 시간이 지난 후 다시 정계에 등장했다. 이들은 모두 직접 혹은 간접적으로 왕실 그리고 다른 귀족들과 혼인관계를 맺고 있었다. 특히 이자겸이 죽은 후 재상으로 임명된 사람들을 보면 김부일과 김부식을 빼고는 모두 경원이씨와 혼인관계를 맺은 이들이었다. 여기에는 이자겸의 사돈인 김향金珦이나 종형제였던 김약온金若溫도 포함되어 있다.

이것은 우리가 상식적으로 알고 있는 반역자의 대우와는 완전히 다르지만, 그만큼 당시 귀족들의 혼인망이 복잡하게 얽혀 있어 왕도 어쩔 수 없었음을 의미한다. 이로 인한 일부 귀족 가문의 지나친 권력 독점은 그렇지 않은 사람들의 불만을 부르게 되었고, 마침내 무신의 난으로 이어지는 토대가 되었다.

김부식이 정지상의 유령에게 살해당했다는 게 사실일까?

우리나라 고대사를 연구할 때 반드시 보아야 할 사료로 첫 손가락에 꼽을 수 있는 것은 바로 『삼국사기』이다. 『삼국사기』는 흔히 김부식이 지었다고 알려져 있지만 사실은 고려 정부가 만든 관찬 사서이다. 즉, 당시의 우수한 학자들이 남아 있던 역사 자료를 최대한 모아 연구한 끝에 편찬한 것이다.

따라서 고려의 역사서 『삼국사기』는 김부식 개인의 사관史觀뿐 아니라 당시 고려 왕조의 역사관을 담고 있다고 할 수 있다. 어찌 보면 우리나라 최초의 관찬 사서로 고대사를 연구하는 데 빠져서는 안 될 중요한 서적이다.

그럼에도 『삼국사기』의 저자 김부식은 사대주의 사상에 젖어 있었다는 이유로 존경은커녕 두고두고 비난을 받고 있다. 그의 입장에서는 억울한 일일 수도 있지 않을까?

김부식은 정말 정지상의 시를 훔쳤을까?

학자이자 문필가인 김부식은 오늘날은 물론 옛날에도 좋은 소리를 듣지 못한 사람이다. 그의 행동과 글은 당대의 고려 사회를 대표하고 있지만 개경의 귀족이라는 그 자신의 한계를 벗어나지는 못했다. 특히 서경 천도 운동을 진압한 장본인이자 당대의 세도가로서 온갖 특권을 누렸으니 그는 이래저래 욕먹을 일이 많았던 인물이기는 하다.

그의 불초한 아들 김돈중이 정중부의 수염을 불태워 욕을 먹은 것은 본인의 잘못이 아니라고 치자. 그러나 그가 같은 시기의 유명한 시인이던 정지상鄭知常의 시를 훔쳤다는 이야기가 전해온다는 점에서 비난을 피하기 어렵다. 글을 짓는 사람에게 남의 글을 훔치는 것만큼 부끄러운 일은 없기 때문이다.

민담에 따르면 김부식은 정지상의 재능을 질투해 묘청妙淸의 서경 천도 운동을 빌미로 그를 죽이고(실제로 그는 인종에게 보고하지도 않고 정지상을 사사로이 죽였다), 결국은 그 자신도 정지상의 유령에게 살해당했다고 한다. 물론 김부식은 일흔네 살로 천수를 누렸으니 이는 누군가가 지어낸 이야기일 가능성이 크다. 그래도 그런 이야기가 나온 데에는 그만한 이유가 있지 않을까?

김부식은 과연 어떤 사람이었을까? 『동국여지승람東國與地勝覽』은 김부식의 학식이 뛰어났다고 각별히 칭찬하면서 송나라에도 그의 재능이 널리 알려졌다고 기록하고 있다. 이것이 어느 정도 과장된 말이라고 해도 그가 고려문학에서 차지하는 위상은 결코 가볍지 않다. 김부식의 문집은 모두 20여 권으로 되어 있다고 한다. 현존하는 것은 없으며, 『동문선』에 그의 시 34수가 실려 있는 것이 고작이다. 정확한 것은 알수 없지만 아마도 김부식은 고려의 공식 문서 작성을 담당했던 대수필大手筆이었기에 시 외에도 많은 글을 남겼을 것이다. 대표적인 시를 하나 들자면 다음과 같다.

등석燈夕

성과 궁궐이 깊고 삼엄한데 시간은 더디기만 하고　城闕深嚴更漏長

등불산과 불꽃나무가 어울려 찬란하구나　燈山火樹粲交光

비단 장막은 가는 봄바람에 너울대고　綺羅縹緲春風細

아름답고 선명한 새벽달은 차기만 하네　金碧鮮明曉月涼

어좌는 하늘 북극에 드높이 자리하고　華蓋正高天北極

옥로는 대궐 중앙에서 마주 하고 있네　玉爐相對殿中央

임금께서 공묵하여 성색을 멀리하시니　君王恭默踈聲色

이원의 제자들아 백보 단장을 자랑치 마라　弟子休誇百寶粧

그의 시 세계는 고려 왕조를 찬미하고 왕을 받들며 문치를 숭상하고 있다. 또한 정갈하고 점잖은 언어를 사용해 고려의 이상세계를 이성적으로 그려내고 있다. 유교를 이념적 바탕으로 삼은 고려의 최고 권력자가 쓴 시답다고 해야 할까?

실제로 당시의 고려 상황은 김부식의 시처럼 이상적이고 화려한 세상이 아니었다. 오히려 이자겸의 난 때문에 개경의 왕성은 불타고 나라 안은 어지러웠다. 결국 김부식의 시는 왕권을 강화하고 나라를 안정시키려는 수단으로 활용된 것이다. 그런 의미에서 김부식의 시는 강렬한 정치성과 목적성을 띠고 있다. 물론 그런 시뿐 아니라 때로 풍경이나 심상을 읊기도 했지만 대체로 그런 경향이 두드러진다는 말이다.

발라드를 부르는 정지상, 애국가를 부르는 김부식?

그렇다면 정지상은 어떤 사람인가? 정지상은 묘청의 난에 연루되어 살해된 대표적인 서경파의 한 사람으로 정치가이기 이전에 시인으로서 많은 시를 썼다. 이미 다섯 살 때 시를 짓는 천재성을 보인 그는 고려 12시인 중 한 사람으로 꼽힌다. 그의 시는 감정이 풍부하고 표현이 유려하며 매우 서정적이다. 당시 대동강변의 정자에는 오고가는 사람들이 수많은 시를 써서 붙여 놓았는데, 중국에서 사신이 올 때 이런 시들을 모두 떼어내되 오직 정지상의 시만 남겨 놓을 정도로 유명했다고 한다.

송인送人

비 갠 긴 언덕엔 풀빛이 푸르른데 雨歇長堤草色多

남포로 임 보내며 슬픈 노래 울먹이네 送君南浦動悲歌

대동강 물이 언제나 마를건가 大同江水何時盡

해마다 이별 눈물만 강물에 더하는 것을 別淚年年添綠波

과연 김부식은 정지상의 시를 훔쳤을까? 그건 알 수 없는 일이다. 야사에서 전해지는 이야기만으로 그것이 진실이라고 확증할 수는 없는 노릇이다. 더욱이 두 사람의 시 세계는 누가 보아도 확연히 달랐다. 만약 그들이 현세에 태어나 노래방에 간다면 정지상은 서정적인 발라드를 부를 것이고 김부식은 애국가나 군가를 부를 것이다. 이를 증명하듯 『*동인시화』에서는 두 사람을 이렇게 비교하고 있다.

"김부식의 시는 엄정하고 전실典實하여 정말 덕 있는 사람의 말 같고, 정지상의 시는 말과 운韻이 깨끗하고 아름다우며 격조가 호탕하고 빼어나서 당나라 말기의 시체詩體를 깊이 터득하였으니 두 사람은 기상이 다르다."

즉, 서로의 시풍이 전혀 다르니 재능이 있고 없고를 따질 계제가 못 된다는 얘기이다. 따라서 설사 김부식이 시를 훔쳤다 해도 본인에게 전혀 어울리지 않았을 터이므로 김부식을 좋아하지 않는 사람들이 지어낸 이야기일 가능성이 크다.

또한 김부식과 정지상이 정말로 사이가 나빴는지 혹은 서로 알력이 있었는지도 분명하지 않다. 옛사람도 이 사실이 궁금했는지 『필원잡기筆苑雜記』에서 이 일을 거론하며 과연 이야기가 어디에서 나온 것인지 그 출처를 알 수 없다고 말한다. 그래도 고려 후기의 문집인 『동국이상국집』에 정지상의 혼령이 김부식을 죽였다는 이야기를 얻어 들은 경험담을 적고 있을 정도니 김부식은 고려 때부터 나쁜 소릴 듣고 있었던 모양이다. 조선시대, 『백호전서白湖全書』의 저자인 윤휴 역시 같은 이야기를 얻어 들은 것을 기록했다. 그 이야기를 해준 승려는 "이런데 어떻게 김부식이 좋은 사람이겠느냐"라는 평을 덧붙였다고 한다.

왜 김부식에 대한 그런 식의 비난이 끊이지 않는 것일까? 이에 대해서는 무신의 난 이후로 문신의 기세가 크게 꺾이면서 김부식에게 비판이 일어난 탓으로 보는 입장도 있다. 그러나 시를 보든 인생 행적을 보든 그는 결코 인간적으로 좋아할 수 있는 유형은 아니다. 『삼국사기』만이라도 다른 사람이 편찬을 지휘했더라면 이렇게까지 폄하되는 일은 없었을 텐데 하는 아쉬움이 남는다.

동인시화(東人詩話) __ 조선 성종 때 서거정 편저(編著)의 시화집. 2권 1책. 1474년(성종 5년) 간행, 1639년(인조 17년) 이필영(李必榮)이 중간하였다. 신라에서 조선 초까지 시인들의 시를 품평(品評)한 내용인데, 조선 전기 귀족사회의 생활과 취미를 이해할 수 있는 좋은 자료이다.

묘청의 서경 천도 운동 후유증으로
무신정변이 일어났다는데…?

독립 운동가이자 사학자인 신채호申采浩는 자신의 책 『조선사연구초』에서 「조선역사상일천년래제일대사건朝鮮歷史上一千年來第一大事件」이라는 논문을 통해 묘청의 서경 천도 운동을 사대주의와 자주의 대결로 해석했다. 이후 그러한 견해는 널리 퍼져나가 지금까지도 사람들에게 잘 알려져 있다.

정말로 묘청은 중국의 영향력에서 벗어나기를 꿈꾸었을까? 분명한 것은 묘청의 서경 천도 운동 혹은 서경파의 움직임이 굉장히 단선적이고 무모했다는 사실이다. 묘청을 비롯한 서경파의 정책 및 수단이 소박하다 못해 조악한 수준이었다는 것은 그들이 주장한 내용은 물론 묘청의 서경 천도 운동 과정 자체가 잘 보여주고 있다.

서경파는 고려의 왕이 황제를 칭하며 연호를 쓰고 수도를 서경으로 옮기면 금나라를 비롯한 34개 나라가 조공을 올 것이라고 주장했다. 하지만 당시 고려는 이자겸의 난으로 개경의 궁전이 불타고 왕의 체면은 바닥에 떨어져 있었다. 그처럼 나라 안이 온통 어수선한 상태에서 금나라가 제 발로 조공을 오게 할 만큼 국력을 갖추기는 현실적으로 어려운 일이었다. 그럼에도 서경파들은 수도를 옮기고 황제를 칭하는 것만으로도 국제 정세가 바뀔 것이라고 진심으로 믿었던 것일까?

묘청은 서경 천도를 위해 떡을 물속에 넣어 오색 기운이 번지게 했다는데…?

묘청의 난이 벌어지기 직전, 고려 조정은 개경파와 서경파로 나뉘어져 대립하고 있었다. 김부식을 비롯한 개경파는 유교를 바탕으로 하고 있었고 이미 정치적인 기득권을 누리고 있었다. 반면 서경 출신 관료와 묘청이 중심이 된 서경파는 풍수도참설을 사상의 기반으로 하고 있었으며 당시의 개혁파였다.

서경의 개혁파는 국가 재정 확충과 백성 구제, 기강 확립, 부정 감찰 등의 개혁안을 제시했다. 서경 천도는 당시 고착되어 있던 개경 귀족들의 기득권을 분쇄하기 위한 한 방법이었다. 하지만 묘청은 서경이 상서로운 땅이라는 사실을 입증하기 위해 기름을 넣은 떡을 물속에 넣어 오색 기운이 번지게 하는 수작을 부렸다. 이는 목적을 위해 수단과 방법을 가리지 않은 짓이었고, 그 사실이 밝혀지는 순간 서경파는 입지 자체가 흔들리고 말았다. 더욱이 자신들이 길지吉地라고 주장했던 서경 대화궁에 30여 차례나 벼락이 떨어진 불길한 징조를 해명하지 못했다. 나아가 서경에 궁궐을 짓고 왕을 몇 차례나 행차하게 하는 등 번잡한 수단을 써서 백성들을 고단하게 했다.

하지만 김부식은 누구라도 납득할 수 있는 원리 원칙에 입각하고 있었다. 그는 유교적 합리주의에 기반을 두고 유교 정치를 통해 사회를 안정시키며 질서를 바로잡은 것을 우선시했다. 아무리 제도와 수도를 바꿀지라도 사람이 바뀌지 않고 제 욕심만 챙기면 달라지는 게 없으니 도덕을 통해 사람들의 품성을 갈고 닦아 올바르게 해야 한다고 강조했던 것이다. 동시에 왕의 외척과 총신들이 권력을 휘두르는 것을 막고 재상 및 관리를 통해 통치하는 관료제도를 주장했다. 그러나 그는 개경 출신의 문벌 귀족이라는 출신의 한계를 넘어서지는 못했다.

특히 김부식은 서경에 벼락이 떨어진 것을 보면 길지일 리가 없다고 반박했다. 또한 아직 추수가 끝나지 않았는데 왕이 행차를 하면 백성들의 농작물을 짓밟게 된다고 간언했다. 일단 원론적으로 옳은 것은 김부식의 의견이었다.

결국 이렇다 할 근거도 없이 풍수도참설에 의지한 묘청 일파에 문제가 있었다는 것이다. 그들은 개경의 지덕이 쇠했다는 막연한 말을 입증하기 위해 증거를 조작했다. 그러니 그들의 말이 왕과 신하들 그리고 백성들에게 얼마나 설득력을 얻을 수 있었 겠는가?

서경파의 세 가지 실패 원인

흔들리던 인종의 마음이 개경파로 넘어가고 서경파의 기세가 위축되 자, 묘청은 와신상담臥薪嘗膽을 했던 것이 아니라 반란을 일으켰다. 이는 준비성 없고 단발적이었던 이제까지의 정책과 마찬가지로 우발적으 로 벌어진 일이었다.

첫째, 묘청의 반란은 개경에 있던 다른 서경파에게 알리거나 동의 를 구하지 않고 독단적으로 벌인 것이었다. 이 사실을 모르고 개경에 남아 있던 다른 서경파 정지상, 백수한 등은 김부식에게 살해당했다.

둘째, 반란군은 국명을 대위국大爲國, 연호를 천개天開라고 정했으나 정작 구심점이 될 왕을 세우지 않았다(일부에서는 인종에 대한 미련 때문 이었다고 해석하기도 한다). 불안정한 내부 조직은 곧 내분으로 이어졌고 고작 한 달 만에 묘청 자신이 살해당하고 말았다.

셋째, 반란은 서북인만의 혁명이었다. 묘청은 난을 일으킬 때 주·군·수州·郡·守 이상의 관리들을 모두 서북인으로만 충당해서 고립을 자초한 탓에 타 지역의 호응을 얻지 못했다. 묘청을 죽인 이후에도 용 서받을 수 없다는 사실을 깨달은 서경군이 군량미가 떨어져 가는 상황 에서도 1년 가까이 결사적으로 항전을 해낸 것이 오히려 기적적인 일 이라고 할 수 있다.

묘청의 서경 천도 운동의 진정한 폐해는 그것이 끝난 다음에 나타났다. 이 사건은 서로 대립하고 있던 개경파에게 절호의 명분을 제공했다. 처음에 서경파의 의견에 동조했던 인종조차 스스로 결백함을 입증하지 않으면 안 되었다. 그 결과, 묘청의 서경 천도 운동은 과잉진압이라는 수순을 밟아 반란에 직접 연루되지 않은 서경파나 서경 사람들에게 엄청난 멍에를 안겨 주게 되었다.

대표적으로 묘청의 서경 천도 운동 이후, 반란에 관여한 자의 이마에 '서경역적'이라는 문신을 새기고, 그보다 덜한 관여자에게는 '서경'이라는 글을 새겨 넣었다. 이로써 태조 왕건이 그토록 중시했던 또 하나의 수도 서경은 반역자들의 땅이 되어 버리고 말았다.

이후 개경파만 남아 권력이 독점된 고려 조정은 마침내 안에서부터 썩어들어가 스스로 무너져 무신정변을 맞게 되었다. 묘청의 서경 천도 운동은 개혁이었든 반란이었든 준비나 실행 과정면에서 상당히 미숙하고 어설펐다. 그런 탓에 고려왕조를 제대로 뒤엎지도 못하고 오히려 문제만 더욱 크게 만들어버리고 말았던 것이다.

무신정권에 의해 축출된 의종의 정치가
실패할 수밖에 없었던 이유는?

고려의 의종毅宗을 기억하는 사람도 많지 않을뿐더러 설사 기억한다고
해도 그리 좋은 인상으로 남아 있지 않다. 그것은 그의 치세 중에 벌
어졌던 무신정변이 워낙 큰 비중을 차지하기 때문일 것이다.

흔히 무신정변은 문신이 무신을 무시하는 풍조로 인해 벌어졌다고
알려져 있다. 다른 한편으로는 사치를 좋아하는 의종이 문신들과 어
울려 풍악을 울리고 놀이를 하는 동안 뒤치다꺼리를 해야 했던 무신
들의 불만이 쌓여갔기 때문이라고 한다. 어찌되었든 많은 문신이 무
신의 칼날 아래 죽어갔고 의종은 왕의 자리에서 쫓겨나 거제도로 귀
양을 갔다. 이후 의종은 이의방李義方의 지시를 받은 이의민李義旼에게 살
해당했으며 곤원사坤元寺의 북쪽 연못에 던져졌다고 한다.

고려 의종은 최악의 상황에서 즉위한 왕이었다. 이미 아버지인 인종 때 이자겸의 난이 벌어졌고 여기에 묘청의 서경 천도 운동까지 일어나는 바람에 나라 꼴이 말이 아니었다. 더욱이 즉위 과정도 순탄하지 않았다. 의종은 인종의 큰아들로 태어났지만 어머니 공예태후^{恭睿太后} 임씨^{任氏}는 둘째아들인 대령후^{大寧侯} 경^暻을 사랑해서 태자로 세우고 싶어 했다. 아버지 인종도 여기에 동의했지만 세자의 스승이던 정습명^{鄭襲明}이 가까스로 세자를 지켜냈다.

하지만 그러한 노력에 찬물을 끼얹듯 의종은 굉장히 비뚤어진 행동을 보였던 것 같다. 자세한 내력은 전하지 않지만 왕이 된 이후 그는 동생들의 집을 강제로 빼앗거나 귀양을 보내는 등 무리한 조치를 취했다고 한다.

한편, 당시 고려의 조정과 왕권은 매우 암울한 지경이었다. 이자겸의 난이 일어났을 때 왕은 살해 위협을 받으며 인질이 되어 이리저리 끌려 다녔다. 그 다음으로 묘청의 서경 천도 운동 이후 김부식으로 대표되는 개경파가 조정을 완전 독점했다. 의종은 이런 상황에 반발한 듯, 그가 총애한 신하들은 대부분 문벌귀족이 아니었고 심지어 관노 출신도 있었다.

의종이 시행한 조치 중 유명한 것은 신하들의 반대를 무릅쓰고 환관이던 정함을 내시로 임명한 것이다. 고려시대에 내시와 환관은 그 지위가 달랐다. 내시는 왕을 곁에서 보좌하는 신하로 귀족 가문 출신이었다. 반면 환관은 거세한 남자로 궁궐의 심부름을 하는 이들이었다. 그런데 의종 대를 시작으로 차츰 환관들이 내시 일을 맡게 되었고, 조선시대로 넘어오면서 환관이 내시와 같아졌던 것이다.

의종의 유모와 결혼한 환관 정함

의종은 왜 환관을 내시로 임명했을까? 이러한 의문을 해소하려면 정함이 의종의 유모와 혼인했다는 사실에 주목할 필요가 있다. 둘째아들을 편애하는 어머니로 인해 의종은 아무래도 유모에게 더욱 의지한 듯하고, 다른 한편으로 믿을만한 세력이 필요했던 것 같다.

특히 의종은 시문에 뛰어나 예술가 기질이 있었다. 그래서인지 그의 총신이던 임종직, 한뢰, 이복기 등은 문벌 출신은 아니지만 과거에 급제하는 등 문학적 소양을 갖춘 이들이 대부분이었다. 이들은 의종에게 충성을 바치긴 했지만 부정축재를 하거나 타인을 업신여기는 실수를 저지를 만큼 소양이 부족해 당시 어려웠던 고려 사정에 걸맞지 않은 인선이었다. 그래도 의종은 총신들의 잘못을 적극 감쌌고 이들을 비판하는 다른 관료는 이유와 직책을 막론하고 좌천시키는 등 불공평한 처벌을 했다.

이 같은 인재 등용은 의종이 추진한 정책과 결부되어 있으며 특히 1170년에 그가 서경에서 반포한 신령新令과 연관된다. 이를 통해 의종은 유교를 거부하는 대신 불교나 선仙 등을 중시하는 경향을 보이며 이로써 왕화王化, 즉 왕권을 부흥시키려는 포부를 보였다.

그런데 의종의 전 시대에 『삼국사기』가 편찬되었음을 감안한다면 당시 고려는 유교적인 관념이 최고조에 달했던 때라고 할 수 있다. 어쩌면 의종은 여기에 반감을 갖고 별개의 정책을 시도하려 노력했을 수도 있다. 그러나 이러한 조치는 확실한 이념과 근거를 가지고 추진했다기보다 그저 서툰 현실 부정에 불과했다. 예를 들어 음양설이나 선을 중시한 것에서도 그런 면모가 드러난다. 결국, 의종시대는 이렇다 할 이념이나 정치력 없이 총신들의 지지로만 유지된 어설픈 정권이었던 셈이다.

만약 당시의 고려가 평화롭고 안정되었다면 이런 정권이라도 그럭저럭 운영되었을지도 모른다. 그러나 상황은 그리 녹록치 않았다. 무엇보다 거란의 계속된 침입으로 전쟁을 치를 때는 무신들의 역할이 크게 증대되었다. 하지만 거란과 동맹을 맺으면서 무신의 필요성이 줄었고 더불어 대접도 나빠져 이에 따른 불만이 커져 갔다. 그런 상황에서 의종은 무신들의 불만을 효과적으로 해소하지 못했고 마침내 무신정변이 벌어지고 말았다.

흔히 무신정변은 문신들을 표적으로 했을 거라고 생각하기 쉽다. 그러나 그들이 일차적으로 처리한 사람들은 의종의 총신이었다. 무신은 당시의 고려정부에 반대했던 것이다.

물론 여기에서 의종은 훌륭한 왕이었지만 역사가 왜곡되었다고 말하려는 것은 아니다. 분명 의종의 통치력은 빈약했고 무신정변은 그의 통치 및 시도가 실패로 돌아갔다는 것을 의미한다. 그는 몇 가지 개혁을 추진했지만 어설픈 시도에 지나지 않았고, 무엇보다 폭발 직전에 이른 무신들에게 적절히 대처하지 못했다. 다시 말해 그는 나름대로 시대의 한계를 넘으려 노력했으나 그 방법이 어설펐고, 결국에는 무신의 손에 무너져 그 폐해를 수십 년간이나 후손들에게 넘겨주었던 것이다.

『동국이상국집』의 저자 이규보는 둘째가라면 서러울 어용지식인이었다는데…?

'이규보'라는 이름을 낯설어하는 사람이 있을지도 모르지만 사실 그는 한문학의 세계, 특히 고려문학에서 빼놓을 수 없을 만큼 중요한 인물이다. 이는 역사학에서도 마찬가지이다. 역사에 좀더 관심이 있는 사람이라면 그를 현존하는 우리나라 문집 중에서 가장 오래된 『동국이상국집』과 문집의 일부인 「동명왕편」을 지은 사람으로 기억하고 있을지도 모른다. 그는 『삼국사기』의 역사 서술이 지나치게 간략하다고 비판하면서 동명왕 이야기를 신화적인 소재들과 함께 엮어 영웅서사시로 만들어냈던 것이다.

또한 고려시대의 뛰어난 시인이자 술을 무척이나 좋아했던 그는 술을 의인화해 「국선생전麴先生傳」이라는 짧은 글을 짓기도 했다. 그럼에도

불구하고 역사가들이 그를 선뜻 위인의 반열에 올려놓지 못하는 이유
는 무엇일까?

과거에 급제하고도 서른한 살까지 백수로 지낸 이규보

1168년에 태어나 일흔네 살에 세상을 떠난 이규보는 어린 시절부터
천재이자 기동奇童으로 이름을 떨쳤다. 아홉 살에 글을 읽고 열한 살에
시를 지어 사람들을 놀라게 했으며, 스스로도 여기에 대단한 자부심
을 가지고 있었다고 전해진다.

그러나 이후 그의 일생은 쉽게 풀려가지 않았고 계속해서 좌절을
겪어야 했다. 그는 10대 후반부터 과거를 준비했지만 계속 낙방한 끝
에 스물세 살이 되어서야 간신히 급제를 했다. 그렇다고 그가 곧바로
취업을 할 수 있었던 것은 아니다. 옛날의 과거에도 학연 비슷한 것이
있어서 과거시험관과 급제자들 사이에 밀어주고 끌어주는 관계가 있
었다. 그러한 상황에서 이규보의 재주는 이렇다 할 힘을 발휘하지 못
했고, 결국 그는 서른한 살까지 실업자로 지내야만 했다.

그는 백수생활의 답답함을 「무관탄無官嘆」이라는 시를 통해 표출하고
있는데, 이를 요즘에 비유하자면 이태백(20대 태반이 백수)의 절규라고
할 수 있다. 그의 또 다른 시 「상임평장병서上任平章并序」 역시 실업자의
고충을 고스란히 드러내고 있다. 여기에 그 일부분을 소개한다.

동문들에는 출세한 사람 많은데 同門多進躍

오직 나만이 빈한한 처지로세. 唯我落寒貧
나이 서른에 벼슬도 없이 三十無官客
동으로 서로 방랑하는 사람이구나. 東西浪跡人

이규보의 글재주는 평생에 걸쳐 써냈던 저작들이 증명해 주고 있으니 그에게 재능이 없었다고 볼 수는 없다. 그러나 이규보의 집안은 본래 명문이 아닌 중급 정도의 사대부 가문이었다. 고관대작의 자식들은 음보薩補: 조상의 덕으로 벼슬을 얻음로 쉽게 관리가 될 수 있었지만 이규보에게 유일한 출세길은 과거에 급제하는 것이었다. 이규보가 번번이 낙방을 하면서도 줄기차게 과거에 응시했던 이유가 바로 여기에 있다. 그렇다면 그는 왜 과거에 급제를 했으면서도 그토록 오랫동안 실업자로 지내야 했던 것일까? 아마도 그가 운이 없었거나 성격에 문제가 있어서라기보다 줄을 잘못 잡은 탓이었던 것 같다.

출세를 위해 최충헌에게 노골적인 아부의 시를 바쳤다는데...

이규보가 나고 자라던 무렵, 고려에는 무신정권의 돌풍이 몰아닥쳤다. 이에 따라 이규보가 과거에 여러 번 낙방하고 급제하는 동안 여러 무신 지도자가 서로 엎치락뒤치락 정권 다툼을 벌이면서 고려는 나라 안팎으로 엉망진창이 되고 있었다. 무신들의 대토지 점유와 정권 다툼으로 나라의 통치는 엉망으로 뒤엉키고 새로운 적 몽골과의 전쟁은 점점 더 치열해지고 있었던 것이다.

특히 당시의 통치자였던 최우는 몽골과의 항쟁을 결정하고 강화도로 들어갔지만 한심하게도 호화생활로 세월을 탕진하고 있었다. 그 와중에도 과거제도는 계속 시행되었다. 그러나 과거에 합격해도 확실한 연줄이 없는 사람은 관직에 임명될 때까지 마냥 기다려야 했다. 이규보가 바로 그 꼴이었다.

이규보는 최충헌과 친하면서 문유사상文儒四相으로 이름난 네 명의 재상, 즉 조영인趙永仁, 임유任濡, 최당崔讜, 최선崔詵에게 벼슬자리를 알아봐달라는 아부와 더불어 애걸하는 시를 보냈다. 이것이 어느 정도 효력을 발휘했는지 벼슬자리가 날 뻔한 적도 있었다. 그러나 이규보와 사이가 나빴던 관리 하나가 차자箚子, 신하가 임금에게 올리던 간단한 서식의 상소문를 잃어버렸다고 거짓말을 하는 바람에 무산되어 버렸다.

무신정권시대의 출세는 능력이나 연줄보다 사실상 집권자의 손에 달려 있었다. 결국 이규보는 과거에 급제한 지 9년 만인 서른두 살에 최충헌의 시회에 참석해 노골적인 아부의 시를 지은 뒤에야 전주사록全州司錄 서기가 될 수 있었다. 그러나 그는 벼슬에 나간 이후 1년 만에 상사와의 불화로 파직을 당하고 말았다. 이후 2년간 실업자로 지내던 이규보는 경주에서 민란이 일어나자 자원해서 이를 진압했지만 이렇다 할 포상을 받지 못했다.

권력자에 대한 아부와 찬양으로 점철된 이규보의 일생

그러다가 이규보는 마흔 살이 되어서야 최충헌이 정자를 만들고 사람들을 모아 시를 짓게 했을 때 1등을 하면서 기회를 잡게 되었다. 물론 그 시는 최충헌에 대한 미사여구와 아부로 점철되어 있다. 어쨌든 그는 이때부터 무난한 관직생활을 할 수 있었다.

이처럼 그가 늦게나마 출세할 수 있었던 것은 최충헌, 최우 등 집권자의 신임을 받은데다 본인이 말과 행동을 조심했기 때문이다. 더 이상 이규보는 젊은 시절에 솔직담백한 기개로 상사와 충돌을 일으키며 자리를 박차고 나갔던 그가 아니었던 것이다.

말년에 그는 고려 최고의 문장가로 이름을 날렸고 권력가의 총애까지 받았다. 다음을 이은 최씨 무신정권의 집권자 최이는 이규보의 사망이 임박하자 급히 그의 아들에게 문집을 완성하도록 명령했다. 이렇게 해서 완성된 것이 『동국이상국집』으로 국문학과 역사 양쪽에서 빼놓을 수 없을 만큼 귀중한 작품이다.

그러나 이규보의 일생과 사고방식을 곰곰이 뜯어보면 얼핏 개운치 않은 면이 엿보인다. 이규보는 글 짓는 것을 즐기되 끝내 출세욕을 버리지 못했던 것이다. 물론 그는 무신정변 이후에 사회활동을 시작한 사람이라 무신에게 이렇다 할 원한이나 거부감이 없었을지도 모른다. 어쩌면 출세를 목표로 했던 그에게 최씨 무신정권이 곧 고려 정부로 보였을 수도 있다.

여러 가지 인간적인 결점과 더불어 뛰어난 재능을 가진 사람을 분석할 때 재능과 인간적인 면모를 따로 놓고 보아야 하는가? 아니면 인간적인 면모에 집중해야 하는가? 이것을 판단하는 것은 어려운 문제이지만 계속해서 고민해 볼 필요는 있다. 앞으로도 이런 문제는 역사

속에서 수없이 반복되어 나타날 것이기 때문이다.

어떤 인물도 자신이 살았던 역사적 상황에서 자유로울 수 없다. 굽히거나 거부하거나 어떻게든 반응하면서 자신만의 역사를 만들어내야 한다. 과연 우리는 지금 어떤 결정을 내리고 있는가? 지금의 선택이 훗날의 역사에 부끄럽지 않을 것인가?

동국이상국집(東國李相國集) __ 고려의 문신 이규보(李奎報 : 1168~1241년)의 시문집. 53권 13책. 아들 함(涵)이 1241년 전집(全集) 41권을, 그 이듬해에 후집(後集) 12권을 편집하여 간행하였다.

정권을 틀어 쥔 무신들은 왜 스스로 왕이 되지 않았을까?

고려 후기, 무신들의 정권 다툼은 나라를 뒤흔들었다. 이들은 문신들을 제거하고 권력을 독차지했다. 특히 최씨 무신정권은 명종, 희종 두 왕을 폐위시키고 신종, 희종, 강종, 고종의 네 왕을 즉위시킬 만큼 막강한 권력을 휘둘렀다. 물론 이 시기의 왕은 허수아비에 불과했고 모든 권력은 무신들이 독점하고 있었다.

쟁쟁한 무신 권력자들에게 반면교사가 된 이의민의 의종 살해 사건

그렇다면 그토록 강한 권력을 쥔 무신들은 왜 자신들의 왕조를 세우지 않았을까?

우선 왕권이 지하로 곤두박질치긴 했어도 태조 이래로 수백 년을 이어온 고려왕조의 무게를 쉽게 뒤바꿀 수는 없었을 것이다. 특히 새 왕조 창출은 사람들의 불만을 일시에 폭발시킬 수 있는 힘이 있기 때문에 엄청난 위험부담을 안아야 한다.

또 다른 현실적인 문제로 왕을 살해하는 것은 권력을 완전히 독점하는 게 아니라, 반대로 시해자에게 치명적인 약점이 될 수 있었다. 무신정권을 처음 겪었던 왕, 즉 의종은 정권을 잡았던 무신 중 하나인 이의민에게 살해당했다. 사실 폐위된 의종은 거제도로 쫓겨 가긴 했지만 죽지는 않았다. 그러나 이후 경주에서 난을 일으킨 김보당金甫當의 의종복위운동에 휘말렸고 결국 이의민에게 살해당하고 말았다. 만약 의종이 살아있다면 계속해서 반란의 명분이 되었을 테니 무신 집권자들로서는 피치 못할 선택이었을지도 모른다. 그러나 이 사건은 당사자 이의민에게 치명적인 약점이 되었다.

우선 이의민의 친형 이준의는 동생이 왕을 살해했다고 비난했다가 동생의 손에 죽을 뻔했다. 이후 조위총趙位寵도 이의민이 의종을 죽이고 장사도 지내주지 않은 죄를 성토하며 반란을 일으켰다. 명종 6년에 반란을 도모했다가 체포당한 노약순盧若純 또한 "왕을 죽인 자가 대관의 자리에 있는 것" 때문에 난을 일으켰다고 진술했다. 무엇보다 정중부를 제거하고 권력을 잡은 경대승慶大升은 주변 사람들이 이를 축하하자, 왕을 살해한 사람이 살아있는데 어떻게 축하를 받겠느냐며 거절하기도 했다.

물론 무신들이 죽은 의종에게 어떤 충성심이나 애착이 있었던 것

은 아니다. 예를 들어 경대승은 의종의 동생 명종을 보필한다는 명분을 내세워 집권할 기회를 노리고 있었을 뿐이다. 먼저 정권을 잡은 이의민에게 반기를 드는 명분으로 왕을 충성스럽게 모셨던 것이다. 즉, 누가 왕이냐가 중요한 것이 아니라 그저 정치적인 수단에 불과한 셈이었다.

이처럼 이의민이 나쁜 선례가 된 이후 무신들에게 왕을 살해하는 것은 버거운 부담이 되었다. 권력을 휘두르는 것까지는 몰라도 왕을 없애는 것은 도덕적으로 치명적인 약점이 되었던 것이다.

책임은 지지 않고 권력은 마음껏 누리겠다는 도둑놈 심보?

그렇다고 무신들이 이러한 명분만으로 왕이 되지 않은 것은 아니었다. 왕은 겉보기에는 화려해도 결코 편한 자리가 아니었다. 나라의 총책임자로서 정사를 지휘해야 함은 물론 많은 책임을 져야 했던 것이다. 특히 나라가 어려운 지경에 이르면 심지어 굴욕도 참아내야만 했다.

더욱이 무신정권기는 고려의 가장 큰 시련기였던 몽골과의 전쟁과 겹쳐졌고, 장장 30년간의 전쟁으로 나라는 피폐해질 대로 피폐해졌다. 결국 고려는 몽골과 화친을 맺었는데 최씨 정권 말엽의 권력자 최항崔沆은 몽골과의 전쟁 및 외교에서 자신을 드러내지 않았다. 그는 몽골과 협상하는 책임자로 왕을 내세웠던 것이다. 그러나 최고의 권력자가 최항이라는 사실을 알고 있던 몽골은 최항에게 문서와 선물을 보내왔다. 이때 최항은 고려 종실의 인물에게 이를 돌렸으며 답장을 보낼 때도 그의 이름을 빌렸다.

몽골은 화친의 조건으로 고려 조정이 강화도에서 나와 개경으로 돌아올 것을 요구했다. 그런데 왕이 개경으로 옮긴 후에도 최항이 여전히 강화도에 머물고 있자 몽골이 항의하기도 했다.

최씨 가문의 재물을 옮기는 데 1천 대의 수레를 동원했다?

최항은 왜 자기 대신 종실의 인물을 나라의 대표로 내세웠을까? 이는 겸손함을 발휘한 것이 아니라 정치적 이유 때문이었다. 당시 고려는 오랜 전쟁으로 피폐해져 있었고 화친을 하자는 여론이 주도적이었다. 하지만 최씨 정권은 결사항전을 선택하고 일시적이나마 수도를 강화도로 옮기기까지 했다. 이는 몽골에게 굽힐 수 없다는 굳건한 의지의 표현이 아니라 자칫 외부 세력의 유입으로 자신들의 정권이 흔들릴 수 있다는 우려에서 나온 결정이었다. 강화도로 천도할 때 최씨 가문의 재산을 옮기는 데에만 1천 대의 수레를 사용했다거나, 천도 다음에도 국난을 걱정하기보다 놀이에 흥청망청했다는 사실이 이를 잘 대변해 준다.

무엇보다 왕은 고된 자리였다. 때로 왕이기에 많은 책임을 지고 고생을 해야 했다. 왕이었기 때문에 살해당하고 치욕을 당해야 하는 일도 있었다. 말이 좋아 몽골과의 화친이지 사실상 항복이나 다름없는 굴욕적인 협상에 왕을 내세운 최씨 정권은 그 뒤에 숨어 특권은 누리되 책임은 회피한 것이다. 그러니 그 정권이 오래갈 리 없었다. 나라의 위기, 특히 몽골의 침입이라는 엄청난 사태에도 자신의 안위만을 추구하던 무신정권은 차츰 인심을 잃었으며 마침내 그 종말을 맞게 되었다.

한편 무신정권에게 계속해서 허수아비로 이용당했던 고려의 왕은 개성으로 돌아온 이후 몽골에 점점 더 많이 의존하게 되었다. 이로 인해 결과적으로 몽골 세력을 끌어들이는 지경에 이르게 된다.

세계 최강의 몽골군을 천민으로 이루어진 군대가 꺾었다는데…?

칭기즈칸 이래, 몽골은 세계 각지로 진군해 사상 유례가 없는 정복을 거듭했다. 유라시아를 가로질러 유럽까지 진격했고 헝가리의 기사단을 궤멸시키기도 했다. 유럽에서는 몽골을 타타르라고 부르는데, 이는 '지옥에서 온 전사들'이라는 뜻이다.

이렇게 무시무시한 군대가 끝내 함락시키지 못한 나라가 있으니 바로 작은 나라 고려였다. 굳이 따지면 일본도 그렇지만 그쪽은 바다가 천혜의 방벽이 되어 주었고 태풍의 도움도 받았다. 하지만 고려는 장장 30년에 걸쳐 몽골의 직접적인 침략을 받으며 끈질기게 싸워나갔다.

강화 천도(사실은 줄행랑)에 반대하는 사람은 다 죽여라! 우리는 무조건 (도망)간다!!

몽골과의 전쟁은 고종 18년[1231]부터 시작되었다. 처음에 고려와 몽골은 동맹관계였지만 차츰 몽골이 요구하는 공물이 늘어나면서 부담이 커졌다. 더구나 엎친 데 덮친 격으로 몽골의 사신 저고여著古與가 압록강에서 살해당하는 사건이 벌어졌다. 이후 두 나라의 국교가 단절되었고, 이는 6차례의 침략으로 이어졌다.

몽골의 전쟁 방식은 기병부대를 보내 짧게는 수개월에서 길게는 몇 년 동안 고려의 국토를 종횡무진 돌아다니며 쑥대밭으로 만든 뒤 돌아가는 식이었다. 그 피해가 고려 전국에 산발적으로 흩어져 있는 데에는 그들의 이러한 전법 탓도 있었다.

앞서 거란의 침입 때만 해도 고려군은 방어진을 구축하고 군사를 동원했지만 몽골의 침입 때는 그렇지 못했다. 신속하게 움직이는 기병대에 대처하기 힘든 점도 있었지만 무엇보다 무신정변 이후 고려군은 이미 유명무실해져 있었다. 군대의 비용을 대는 토지 군인전軍人田은 무신들이 사유화하는 바람에 군대를 유지할 비용도 마련할 수 없었다. 더욱이 남아 있는 병사들은 최씨 정권을 비롯한 무신들의 사병이 고작이었다. 그들은 나라가 아니라 무신정권을 지탱하기 위한 존재였다. 이에 따라 고려는 중앙의 지휘체계를 통해 크게 군대를 동원해서 맞서 싸우기보다 장수들의 지휘로 성을 지키며 독자적으로 싸워나갔다. 또 때로는 게릴라전으로 몽골에 큰 타격을 입히기도 했다.

몽골과의 대립이 첨예해지고 개경이 위태로워지자 당시 집권하고 있던 최씨 정권의 최이崔怡, 최항의 아버지는 강화 천도를 결정했다. 그런 다음 여기에 반대하는 사람들을 살해한 뒤 그날로 천도를 강행했다. 이때 최이는 자신의 모든 재산을 수레 1천 대에 싣고 강화도로 떠나버렸다. 그 바람에 개경의 백성들은 그 누구의 보살핌도 받지 못했다. 최이는 천도를 하면서 각 도에 사신을 보내 백성들을 산의 성과 바다의 섬으로 이주시키도록 했다. 그러나 단지 이주시키라고만 했을 뿐 어떻게 하라는 구체적인 방법을 제시하지 못했다.

그밖에 무신정권이 했던 일은 부처의 힘을 빌려 외적을 몰아내겠다며 대장경을 만든 것이다. 덕분에 우리는 세계문화유산을 얻긴 했지만 당시의 상황을 생각하면 좀 씁쓸한 조치였다. 집권자와 귀족들은 강화도에서 호화로운 궁궐과 저택을 짓고 개경에서와 마찬가지로 호사스런 연회를 벌이며 날을 지새웠다. 물론 나머지 귀족들도 재산을 짊어지고 달아나기에 바빴다. 그 와중에 스스로 살아남기 위해 싸웠던 사람들은 노비와 천민이었다.

몽골 장군 살리타이는 과연 김윤후의 화살을 맞고 죽었을까?

1232년 몽골의 2차 침입 때, 살리타이撤禮塔 장군이 이끄는 군대가 처인성處仁城, 현재 용인 소재에 쳐들어왔다가 화살에 맞아 죽었다. 이후 부장이던 철기鐵哥는 군사를 이끌고 후퇴해야 했다. 『고려사』의 기록에 따르면, 한 승려가 성에 있다가 살리타이를 화살로 쏘아 죽였다. 이후 고려 조정이 그를 상장군이라는 높은 자리로 포상하려 하자 "한창 싸울 때 나는 활과 화살이 없었는데 어찌 감히 과분한 상을 받겠습니까"라며 거절했다. 그가 바로 김윤후金允侯라고 한다.

과연 살리타이가 김윤후의 화살에 맞아 죽었을까? 원사元史에서는 살리타이가 왕경의 처인성에 이르렀을 때 날아온 화살에 맞아 죽었다고 쓰고 있지만 누가 죽었다는 말은 없다. 사실 화살이 빗발치는 전쟁터에서 화살에 이름표가 붙은 것도 아닌데 누가 쏜 것인지 어떻게 알수 있겠는가? 그러나 처인성에서의 승리가 김윤후의 지휘를 통해 이루어진 것만은 틀림없는 사실이다.

처인성에서의 승리에는 또 다른 주인공이 있으니 그들은 바로 그땅에 사는 부곡민이었다. 본래 처인은 현縣이 아닌 부곡部曲으로 일종의특별구역이었다. 처인성 전투 이후 처인부곡은 현으로 승격되었다. 그 일대 사람들이 목숨을 걸고 몽골과 싸운 대가로 신분 상승을 한 셈이다. 우리가 생각하기에 부곡에서 현으로 된 것이 뭐 그리 대수일까싶지만 신분 탓에 평생 설움을 받고 후손들에게 그 짐을 물려줘야 했던 이들에게 그것은 무엇보다 귀중한 상이었다.

무신정권과 귀족들이 버린 나라를 천민들이 지키다

그로부터 21년 뒤인 몽골의 5차 침입 때[1253] 김윤후는 다시 등장하게된다. 이때 그가 담당했던 것은 충주의 방호별감防護別監으로 수비대장쯤 되는 직책이었다. 몽골의 군대는 충주성을 약 70일간이나 포위했고 그 와중에 군량미가 모두 떨어지고 말았다. 당시의 상황에 대한

『고려사』의 기록은 매우 간단하지만 아마도 분위기는 절망적이었을 것이다. 묘책을 짜내던 김윤후는 있는 힘을 다해 싸운다면 귀천을 따지지 않고 관직을 제수하겠다고 하며 관노의 호적을 불태우고 노획했던 말과 소를 나눠주었다.

김윤후의 선언은 즉각 효력이 나타났다. 성 안의 모든 사람은 죽기 살기로 싸웠고 몽골은 끝내 충주성을 함락시키지 못하고 물러났다. 이로써 고려는 충주 이남의 땅을 지켜낼 수 있었다. 다음해 고려 정부는 김윤후를 감문위監門衛 섭상장군攝上將軍으로 삼는 것은 물론 전공이 있는 사람은 관노와 백정에게도 벼슬을 주었다. 1259년에는 김윤후의 공을 높이 평가하여 동북면 병마사東北面兵馬使에 임명했다. 그러나 이미 그 일대는 몽골에게 점령되어 있었기에 부임할 수는 없었다. 『동사강목』에 따르면 이후 김윤후는 환속했다고 한다.

어느 시대를 막론하고 천민은 힘없는 자들이었다. 그러기에 그들이 역사에서 그 흔적을 남기기는 대단히 어려웠다. 그러나 몽골과의 전쟁에서 가장 선두에 서서 맞서 싸운 것은 백성들이지 귀족이나 무신이 아니었다. 이들은 어떻게 막강 몽골 군대에 맞서 싸워 이길 수 있었을까? 아마도 그것은 공을 혼자 독차지하는 게 아니라 모두를 생각하고 다함께 사는 방법을 찾아 싸웠기 때문일 것이다. 그리고 최씨 무신정권은 그 반대의 이유로 무너졌다.

고려의 왕들은 왜 그토록 몽골의 공주와
혼인하지 못해 안달했을까?

세계사와 한국사를 나란히 놓고 들여다보면 가끔 상식이 충돌하는 부분을 발견하곤 한다. 칭기즈칸은 자신의 대에 유럽과 아시아를 아우르는 대제국을 건설했던 위대한 인물이다. 하지만 우리에게 그와 그의 후손들은 고려를 공격해 문화재를 불태우고, 고려의 딸들을 공녀로 잡아갔으며, 몽골의 공주들을 보내 다루가치처럼 내정 간섭을 한 악독한 존재로밖에 보이지 않는다.

몽골과의 결혼에 몽골보다 고려가 더 적극적이었다?

그렇다면 역사를 한풀 벗겨 고려와 몽골의 혼인정책이 반드시 고려에게 손해만 안겨 주었는지 생각해 보자. 당시 마르크폴로의 『*동방견문록』으로 유명한 쿠빌라이칸세조은 대도북경에 수도를 두고 유목민족 국가였던 몽골을 중국식 제국으로 재편해 최전성기를 누리고 있었다.

그리고 고려는 최씨 무신정권의 시대였다. 의종이 살해되고 최씨 무신정권이 시작되면서 권력자의 마음대로 왕이 교체되는 사태가 반복되고 있었다. 이런 상황에서 왕은 허수아비에 불과했고 국내에 왕을 돕는 세력은 없었다. 그래서 몽골과 혼인을 맺고 협약을 하는 데 적극적이었던 것은 오히려 고려 쪽이었다.

고려가 처음으로 몽골에 귀부했을 때 마침 몽골에서는 황위 계승 전쟁이 벌어지고 있었다. 뭉케칸의 동생이던 쿠빌라이와 그의 형 아릭타부케가 황제 자리를 놓고 싸우고 있었던 것이다. 훗날 원종이 되는 고려의 세자는 쿠빌라이 쪽을 선택했다. 쿠빌라이칸은 고려의 세자가 조공을 오자 이전에 수나라와 당나라조차 항복시키지 못했던 나라가 자신에게 조공을 왔으니 상서로운 징조라며 기뻐했다고 한다. 이후 황위 다툼에서 승리한 뒤 그가 자신의 딸을 고려에 시집보내게 된 것은 이때의 일이 중요한 계기가 되었을지도 모른다.

고려는 위대한 '팍스몽골리카나'의 자랑스런 파트너?

그러면 왜 고려 왕실은 몽골에 직접 세자를 보내면서까지 그 힘에 기대려 했던 것일까? 당시의 상황이 그에 대한 대답을 해주고 있다. 몽골에서 고려로 돌아오던 세자는 최씨 정권이 아버지를 몰아냈다는 소식을 들었다. 그러자 세자는 오던 길을 돌려 몽골로 돌아갔고 결국 몽골의 지원을 받아 최씨 정권을 제거하고 아버지를 복위시켰다. 상황이야 어찌되었든 외세를 통해 국내 정치를 정리하는 나쁜 전례를 남긴 것이다.

이후 세자는 쿠빌라이칸의 딸 제국대장공주와 혼인했다. 나중에 이들 사이에서 태어난 고려의 세자가 중국에 갔을 때 여러 외손자 중에서도 각별히 사랑을 받았다고 자랑스럽게 기록된 것이 남아 있다. 이 시대뿐 아니라 이승휴는 『제왕운기帝王韻紀』「충렬왕」조에서 천자의 누이가 내명부를 맡고, 황제의 외손자가 세자가 되니 조상으로부터 물려받은 왕업이 다시 빛난다고 자랑했다. 사대주의 관점에서 세상의 중심 국가였던 몽골의 황녀가 고려로 시집을 왔다는 것은 그만큼 큰 사건이었던 것이다.

몽골 혹은 중국과 고려 왕실 간의 통혼은 내정 간섭 그 이상의 의미를 지닌다. 비록 나중에 변질되긴 했지만 당시 몽골 황제의 딸이자 누이들이 고려에 시집온 것은 '팍스몽골리카나'로 불릴만한 몽골제국의 세계권 안에 고려가 사위 국가로서 참여했다는 것을 뜻한다. 한편으로 몽골로서는 유난히 저항이 거세 점령하지 못했던 고려를 수백 년간 부마국으로 삼을 수 있었으니 나쁘지 않았을 것이다. 그래서 그런지 몽골은 다른 나라에 비해 고려를 특별 대우했다.

통혼관계를 통한 몽골과의 관계 형성은 늑대를 몰아내려 호랑이를 불러들인 꼴

하지만 몽골의 통혼 관계나 부마국 대우가 고려에게 그리 좋은 결과만 가져왔던 것은 아니다. 그로 인해 매와 환관, 공녀를 바치고 일본 정벌에도 강제로 동원되었다. 더구나 때로는 왕까지 교체되는 내정 간섭을 받았으니 결국 늑대를 몰아내기 위해 호랑이를 불러들인 꼴이었다. 그렇다고 완전히 손해만 본 것도 아니긴 하다.

훗날 충선왕이 연경에 만권당萬卷堂이라는 서재를 만들어 각지의 명사들과 교류한 것이나 몽골 황제 인종의 즉위에 개입해 상당한 권리를 누릴 수 있었던 것은 바로 몽골 황족과 피가 통한다는 신분 때문이었다. 또한 원나라 궁정에 많은 고려 공녀와 환관이 있었던 것도 고려가 부마국이었기에 가능한 일이었다(물론 문제가 없었던 것은 아니지만). 얻은 것은 권력뿐이 아니었다. 고려는 몽골제국의 '가족'에 포함되면서 당시 몽골 세계의 일원이 되었다. 고려의 여러 문화와 문물 그리고 이름Corea이 세계적으로 퍼지게 된 데는 몽골제국의 커다란 영향력을 완전히 무시할 수 없다.

이후 고려로 시집온 몽골의 공주는 수십 명에 이르렀고 그들은 각기 독특한 개성으로 고려 왕실의 역사에 족적을 남겼다. 처음으로 온 제국대장공주는 거만한 태도로 고려 사람들의 골머리를 앓게 만들곤 했다. 그러나 한편으로 자신의 잘못을 인정하고 머리를 숙일 줄도 아는 여성이었다. 또한 남편이 자신을 사랑하지 않는다며 총애를 받던 조희를 원나라로 압송시킨 보탑실련공주, 남편인 충숙왕에게 맞아 죽은 역련진팔라공주, 아들뻘인 충혜왕에게 강제로 겁탈당한 백안홀공주, 그리고 살해 위협을 받는 남편을 몸으로 감싼 노국공주도 있었다.

외국의 피가 섞이면 우리나라(고려) 사람이 아니라고?

물론 이들은 몽골의 여인이었지만 동시에 고려왕들의 어머니이기도 했다. 배원정책排元政策의 이미지 탓에 몽골의 공주는 고려를 감시하기 위해 파견된 것으로 알려져 있다. 그러나 그들은 잠시 왔다가 떠나간 것이 아니라 이 땅에서 살다가 이 땅에 묻혔다. 그럼에도 그들을 바라보는 우리의 시선은 곱지 못하다. 오래 전의 어떤 논문은 고려 왕실에 차츰 몽골의 피가 섞이면서 고려의 피가 1/2, 1/4, 1/8로 줄어들었으니 고려 말기는 더 이상 우리나라의 왕조라 보기 힘들다는 주장을 하기도 했다.

외국의 피가 섞이면 고려 사람이 아니라는 말인가? 이 얘기를 하자니 일본의 피가 섞였다는 이유로 한국에서도 버림받고 일본에서도 대접을 받지 못했던 조선의 사람들이 떠오른다. 그녀들은 이 땅에 와서 이 땅에서 죽어갔는데 언제까지 외국인의 딱지를 붙여 놓을 셈인가?

동방견문록(東方見聞錄) __ 이탈리아의 마르코 폴로가 1271년부터 1295년까지 동방을 여행한 체험담을 루스티첼로가 기록한 여행기. 정식 명칭은 『세계의 기술(記述)』로 알려졌다.

문익점이 원나라에서 붓두껍에 목화씨를 숨겨와 퍼뜨렸다는 것은 사실이 아니다?

목화 하면 많은 사람이 문익점文益漸을 떠올리는 데는 그가 붓두껍에 목화씨를 숨겨 들여와 우리나라에 널리 퍼뜨렸다는 위인전의 영향이 크다.

흔히 알려진 내용은 문익점이 고려 말 중국에 사신으로 갔다가 돌아오는 길에 목화씨를 몰래 붓두껍에 넣어 들여왔고, 그중 하나가 싹 터 전국으로 퍼지게 되었다는 이야기이다.

지금은 목화가 어떤 것인지조차 모르는 사람이 많을지도 모르겠다. 하지만 달콤한 열매 대신 하얀 솜이 피어나는 목화는 이 땅에 들어온 이후로 천 년 넘게 추위를 이겨내게 해준 일등공신이다. 그런데 정작 『고려사』 열전의 「문익점」조를 보면 전혀 뜻밖의 이야기가 실려 있다.

"사명을 받들어 원나라에 갔다가 덕흥군의 편이 되었지만 그가 패하자 돌아왔다."

문익점이 원나라에 간 까닭은?

사명을 받들었다는 것은 왕의 명령을 받고 사신으로 갔다는 것이다. 물론 문익점이 언제, 어떻게 원나라로 가게 되었는지는 분명하지 않다. 그러나 몇 가지 사실로 유추해 보면 공민왕 12년에 원나라에 파견된 이공수李公遂의 사행에 따라갔던 것으로 보인다. 당시 공민왕은 배원 정책을 추진했고 쌍성총관부 등 고려 안의 원나라 식민지를 공격해 영토를 수복하고 있었다.

그러자 원나라는 공민왕을 몰아내고 충선왕의 아들이던 덕흥군을 새로운 고려왕으로 세우려 했다. 실제로 군사 1만 명을 동원해 고려를 공격하기도 했다. 도중에 홍건적의 난에 휘말려 공민왕이 이미 살해 당했다는 뜬소문이 퍼져나가기도 했다. 그런 상황에서 이공수는 비록 기황후의 친척이었지만 공민왕의 충신으로 순제와 기황후를 설득하는 역할을 담당했고, 덕흥군을 받들라는 원나라의 압력에 지지 않고 자신의 뜻을 끝내 관철했다.

당시 그를 따라간 다른 신하들도 대부분 공민왕의 편에 섰으니 오히려 문익점은 공민왕의 배신자라고 할 수 있다. 그러나 이는 문익점 본인의 뜻도 아니고 그리 긴밀하게 관여한 것도 아니었던 듯하다. 문익점의 연보에는 그가 덕흥군 측에서 받았던 벼슬의 교첩을 불태웠다

는 기록도 있다. 적극적으로 덕흥군 편에 섰던 유인우柳仁雨 등이 사형에 처해졌던 것에 비해 그는 이렇다 할 처벌도 받지 않았던 것이다.

원나라가 공민왕의 복위를 인정하고 반란의 수뇌부였던 최유崔濡를 고려로 압송한 것은 공민왕 13년의 일이다. 이 무렵 이공수도 고려로 돌아왔고 그간의 행적을 인정받아 공신에 봉해졌다. 그러나 같은 시기에 고려로 돌아온 문익점은 지방인 진주로 돌아갔다. 정확한 이유는 알 수 없지만 덕흥군과 연루된 사실로 인해 벼슬을 잃고 낙향했던 것 같다. 이후 다시 벼슬길에 올랐지만 사전 개혁에 반대하다 탄핵을 당하고 또 다시 고향으로 돌아간 듯하다.

그런데 왜 문익점이 공민왕의 편에 섰다가 고초를 당했다는 전혀 반대의 사실이 전해진 것일까? 물론 그것은 목화 때문이다.

목화는 지금도 대표적인 산지인 인도에서 재배되기 시작한 것으로 추정된다. 그것이 중국에 전래되어 본격적으로 재배된 것은 송나라–원나라 시기였다. 따라서 강남이 아닌 다른 곳에서도 목화는 이미 널리 퍼져 있었던 것으로 보인다. 우리나라에서 재배되는 것은 보통 1년생의 초면草綿으로 『고려사』에서 말하는 것처럼 목화나무는 아니다.

갈수록 부풀려지고 윤색된 문익점의 성공스토리

문익점이 죽고 3년이 흐른 뒤태종 1년에 권근權近은 문익점의 공로를 대대적으로 칭찬했다. 문익점이 강남에서 목화 종자 몇 개를 가져와 진양晉陽에서 키운 다음 목면을 짜서 나라에 바쳤고, 이로써 목면이 나라 안에 퍼져 사람들이 위아래 할 것 없이 모두 입을 수 있게 되었다며 극찬했던 것이다. 그러면서 그는 문익점의 큰아들을 관리로 삼자고 제안했다.

본래 권근도 고려 말에 살았던 인물이니 문익점이 덕흥군의 편에 가담했던 사실을 모를 리 없었다. 그래서 그런지 문익점이 왜 강남에 갔는지는 한마디도 언급하지 않고 있다.

그러면 그는 왜 그토록 문익점을 칭찬했던 것일까? 문익점은 고려 말의 유학자 목은牧隱 이색李穡의 아버지 이곡李穀의 제자였다. 그러니까 이색의 제자인 권근과는 학연이 있었던 것이다.

솔직히 조선 후기에는 문익점의 업적이 지나치게 부풀려진 감이 있다. 『삼우당실기三憂堂實記』나 『정조실록』은 문익점이 사신으로 원나라에 갔다가 공민왕을 폐위하려는 원나라 황제에게 간언하다 3년이나 유배되었다고 기록하고 있다. 또한 중국이 목화씨를 국경 밖으로 갖고 나가는 것을 금지해서 붓두껍에 넣고 왔다는 사실을 기록하고 있는데 이는 나중에 덧붙여진 이야기다.

조선 『태조실록』의 졸기卒記에서는 "문익점이 원나라에서 돌아오던 길에 목화나무를 보고 열매 10문 가량을 채취해서 주머니에 넣고 가지고 왔다"라고 적고 있다. 붓두껍에 목화씨를 넣어 은밀히 들여왔다는 극적인 장치를 도입한 것은 조선 후기에 쓰인 실기實記에서이다. 시간이 흐를수록 이런저런 살이 붙여진 셈이다.

문익점이 정말로 백성들을 따뜻하게 살도록 하겠다는 포부를 가지고 목화를 들여왔는지는 알 수 없다. 사실 그가 심은 목화씨는 하나도 싹이 트지 않았고 장인 정천익이 키운 것에서 간신히 하나의 싹이 돋아났다. 목화에서 씨를 빼내는 도구를 개발한 사람도 손자 문래였으니 문익점이 한 일은 그저 씨앗을 가져온 것뿐이었다.

백성에게 옷을 입힌 공으로 국민적 영웅이 되다?

어쨌든 그의 자손과 백성들은 그의 은덕을 입은 것이 사실이다. 역사서는 '백성에게 옷을 입힌 큰 공'으로 문익점을 공신에 봉했다고 말하고 있다.

그리고 태종 때는 그의 아들 문중용文中庸이 관리에 임용되었으며, 세조 때는 문익점을 부민후富民侯에 봉했으니 이는 곧 백성들을 부유하게 만들었다는 뜻이다. 조선왕조는 특별히 문익점을 위한 사당을 세워주기까지 했다. 결국 문익점 자신은 잘못된 정치적 선택으로 인해 불우한 인생을 살긴 했지만 목화를 들여옴으로써 그 모든 잘못을 만회하고 오히려 칭찬을 듣게 된 셈이다.

실제로 목화는 당시 한반도의 의생활을 혁명적으로 뒤바꿔놓았다. 그래서 그처럼 귀중하고 쓸모 있는 목화를 들여온 문익점에게 좋은 이야기가 덧붙여진 것인지도 모른다.

기황후는 과연 악녀였을까?

기황후奇皇后는 고려의 공녀로 원나라에 보내졌다가 황후의 자리에까지
오른 인물로 많은 사람이 그녀를 악한 이미지로 떠올리고 있다. 사실
그녀는 가난하고 비천한 탓에 공녀로 보내진 이후 온갖 고초를 겪다
가 중국 황제의 사랑을 받아 황후에 오른 여성이다. 어찌 보면 인당수
에 몸을 던지지 않았을 뿐 심청의 이야기와 비슷하다는 생각이 든다.

그렇다면 기황후는 왜 심청이의 좋은 이미지가 아니라 악녀의 이미
지로 남게 된 것일까? 공녀로 보내진 것은 불쌍한 일이지만 그곳에서
성공한 것은 나쁜 일이기 때문일까?

차를 따르는 시녀에서 황제의 여인으로

기황후는 고려 사람 기자오奇子敖의 딸로 10대 때 원나라에 공녀로 보내진 뒤 궁궐에서 차를 나르는 시녀로 일했다. 그녀의 집안은 딸을 공녀로 보내야 했을 만큼 가난했고, 그녀는 말과 문화가 다른 중국에서 무척이나 고된 생활을 했을 것이다. 그러다가 그녀는 원나라의 마지막 황제인 순제順帝의 사랑을 받아 그의 아들을 낳았다. 간단히 말하면 로맨틱한 이야기쯤으로 보일지도 모르지만, 사실 순제는 백마 탄 왕자는 아니었다.

고려 말의 역사에서 원나라는 흔히 강력한 악惡으로 그려진다. 하지만 당시 원나라는 끊임없는 권력 다툼과 조직의 노쇠로 멸망의 기로에 서 있었다. 더욱이 순제는 강력한 황제와는 거리가 멀었다. 그의 어머니는 정식 비빈이 아니라 지방으로 순행을 나왔던 명종明宗이 잠깐 맞아들였던 여인이었다. 그런 탓에 순제는 진짜 황제의 자식인지까지 의심받았다. 이에 따라 고려의 대청도로 귀양을 가거나 심지어 이복동생인 영종이 즉위했을 때 순제는 황제의 친자식이 아니라는 공식 발표가 있을 정도였다.

그러다가 영종이 아들 없이 죽는 바람에 황제가 되었으니 순제의 권력이 강력할 리가 없었다. 한마디로 이름뿐인 황제였던 것이다. 더욱이 이미 남부에서는 주원장朱元璋을 비롯해 다음의 명나라를 세우려는 여러 반란군이 세력을 떨치고 있었다.

기황후, 순제의 제1황후에게 쇠로 된 채찍으로 얻어맞다

처음으로 순제의 제1황후가 된 사람은 몽골의 권신 엔테무르燕帖木兒의 딸 타나시리였다. 고려인이었던 기황후에 비하면 막강한 힘을 갖고 있던 집안의 뒷받침 덕분에 입김이 셌다. 그녀는 황제마저 업신여기는 한편 총애를 받는 기씨를 질투해 쇠로 된 채찍으로 때리기까지 했다. 야사도 아닌 역사서인 원사元史에 기록된 것이니 그밖에 다른 괴롭힘도 많았을 것이다. 그러나 타나시리는 집안이 반역으로 몰락하면서 함께 처형되었다.

다음으로 제1황후가 된 사람은 또 다른 권신 바이얀伯顏의 딸 후투였다. 이때 기황후는 제2황후의 자리에 봉해졌다. 외국인이 황후에 봉해지는 것 자체도 놀랄 만한 일이라고 할 수 있는데, 바이얀 황후가 세상을 떠난 다음인 1365년에는 마침내 기황후가 제1황후의 자리에 올라서게 되었다.

기황후가 황후의 자리에 오를 수 있었던 것은 첫째 그녀가 황제의 아들을 낳았기 때문일 것이다. 둘째 그녀 자신이 총명했고, 또한 그녀에게 힘이 되어줄 만큼 당시 원나라 조정에 고려 출신 궁녀와 환관이 많았음을 반증한다. 아무리 황제가 총애하고 후계자를 낳았다고 한들 외국인이 황후가 된다는 것은 일반적인 일이 아니었다.

황후의 자리에 오른 기황후는 모범적인 며느리로서 솔선수범했다. 맛있는 음식이 올라오면 먼저 먹지 않고 시댁의 조상인 칭기즈칸의 사당에 바치고 난 뒤에야 입에 댔다. 또한 당시 북경에서 가뭄과 전염병이 유행하자 직접 음식과 약을 나눠주는 구호책을 시행하기도 했다.

하지만 순제는 라마교를 비롯한 환락에 빠져 있었고 원나라는 점차 멸망의 길을 걷고 있었다. 그때 기황후는 아들 아유시리다라와 함께 순제를 물러나게 하고 황제위의 양위를 시도했다. 그것은 권력에 욕심을 냈기 때문일까, 아니면 원나라의 멸망을 막아보려는 마지막 안간힘이었을까? 가족 싸움의 결과, 순제는 권력을 내주지 않았고 기황후는 실권은 잃었지만 여전히 황후의 자리에 남아 있었다.

그러나 주원장이 이끄는 군대가 당도했을 때 순제는 저항하기보다 달아나는 쪽을 선택했다. 그렇게 원나라는 역사의 중심에서 멀어져갔다. 기황후도 원나라를 따라 북쪽으로 향했지만 그것이 역사 기록의 마지막이다. 지금은 그녀의 무덤이 어디인지조차 알 수 없다.

현명하고 당찬 기황후가 친정 오빠들 때문에 악녀가 되다?

허무한 끝맺음이라고 생각할지도 모르지만 기황후는 일개 공녀에서 원나라의 황후까지 되었다는 점에서 역사적으로 그 예가 드문 신데렐라였다. 그런 의미에서 기황후의 고향인 이 땅에서 그녀가 악녀 취급을 받게 된 것이 오히려 이상하다고 할 수 있다.

그 이유는 무엇일까? 문제는 기황후보다 그녀의 친정 오빠들에게 있었다. 여동생의 덕을 본 오빠들은 저절로 굴러들어온 권력과 재물을 가지고 흥청망청 쓰면서 거만하게 굴었던 것이다. 기황후의 어머니는 고려를 떠나려 하지 않았고, 자식들에게 거만하게 굴지 말라고 당부했지만 소용이 없었다.

공민왕의 친원파 제거사건

이후 공민왕이 *정동행중서성을 철폐하고 총관부를 고려의 영토로 되돌리는 등 반원정책을 시행한 것은 사실이다. 그러나 친원파 제거에는 다소 복잡한 사정이 있었다.

사실상 고려 내의 친원파 제거에 포문을 연 사람은 공민왕의 측근 조일신趙日新이었다. 그는 공민왕이 왕이 되기 전부터 시종해 왔던 인물이었는데, 그 공을 내세워 타인을 괄시하는 오만한 인물이었다. 어쨌든 고려로 돌아온 조일신은 권력을 독점하기 위해 난을 일으켜 기철을 비롯한 친원파의 주살을 도모했고 공민왕을 위협해 자신을 우정승으로 삼게 했다. 하지만 대부분의 친원파 인사들은 운 좋게 달아나 목숨을 부지했다. 공민왕은 가까스로 조일신을 제거해 난을 진압할 수 있었다. 조일신의 반란은 기득권을 틀어쥐고 있는 친원파를 제거해야만 정국 변화를 꾀할 수 있었던 당시의 고려 사정을 반영하는 것이기도 했다.

그런데 공민왕 5년, 기철이 쌍성총관부와 손을 잡고 반란을 일으킨다는 밀고가 들어왔다. 공민왕은 연회를 베푼다는 이유로 기철을 비롯한 친원파들을 모두 모이게 한 뒤 기철을 철퇴로 쳐 죽였다. 더구나 그 밖의 사람들과 가족까지 칼로 베거나 목을 베 궁궐 안이 피로 낭자했다. 이렇게 친원파들이 사라지고 나서야 개혁이 시작될 수 있었지만 가족의 비극을 알게 된 기황후는 격노했다.

그녀는 고려와 공민왕에게 압력을 행사하고 실제로 군사를 동원하려고 했다. 하지만 이미 원나라의 상황이 위태로운 지경이었기에 이

렁다 할 힘을 쓰지는 못했다. 물론 공민왕은 딱히 원나라의 간섭이 없었어도 스스로 무너지고 말았다.

한편, 기황후를 아름다운 사랑의 주인공으로 그리려는 움직임이 전혀 없었던 것은 아니다. 「진천군지鎭川郡誌」에 따르면, 원나라 황제 쿠빌라이忽必烈(본래 순제이지만 전설은 쿠빌라이로 전하고 있다)가 꿈속에서 옥관자를 가진 여인과 혼인하게 되리라는 말을 듣고 고려 땅에 찾아와 기황후를 만났고 부부의 연을 맺었다는 이야기가 전한다. 그리고 보면 기황후는 선망의 대상인 동시에 미움의 대상인 모양이다.

정동행중서성(征東行中書省) _ 고려 후기에 원나라가 일본 정벌을 위해 설치했다가 뒤에 여·원(麗元)관계를 상징하는 형식적 기구로 기능한 관청. 일본을 정벌한다는 의미의 정동과 중서성의 지방기구라는 의미의 행중서성이 결합한 것으로 '정동행성'이라고도 한다.

공민왕이 노국공주의 죽음으로 인한 충격으로 정신이 이상해졌다는 게 사실일까?

공민왕과 노국공주는 우리나라 역사상 가장 애절한 사랑의 대명사이다. 사랑하던 아내가 아이를 낳다가 죽자 남편이 손수 아내의 초상을 그려놓고 밤낮으로 슬퍼했다고 전해지기 때문이다. 여기까지만 본다면 죽어서까지도 이어지는 아름다운 사랑의 이야기가 될 만도 하다.

그러나 그 주인공인 공민왕에게는 두 개의 대조적인 이미지가 있다. 용기 있게 반원정책을 시행한 임금인 동시에 집권 말기에 포악함과 음란함으로 마침내 부하에게 살해당한 어리석은 임금이라는 것이다. 이것은 노국공주도 마찬가지이다. 『고려사』에 그녀와 관련된 글은 그리 많지 않다.

공민왕과 함께 연회에 참석하고 불교행사에 가는 일이 있었다거나 부부가 함께 후원에서 말을 탔다는 일화가 있긴 하지만, 이후로 수백 년간 닭살커플(?)로 유명세를 떨친 것에 비하면 실망스러울 만큼이나 별 이야기 없이 간략하고 단순하다.

처음으로 고려에 시집온 쿠빌라이칸의 딸인 제국대장공주는 사회적으로 왕성한 활동을 하고 부부동반으로 행사에 자주 나섰다. 때로 원종元宗, 고려 24대왕에게 질투도 하고 패악을 부리기도 했지만 고려 신하의 현명함을 깨닫고 직접 사과하기도 했다. 적어도 제국대장공주는 이후의 보탑실련공주 등 몇몇 골치 아픈 몽골의 공주에 비하면 정신이 제대로 박힌 사람이었다.

하지만 이상하게도 노국공주에 대한 기록이 거의 남아 있지 않다. 공민왕과 혼인해서 고려로 온 이래 어떤 행동을 했고 어떤 말을 했으며 무슨 생각을 하고 있었는지 전혀 기록이 없는 것이다. 서너 개에 불과한 기록 중 하나가 그녀의 사랑에 관한 것으로 공민왕이 살해 위협을 당할 때 그녀는 문 앞을 몸소 막아서서 자객들이 통과하지 못하게 했다고 한다. 노국공주는 원나라 위왕魏王의 딸이었기에 만약 다치거나 죽게 된다면 자칫 외교 문제로까지 번질 수 있었던 것이다. 덕분에 공민왕은 무사했는데, 정작 이 일로 공민왕이 노국공주에게 어떻게 감사를 표하고 사랑을 나눴는지는 기록이 없다.

노국공주가 죽은 이후 끝없이 이어지는 공민왕의 기행

그런데 노국공주가 죽은 이후의 공민왕의 행로가 그야말로 끔찍할 지

텔미 텔미~ ♪
텔텔텔텔 텔 텔미~
나를 사랑한다고~ 날 기다려 왔다고~ ♫

고삐 풀린 공민왕

여장 ☞

노국공주 잠들다

아님, 원래부터 이상했던 걸까?

경이다. 그가 죽은 공주를 그리며 3년간 고기를 먹지 않고 밤낮으로 불공을 드렸다는 것은 슬픔에 빠진 남편의 행동으로 그나마 이해할 만하다. 이후로 공민왕은 그 이유를 알 수 없는 기행으로 우리를 놀라게 한다. 그는 미소년들을 뽑아 자제위子弟衛를 만들었고 스스로 여자 옷을 입고 다녔다. 이것도 모자라 자제위들을 시켜 자신의 비빈들을 단체로 겁탈하게 만들었다. 비빈들 중 누군가는 수치심에 못 이겨 자결한 여인도 있고 여기에 마지못해 따른 이들도 있었다.

아무리 상심이 컸다고 해도 공민왕이 벌인 기행은 도가 지나치다는 생각이 든다. 과연 공민왕은 노국공주의 죽음 때문에 살짝 이상해져 버린 것일까, 아니면 원래 있던 문제가 비로소 드러난 것일까?

공민왕의 이미지는 보통 개혁과 반원정책으로 대표되고 있지만 통치 기간의 내실을 들여다보면 반드시 그렇게 좋은 것만은 아니다. 그는 개혁정치를 하고자 신돈을 등용했지만 정작 그를 제거한 사람은 공민왕 자신이었다. 『고려사』는 조선시대에 쓴 글이라 고려를 다소 비하했을 수도 있다는 점을 감안할지라도 어딘가 진실의 편린이 보인다. '이러니 나라가 망했지'라는 느낌이 드는 것이다.

그중 하나가 공민왕의 기행이다. 공민왕은 비빈 중 한 사람인 익비益妃가 자제위의 아이를 임신하자 그 아이를 자신의 아이로 삼기 위해 그 사실을 아는 사람들을 모두 죽여 입을 막고자 했다. 그런데 어리석게도 그 말을 당사자에게 흘리는 바람에 살해당하고 말았다. 이러한 어리석음은 둘째치고라도 다른 누구도 아닌 자신의 측근에게 살해당했다면 왕으로서의 자격은 이미 바닥이었다고 할 수 있다.

우왕과 창왕은 공민왕의 자식인가, 신돈의 자식인가?

어떻게 고려 최후의 개혁군주가 이렇게까지 추락하게 된 걸까? 공민왕의 죽음에 이런저런 음모론이 제기되기는 하지만, 그의 통치 초기와 말기가 극명하게 다른 것도 사실이다. 무엇보다 그렇게 금실이 좋았다던 노국공주는 물론 다른 비빈들 사이에서도 16년이 넘도록 아이가 생기지 않았기에 다음 대의 우왕과 창왕은 신돈의 아들이라는 소문에 시달려야 했다(조선왕조는 이를 정설로 삼아 『고려사』에 기록했다).

어쨌든 공민왕과 노국공주는 끈끈한 부부애의 대명사로 불리고 있다. 이를 증명하듯 조선 초기에 원경왕후가 먼저 세상을 떠나고 상이 끝나자 태종은 연회에서 음악을 연주하라는 명령을 내리며 "나더러 공민왕이 노국공주에게 하듯 하란 말이냐"라고 일갈했다고 전한다. 이때가 불과 50여 년 뒤였음에도 이미 공민왕과 노국공주는 사랑의 전설로 남았던 것이다.

그러나 이러한 금슬이 반드시 좋았던 것만은 아니다. 공민왕이 노국공주의 무덤에 온갖 금은보화를 함께 묻어 놓았다는 소문이 돌아 그녀의 무덤은 곧잘 도굴꾼의 표적이 되었던 것이다. 무엇이든 지나치면 독이 되는 걸까?

역사 가상 극장

문익점의 목화 재배 성공기?

여기는 원나라. 솜옷을 만들 수 있다는 목화가 탐이 난다.

짬 짬

위험을 감수하고 목화씨를 빼내 왔다.

세관에 신고 할 물건은?

없소!

히히~ 붓뚜껑 속에 숨겼으리라고는 꿈에도 생각지 못했을 거다.

바로 공을 인정받을 줄 알았으나...

나 잘했지?

전하~ 이것이 바로 목화씨이 옵니다.

이것이 정녕 목화씨란 말인가? 실제로 보기 전에는 못믿겠구먼. 자네가 직접 키워서 토착화시켜 준다면 또 모를까...

시큰둥?

헉!

그리하여 문익점은
비가 오나

눈이 오나...
목화를 피우기 위해 애를 썼고...

천신만고 끝에
드디어 해냈다~!

내일 임금님께
보여 드려야지~!

옥아~
이것 좀 봐~

목화가 잔뜩
피었잖아!

어머~
정말!

다음날 아침

자네이
지금 날 놀리는 건가?

부...분명
목화송이가
피어 있었는데
...

따뜻하니
참 좋다~

근데, 이 솜은...
설마 거기서?

응~, 어젯밤에
내가 싹 다
따서 만들었지!

마니 엉뚱해네트 때문에 고려 백성들은 추위에
떨면서 좀더 기다려야 했다고... ㅡㅡ;

단군(?~?)

단군조선 건국자. 천제의 아들 환웅과 웅녀의 종족을 초월한 로맨스의 결실로, 이후 아사달에서 한국 역사상 최초의 나라로 기록된 고조선을 건국했다. 그런데 그거 말고 한 일이 또 있던가? 아하, 귀에 딱지가 앉아 버린 '홍익인간' 정신이 있지. 말년에는 은퇴하여 산으로 들어가 신선이 되었다고 하며 이후로 소식이 끊겼다. 어쨌든 최초라는 것은 시도해 볼 만한 일이다. 역사적인 위인이 될 가능성이 대폭 증가하니까 말이다.

동명성왕(고주몽·BC58~19)

무책임한 아버지(해모수) 덕분에 홀어머니와 함께 남의 집에 얹혀살다가 형제들의 구박을 참다못해 가출해 마침내 졸본에서 새로운 나라를 세워 왕이 된 남성판 신데렐라. 그렇게 삼국시대 주역 중 하나인 고구려를 세워 역사에 길이 남을 업적을 세우기는 했는데, 고향에 두고 온 아내와 아들을 새까맣게 까먹고 새장가를 들었다. 덕분에 아들들 대에서 고구려와 백제가 서로 나뉘고 수백 년에 걸쳐 적국이 되어 치열하게 싸웠으니, 그 역시 아버지와 다를 바 없는 무책임한 아버지였던 것 같다.

유리왕(?~18)

고구려 2대왕. 동명성왕의 아들. 마누라는 가정불화 끝에 도망가고 자식을 자결하도록 명령했으며 신하들은 내쫓거나 죽여 버린 최악의 아버지이자 왕이었다. 안에서 새는 바가지가 밖에서는 때워지랴. 그의 시대에 고구려는 군사, 외교 분야에서도 모두 위축되었다. 그나마 고구려 발전의 기틀을 마련한 대무신왕의 생물학적 아버지라는 것이 건져 올릴 만한 업적 축에 든다. 물론 「황조가」로 국문학사에 귀중한 자료를 제공했다는 것도 업적이다.

광개토대왕(374~413)

고구려 19대왕. 일찌감치 부동산의 가능성에 눈을 떠 땅에 집중 투자한 끝에 고구려는 물론 대한민국 역사상 최대 규모의 부동산을 마련하는 데 성공했으며 아직까지 후인들의 많은 존경과 흠모를 받고 있다. 그러나 아쉽게도 부동산에 올인하다 보니 분산 투자의 묘미는 알지 못했던지 고구려는 문화, 제도, 생활 등에서 앞서 나가는 문화대국은 아니었다. 광개토대왕 역시 개인적으로 알려진 것보다 알 수 없는 것이 많은 신비주의로 일관하고 있다. 덧붙여 그의 토지 계승권을 놓고 아직까지도 여러 나라가 싸우는 중이다.

을지문덕(?~?)

고구려 장군. 수나라 양제의 군대가 정글의 개미떼처럼 엄청나게 밀려들자 개미핥기로 변신한 타고난 사냥꾼이다. 그는 항복을 빌미로 적진에 직접 찾아가 염탐하고, 적장을 놀리는 시를 지어 보낼 만큼 강심장이기도 했다. 게릴라전을 중심으로 수나라 군대를 몰아세웠고 보급 부족과 전의 상실로 퇴각하던 이들을 성공적으로 뒤치기 해서 살수대첩의 성과를 일궈냈다. 아쉽게도 본인에 대해 알려진 것이 거의 없으며 성씨로 보건대 고구려인이 아닐 수도 있다는 설도 있다. 덧붙이자면, 살수대첩은 육군과 해군의 합동전과가 일궈낸 종합적인 성과였다. 그 혼자만 유능했던 게 아니라는 말이다.

의자왕(?~?)

백제의 마지막 왕. 한 나라의 마지막 왕이 좋은 말 듣기는 지극히 어렵다. 사실 그가 물려받은 백제는 이미 개로왕 때 수도이자 요충지였던 한강 유역을 잃고 웅진에서 부여로 쫓겨 다니며 내분에 시달리던 허약한 나라였다. 젊은 시절에 '해동증자'라는 찬사를 받은 그는 국력을 회복해 신라와의 싸움에서 크게 이기기도 했다. 그러나 차츰 충신의 말을 듣지 않고 향락에 빠져 허우적대다 나라를 망친 것으로 알려져 있다. 혹시 잘난 사람들의 고질병인 자만의 늪에 빠져 버린 것일까?

김유신(595~673)

신라의 장군 겸 대신. 신라 삼국 통일의 주역으로 원래는 굴러들어온 가야계 뼈다귀이면서도, 친구 김춘추를 왕으로 만들고 여동생을 왕비로 만드는 등 그 시대의 인간승리를 이룩해 냈다. 언제부터인가 외세에 기댄 사대주의자라는 비난을 듣긴 하지만 여러 적국과 싸워 자기 나라를 훌륭히 지켜냈고, 달랑 500명을 이

끌고 친구를 구하러 고구려로 쳐들어갔던 의리의 사나이였다. 또한 자신의 아들을 군대에 보내 노블리스 오블리제를 몸소 실천한 점은 존경받아 마땅하다. 최소한 요리 빼고 조리 빼는 지금의 정치가들보다 훨씬 낫지 않은가?

남생·남건·남연

연개소문의 아들들. 왠지 '남'이 성씨일 것 같지만 기실은 연씨이다. 고구려의 마지막 독재자 연개소문의 가장 큰 오점은 자신의 아들을 후계자로 내세웠다는 것이다. 권력을 놓고 피터지게 싸우던 중 쫓겨난 맏이 남생은 형제들에게 보복하기 위해 외세를 끌어들였고, 막내 남연은 다른 나라로 튀어 찌질이가 무엇인지 확실하게 보여주었다. 집에서 교육을 제대로 못 시키면 사회는 물론 국가에까지 대대적인 폐를 끼칠 수 있다는 사실의 훌륭한 증거이기도 하다.

원효(617~686)

신라시대 고승. 종교 지도자이자 이론가였고 실천가였다. 해골물 한 모금에 깨우침을 얻고 해외유학 없이도 할 건 다 할 수 있다는 사실을 몸소 보여준 인물이다. 귀족의 고상하고 어려운 불교 대신 무식한 백성조차 쉽게 이해하고 받아들일 수 있는 대중적인 불교 전파를 위해 평생을 바쳤다. 지금까지 원효가 존경받고 기억되는 이유는, 사람이라면 누구나 한번쯤 자신만의 해골물을 마셔본 경험이 있어서가 아닐까? 공감을 통해 얻는 교훈은 언제나 강력하면서도 이해하기 쉬운 법이다. 아마도 그것은 원효가 바라던 불교의 최종 목표이기도 했을 것이다.

헌강왕·정강왕·진성여왕

신라 경문왕의 자식들. 경문왕이 당나귀 귀 소리를 들어가며 애써 안정시켜 놓은 나라는 세 자식의 흥청망청 사치놀음에 눈 녹듯 사라져 버렸다. 특히 헌강왕 때 경주 사람들이 숯으로 요리를 해서 연기가 나지 않았다는 말이 나왔으니, 이는 빵이 없어 과자로 배를 채운다는 말과 흡사하다. 이렇게 마지막 태평성대는 낭비로 점철되었고 진성여왕 때는 재정이 더욱 피폐해져 여기서

터져 나온 불만이 반란으로 번졌다. 한심한 자식은 아무리 많아 봐야 하나도 없느니만 못하다는 사실을 역사적으로 증명해 주는 세 남매라고나 할까? 이후로 신라는 내리막길로 전력질주하게 된다.

경순왕(?~979)

신라의 마지막 왕. 경애왕이 비참하게 살해당한 뒤 견훤 덕분에 신라의 왕 자리에 오르게 되었으나 고려 태조 왕건에게 나라를 바치게 된다. 고려와의 병합은 쇠약해질 대로 쇠약해진 신라로서는 어쩔 수 없는 선택이었을지도 모른다. 사실 두 나라가 전쟁 없이 평화적으로 합쳐졌다는 것은 굉장히 놀라운 사건이다. 하지만 한을 품고 세상을 등졌던 마의태자 전설을 생각하면, 이후 왕건의 맏딸 낙랑공주와 결혼해서 천수를 누리며 잘 먹고 잘 살았던 경순왕이 마냥 곱게만 보이지 않는다. 그래도 그는 한 나라의 왕이지 않았는가?

서희(942~998)

고려의 정치가이자 문신. 절대로 장군은 아니었다. 말 한마디로 천 냥 빚을 갚는다는 교훈을 실천해 회담 한 번으로 막대한 부동산 부지를 따낸 희대의 말빨로 유명하다. 그러나 그의 혀 뒤에는 거란과 맞서 싸운 고려군의 저력이 있었음을 잊어서는 안 된다. 서희는 충분한 국력과 정확한 전황 파악, 그리고 적절한 밀고 당기기를 통해 고려와 거란이 모두 만족할 수 있는 결과를 이끌어냈다(결과적으로 거란의 피해가 막심하긴 했지만). 대체 그런 사람을 선조로 둔 이 나라의 외교술은 언제쯤 발전의 면모를 보일 것인가?

강감찬(948~1031)

고려의 장군으로 알려져 있지만 본래 과거에 장원급제한 문신이다. 거란의 6차 침입 때 환갑의 나이에 고려군 총사령관으로 임명되었다. 귀주대첩에서 거란의 소배압이 이끌고 온 10만 대군을 궤멸시켜 고려를 지켜냈으며 현종에게 금꽃을 하사받았다. 이로써 고려와 거란 간에는 더 이상의 분쟁이 일어나지 않았다. 그는 우리에게 아무리 키가 작고 얼굴 까맣고 엄청나게 못생겼

을지라도 나라를 구할 수 있으며, 덧붙여 훌륭한 위인도 될 수 있
다는 커다란 가르침을 남겨주었다.

이자겸(?~1126)

고려 중기의 문신. 세 딸을 왕비로 만들어 권력을 독점했으며 덕
분에 고려왕실과는 촌수를 따지기 어려울 만큼 복잡한 인척관계
를 형성했다. 손자이자 사위였던 인종을 독살하려 했다는 야사
가 전해지고 있는데, 권력에 지나치게 욕심을 냈던 것은 사실로
보인다. 그러다 자신만큼이나 욕심이 많은 이들에게 축출되었지
만, 그래도 인종에게는 외할아버지였기에 삼족을 멸해도 시원치
않을 죄를 지었으면서도 귀양지 영광에서 곱게 늙어 죽었다. 그
러나 자식들을 정치적 도구로 쓴 몹쓸 인간이라는 점은 이론의
여지가 없는 듯하다.

인종(1109~1146)

고려 17대왕. 이자겸의 난과 묘청의 난 그리고 사후에 일어난 무
신의 난까지 포함하면 난리란 난리는 모두 겪어본 왕이다. 외할
아버지이자 장인이던 이자겸의 등쌀에 시달린 비운의 왕으로 생
각되기 쉽다. 그러나 사실 묘청의 서경 천도 운동은 개경파와 서
경파가 대립하는 중 인종이 똑 부러지게 행동하지 못한 탓에 반
란으로 번진 것이니 그의 책임이 아주 없다고 할 수 없다. 특히
난의 진압 때 개경파의 독주를 막지 못해 무고한 희생이 늘어나
는 것은 물론 무신의 난의 원인을 제공하기까지 했으니 이야말
로 숨겨진 만악의 근원이 아닐까?

김부식(1075~1151)

고려 중기의 문신. 『삼국사기』의 편찬지휘자. 유학의 이상을 실
현하고자 한 학자로 불의를 보면 참지 못했으며 당대의 빼어난
실력을 가진 문인이었다. 그가 후손에게 남긴 가장 큰 문제는
『삼국사기』 편찬에 참여했다는 것이다. 워낙 융통성이 없는데다
골통 소리가 나올 만큼 보수적이고 반대파를 제거해 최고 권력
자로 군림했기에 고려왕조에서 정식으로 편찬한 『삼국사기』는
그로 인해 사료적 가치가 크게 평가절하되고 있다. 이는 우리나

라 역사나 김부식에게 모두 크나큰 불행이다.

최충헌(1149~1219)

고려의 무신이자 최씨무신정권의 창시자. 무신정변을 처음 일으켰던 장본인 중 하나인 이의민을 제거하고 정권을 잡았다. 이후 계속 일어난 반란을 진압하면서 4명의 왕을 갈아 치우는 한편 높은 벼슬들을 싹쓸이하는 무소불위의 권력을 휘둘렀다. 한편으로 이전 무신정변 때 벌어진 폐단을 없애도록 건의하고 이규보를 기용하는 등 침체된 문(文)을 되살린 업적이 있긴 했다. 하지만 당시 조정을 숙청과 보복의 피로 낭자하게 했던 것과, 이후 최씨 정권이 백성을 버리고 강화로 달아났던 책임에서 자유로울 수 없는 독재자이다.